安徽调查年鉴 2022

Anhui Survey Yearbook

国家统计局安徽调查总队　编

图书在版编目（CIP）数据

安徽调查年鉴. 2022 = Anhui Survey Yearbook 2022 : 汉文、英文 / 国家统计局安徽调查总队编. -- 北京 ：中国统计出版社, 2022.8
ISBN 978-7-5037-9854-2

Ⅰ. ①安… Ⅱ. ①国… Ⅲ. ①统计资料－安徽－2022－年鉴－汉、英 Ⅳ. ①C832.54-54

中国版本图书馆 CIP 数据核字(2022)第 123197 号

安徽调查年鉴 2022

作　　者/国家统计局安徽调查总队
责任编辑/张　洁
封面设计/李雪燕
出版发行/中国统计出版社有限公司
地　　址/北京市丰台区西三环南路甲 6 号　邮政编码/100073
电　　话/邮购（010）63376909　书店（010）68783171
网　　址/ http://www.zgtjcbs.com
印　　刷/鑫艺佳利(天津)印刷有限公司
经　　销/新华书店
开　　本/ 880mm×1230mm　1/16
字　　数/ 440 千字
印　　张/ 13　0.75 彩页
版　　别/ 2022 年 8 月第 1 版
版　　次/ 2022 年 8 月第 1 次印刷
定　　价/ 380.00 元

主要年份全省粮食产量及增幅

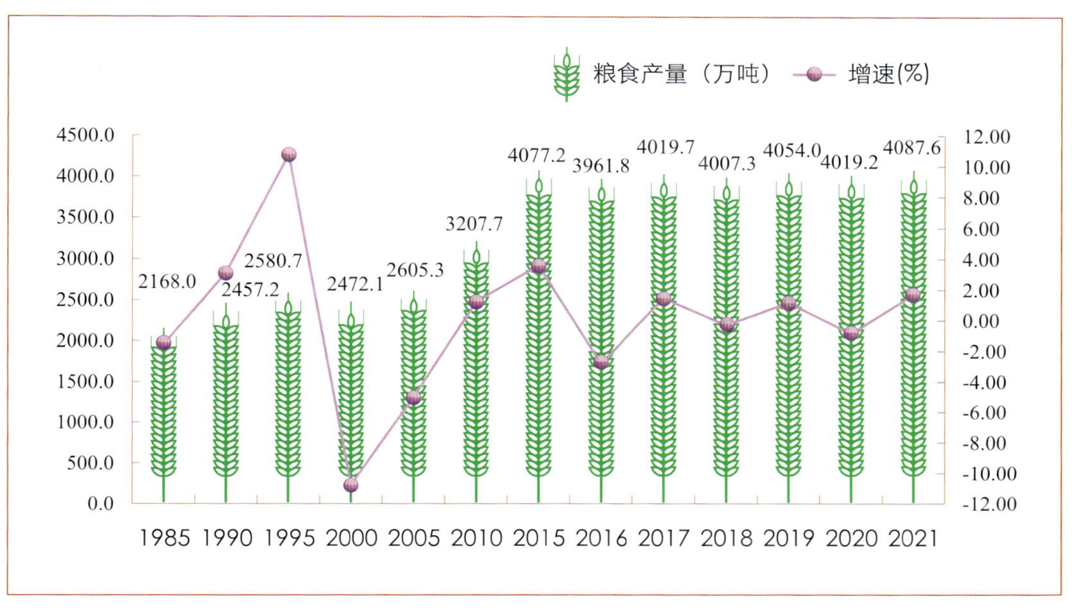

2005-2021 年全省猪肉产量及增幅

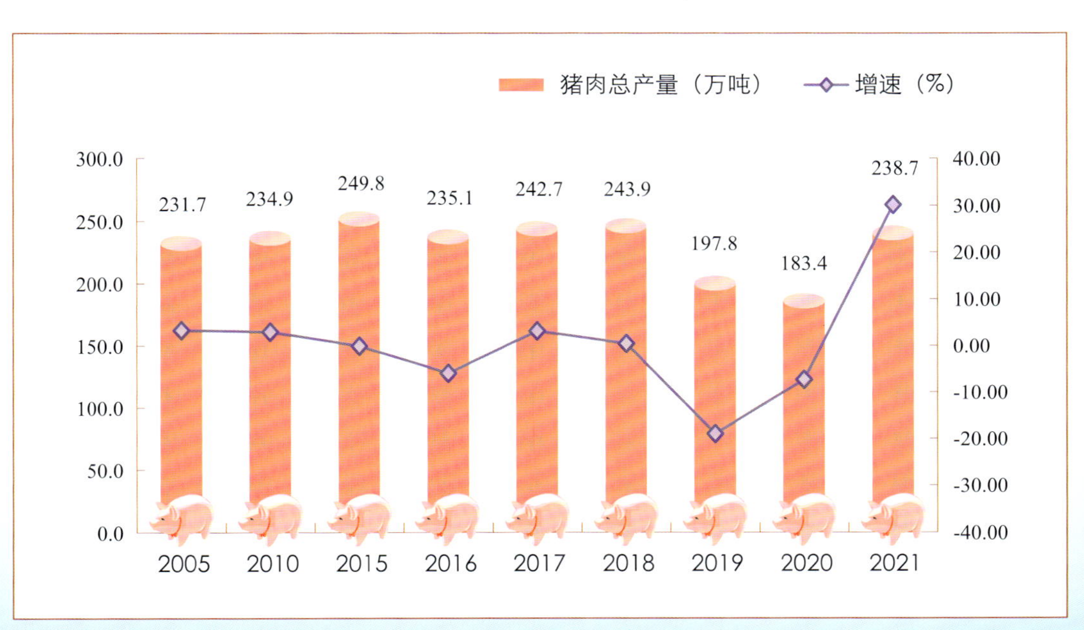

2021 年安徽城镇居民人均可支配收入构成（%）

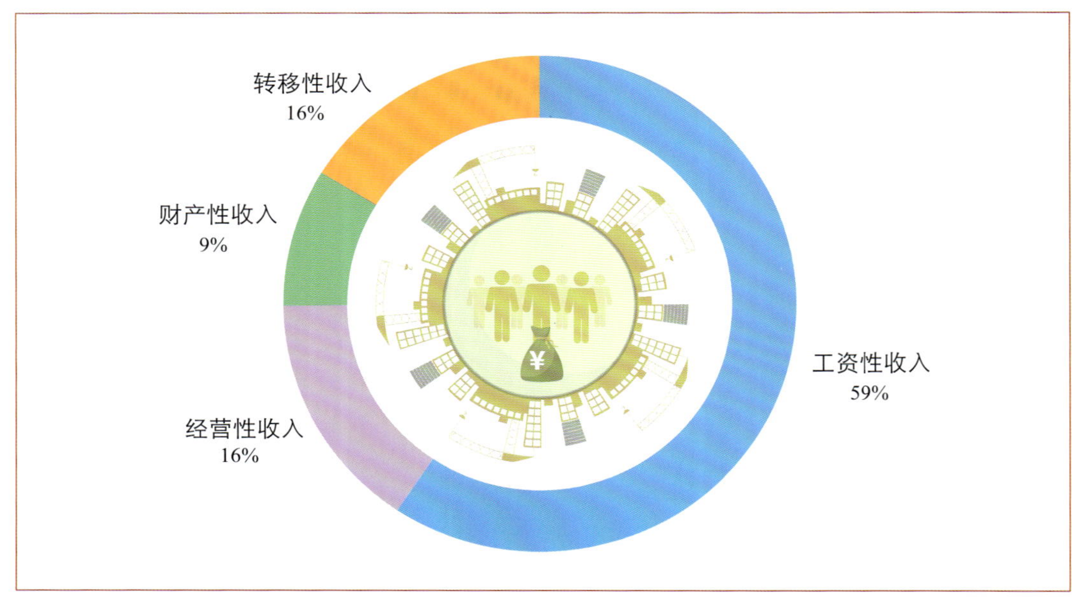

2021 年安徽农村居民人均可支配收入构成（%）

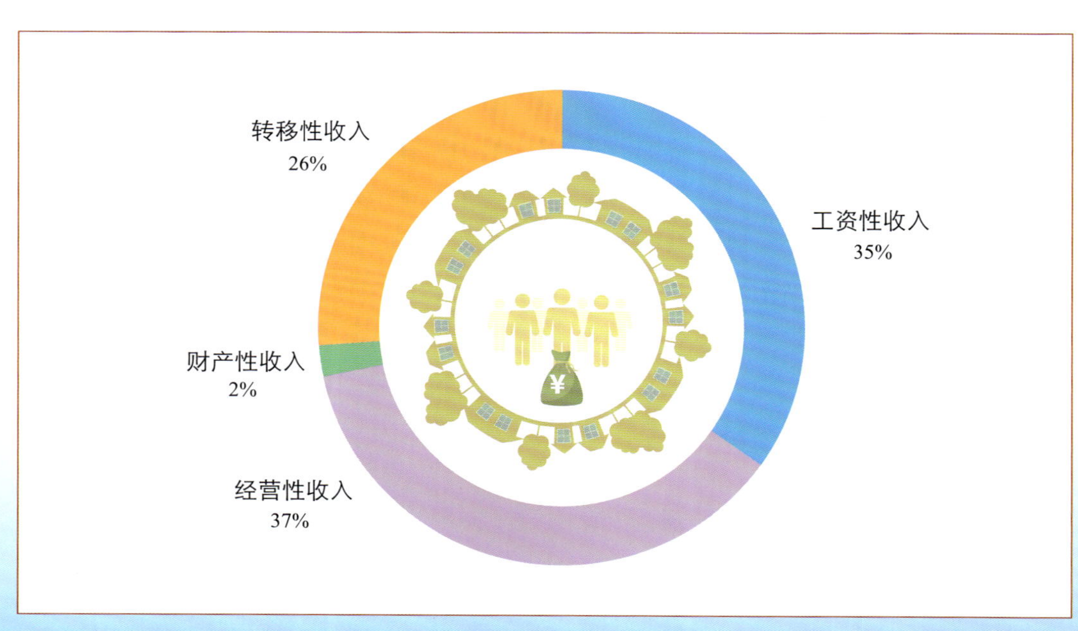

2021年安徽省及各市城镇居民人均可支配收入情况（元）

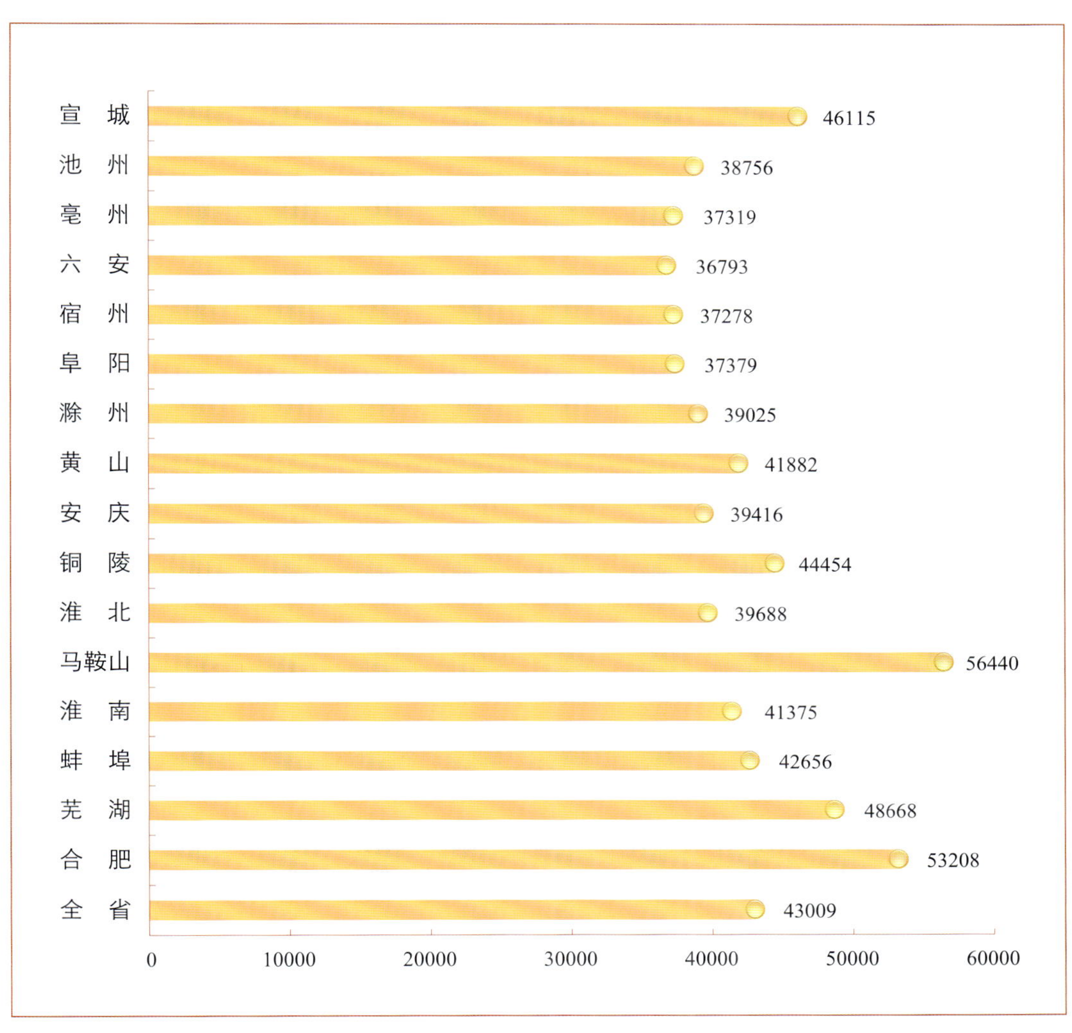

2021年按收入等级分的城镇居民家庭人均收支情况（元）

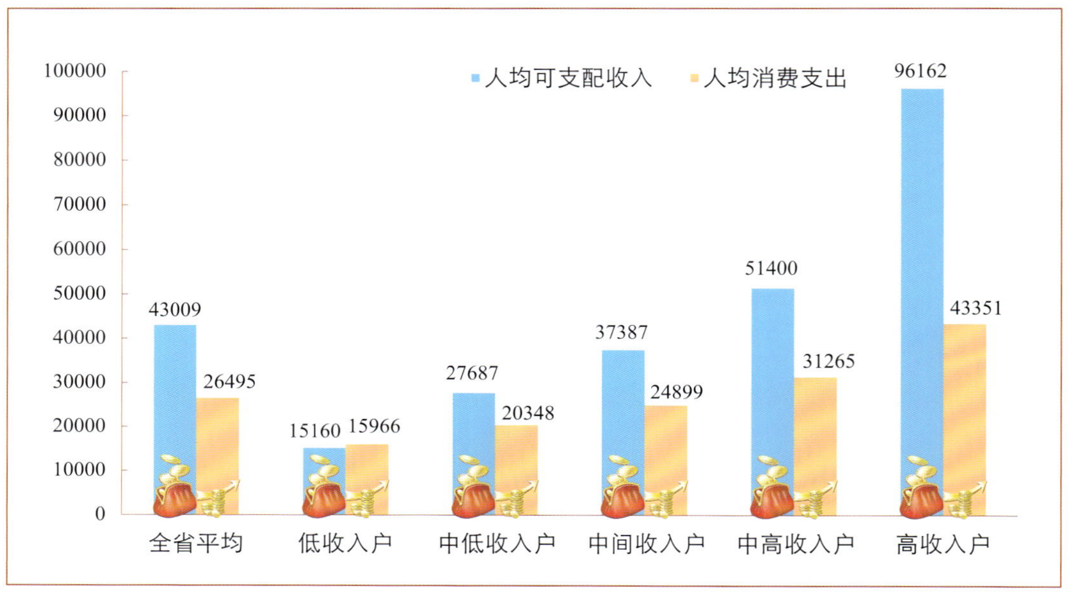

2021年按收入等级分的农村居民家庭人均收支情况（元）

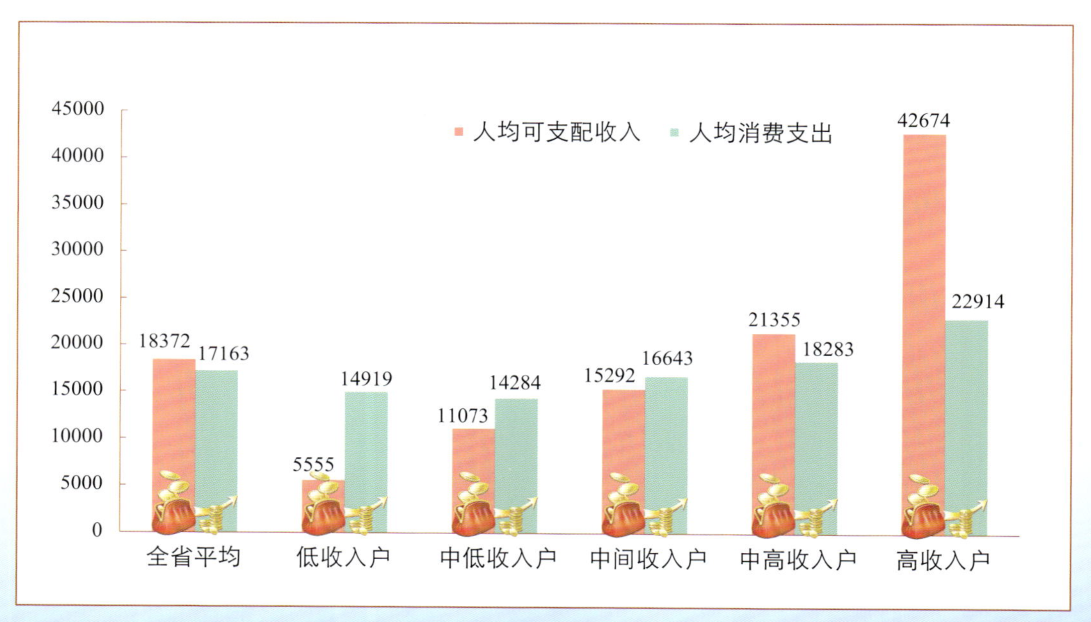

2021年全国各省城镇居民人均可支配收入（元）

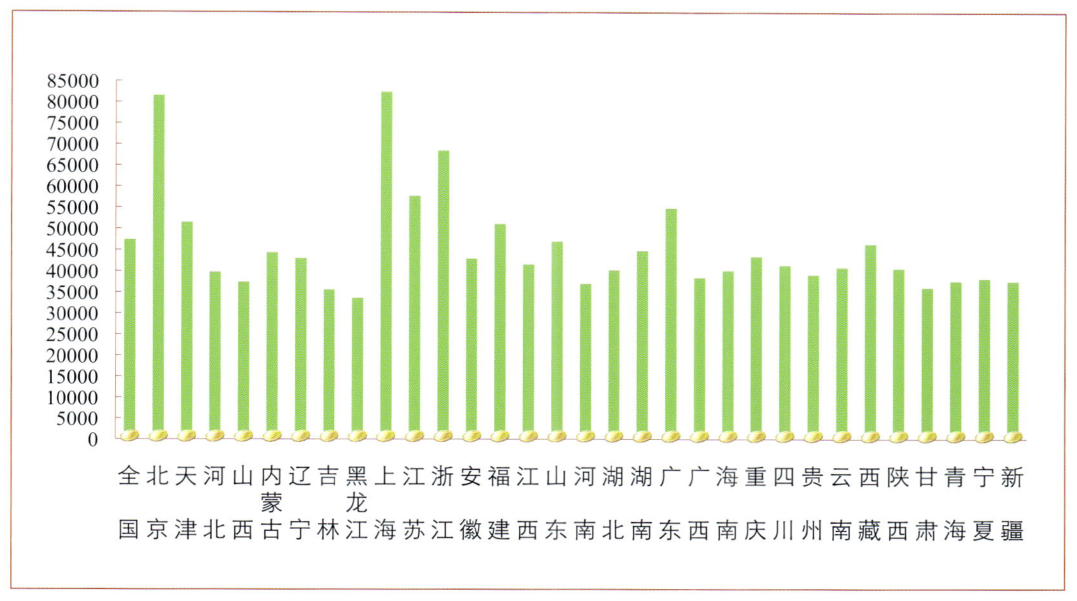

2021年全国各省农村居民人均可支配收入（元）

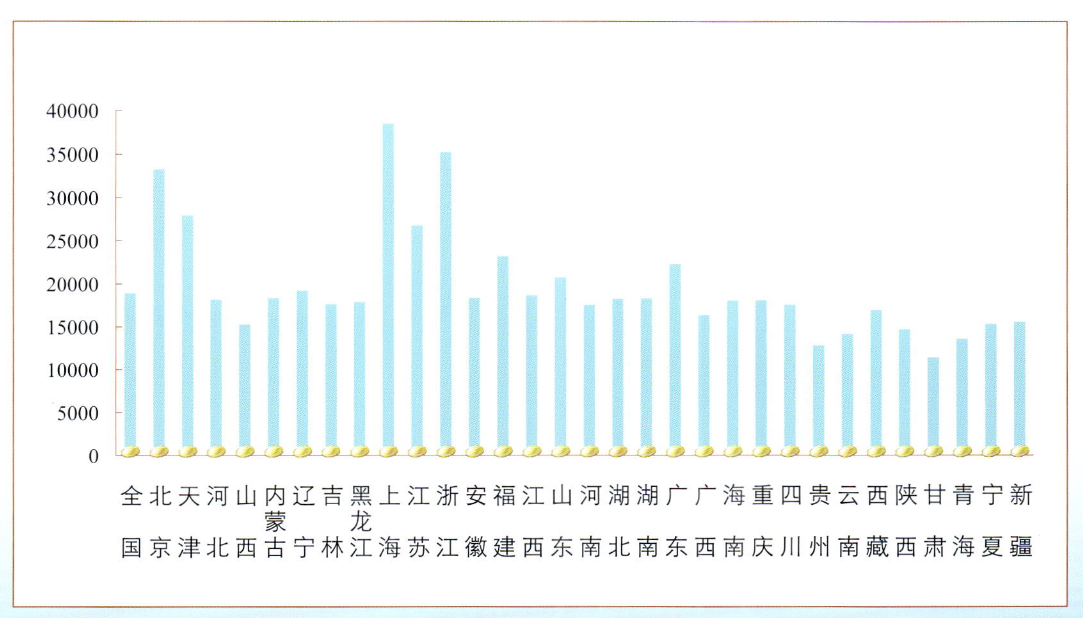

2021年安徽城镇居民人均生活消费支出构成（%）

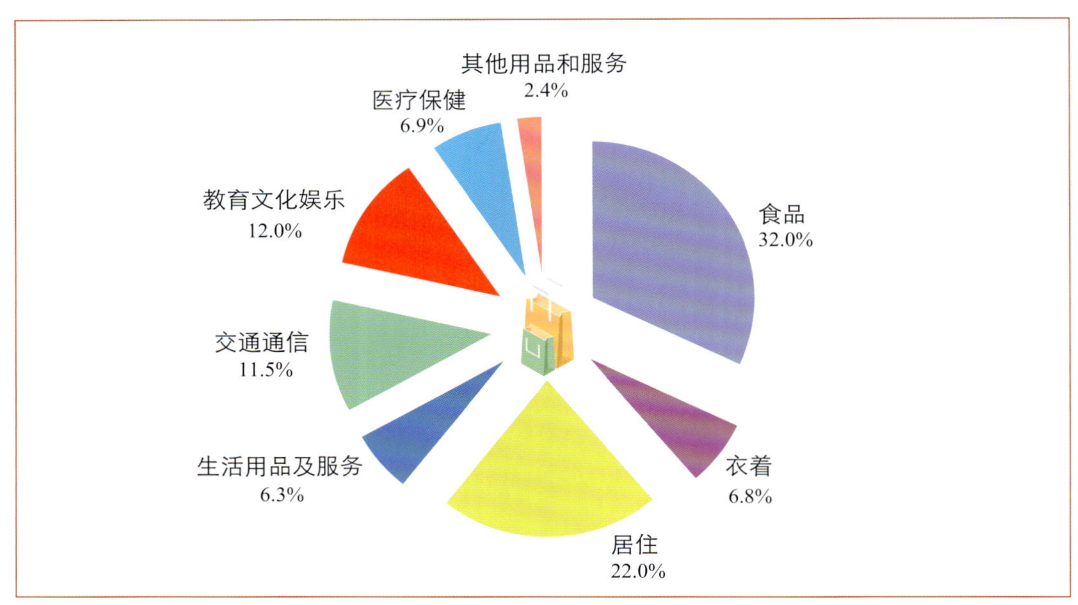

2021年安徽农村居民人均生活消费支出构成（%）

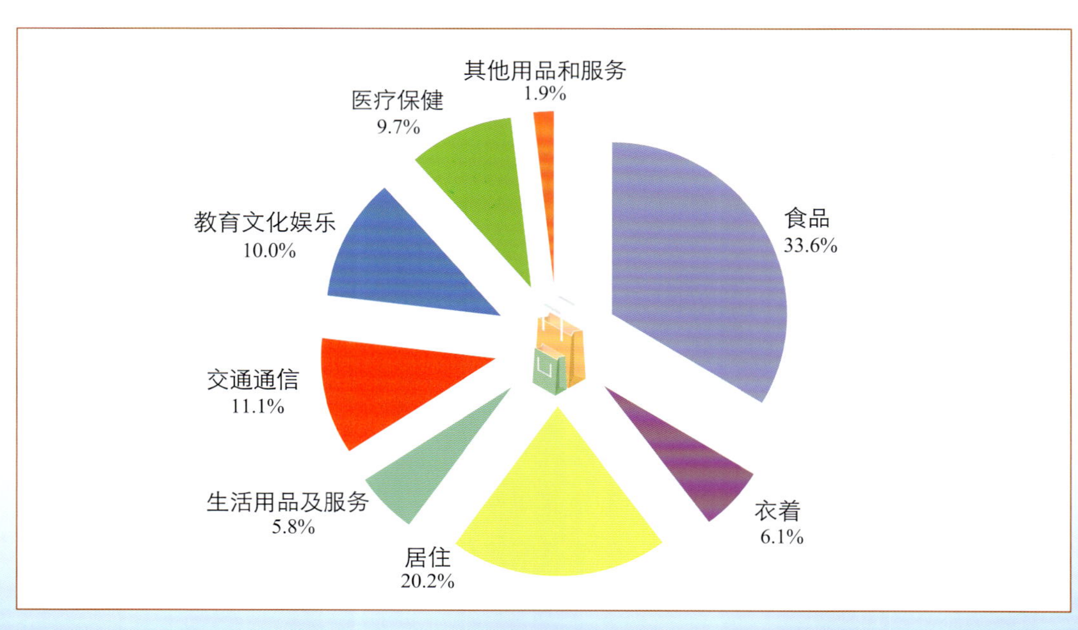

城镇居民恩格尔系数（%）

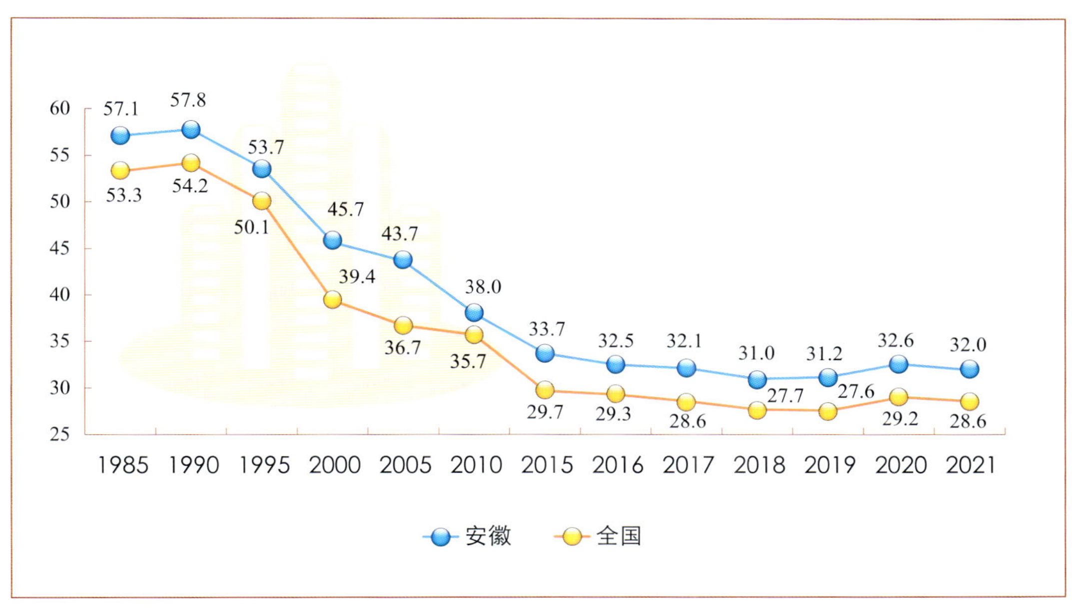

注：全国城乡居民恩格尔系数，按“食品烟酒消费占居民人均消费支出比重”进行推算。

农村居民恩格尔系数（%）

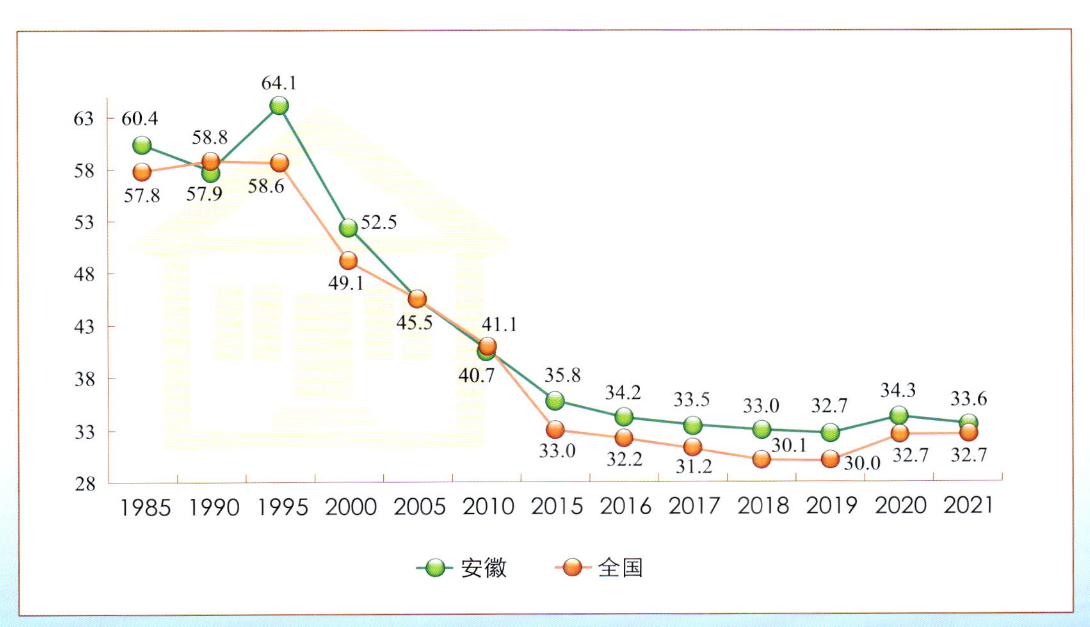

居民消费价格指数（上年 =100）

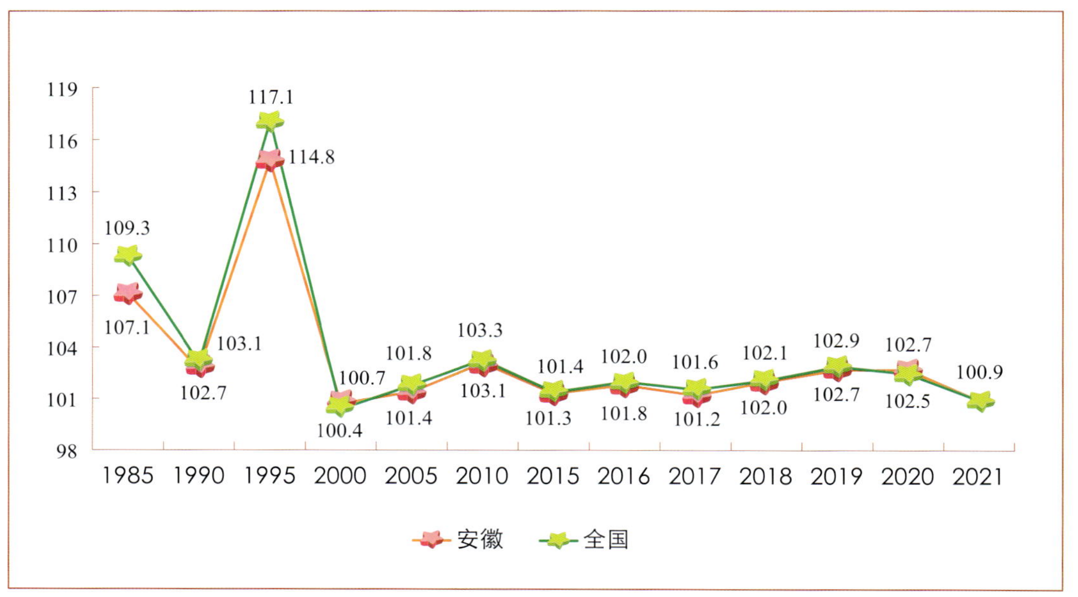

城市居民消费价格指数（上年 =100）

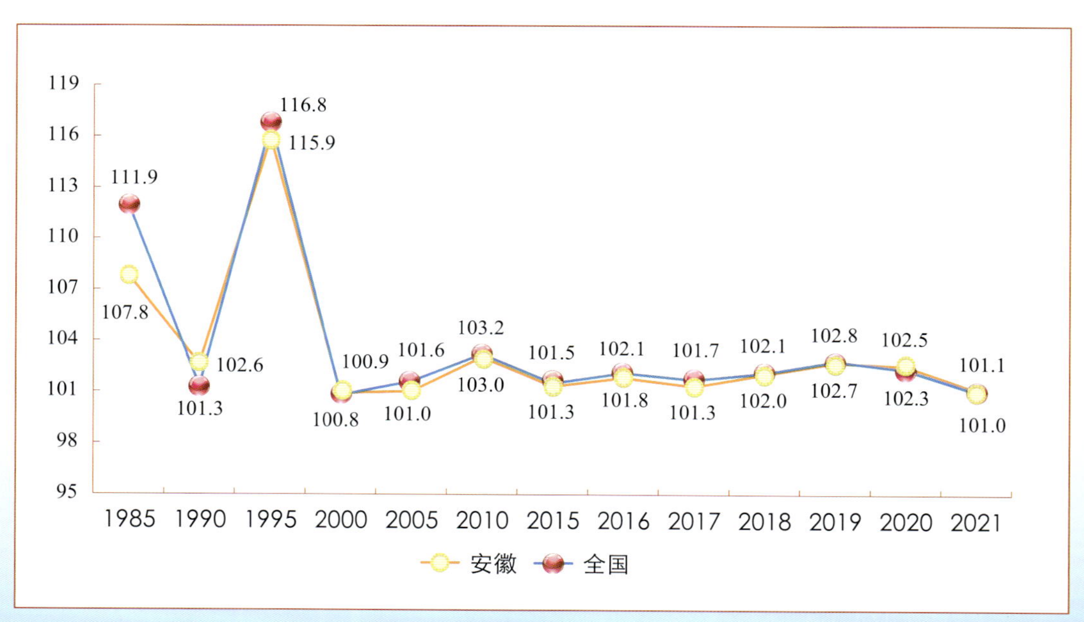

农村居民消费价格指数（上年 =100）

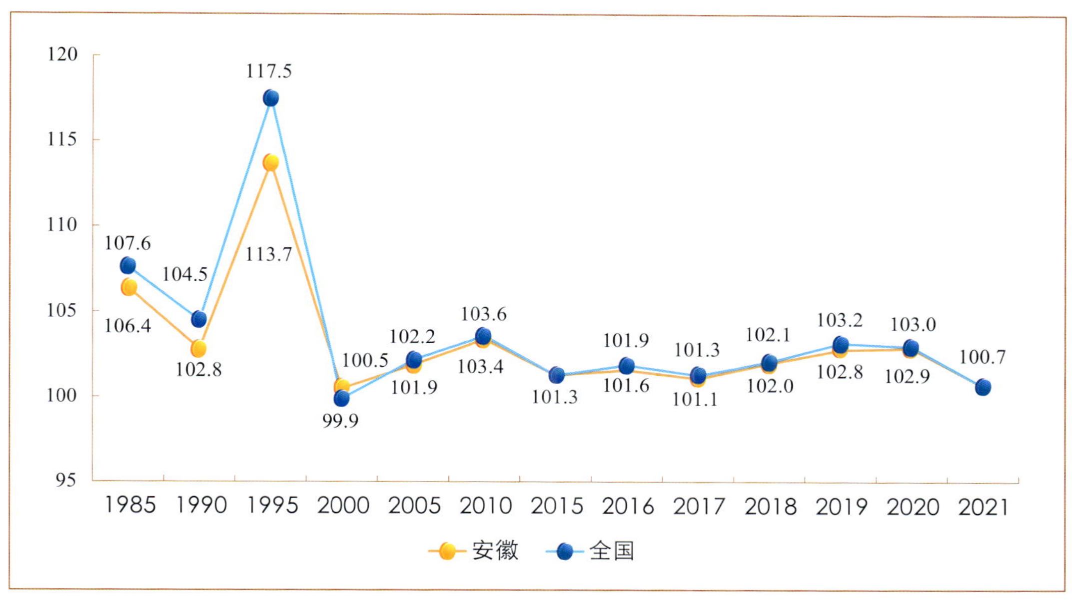

商品零售价格指数（上年 =100）

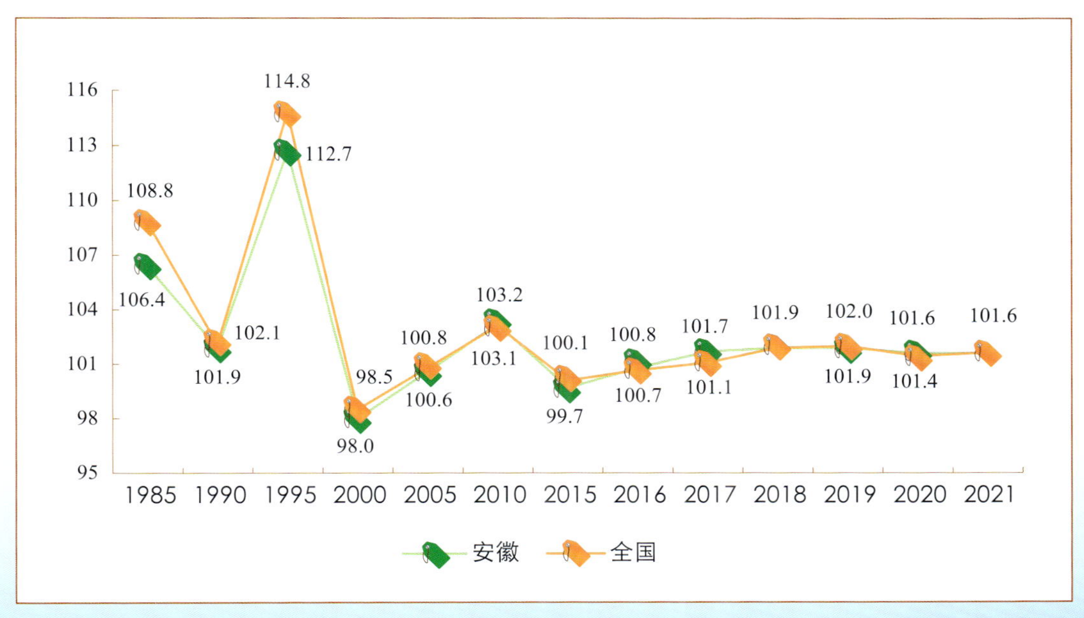

工业生产者出厂价格指数（上年 =100）

工业生产者购进价格指数（上年 =100）

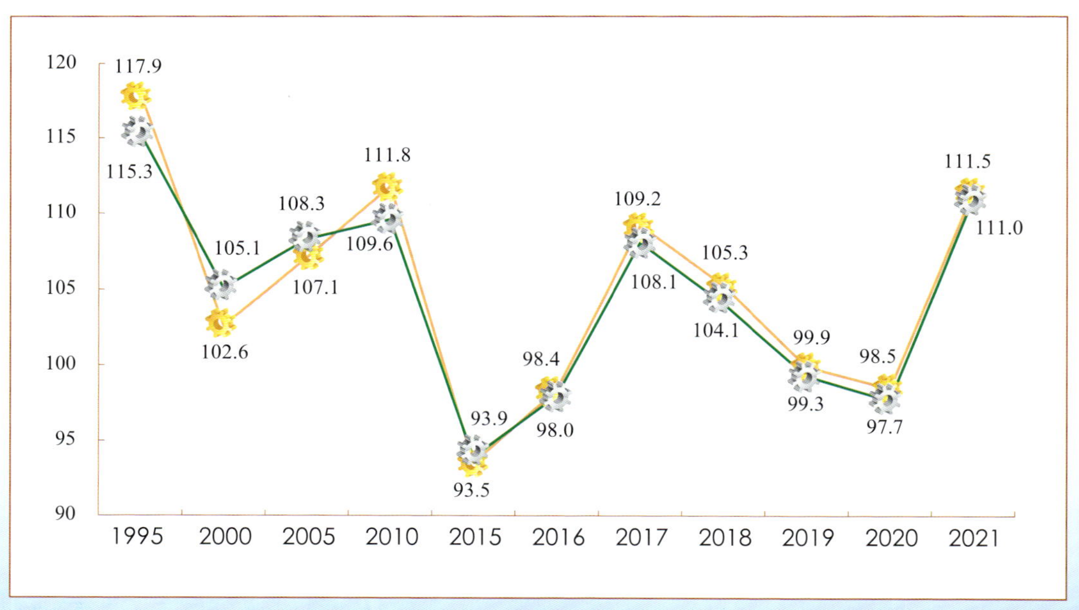

《安徽调查年鉴 2022》

编委会和编辑人员

编 委 会

编辑工作人员

ANHUI SURVEY YEARBOOK 2022
EDITORIAL BOARD AND EDITORIAL STAFF

编者说明

一、《安徽调查年鉴 2022》由国家统计局安徽调查总队独立编辑出版，是一部全面反映安徽省农村社会经济、城市社会经济发展情况的资料性年刊。本书收录了全省和市、县（区）2021 年经济和社会发展各有关方面的调查统计数据，以及全国和各省（区、市）重要历史年份主要统计调查数据。

二、本年鉴统计调查数据分为五个篇章，即：1. 综合；2. 农业调查；3. 人民生活；4. 价格调查；5. 专项调查。为方便读者理解和使用有关数据，各篇章前设有简要说明，对本篇章的主要内容、资料来源、统计范围、统计方法以及历史变动情况予以简要概述，篇末附有主要指标解释，介绍了统计指标的含义、统计范围和统计方法。

三、本年鉴所涉及的全国性统计数据，除特殊注明外，均未包括香港、澳门特别行政区和台湾省数据。

四、资料中所使用的度量衡单位均采用国际统一标准计量单位。

五、本年鉴部分数据合计数或相对数，由于单位取舍不同产生的计算误差未作机械调整。

六、本书凡带有续表的资料，有关注解均列在最后一张续表的下方。

七、本书符号使用说明：“…”表示该数据不足本表最小计量单位数；“空格”表示该项无统计数据；“#”表示其中的主要项；“*”或“①”表示本表下有注解。

Editor's Notes

I. *Anhui Survey Yearbook 2022* is an annual statistical publication, which reflects comprehensively the rural and urban economic and social development of Anhui. It covers data for 2021 and key statistical and survey data in recent years and some historically important years at provincial, city and county level and the local levels of province, autonomous region and municipality directly under the Central Government.

II. The Yearbook contains five chapters: 1. General Survey; 2 Agricultural Survey; 3 People's Living Conditions; 4 Price Survey; 5. Special Survey. To facilitate readers, the Brief Introduction at the beginning of each chapter provides a summary of the main contents of the chapter, data sources, statistical scope, statistical methods and historical changes. At the end of each chapter, Explanatory Notes on Main Statistical Indicators are included.

III. The national data in this book do not include those of the Hong Kong Special Administrative Region, the Macao Special Administrative Region and Taiwan Province, except for otherwise specified.

IV. The units of measurement used in this yearbook are internationally standard measurement units.

V. Statistical discrepancies on totals and relative figures due to rounding are not adjusted in the Yearbook.

VI. All tables with continued ones, the footnotes are at the bottom of the last continued table.

VII. Notations used in the yearbook: "…" indicates that the figure is not large enough to be measured with the smallest unit in the table; (blank space) indicates that data are unknown, or are not available; "#" indicates a major breakdown of the total; and "*" or "①" indicates footnotes at the end of the table.

目　　录

Contents

第一篇　综　合

General Survey

第二篇　农业调查

Agricultural Survey

第三篇 人民生活

People's Living Conditions

第四篇 价格调查

Price Survey

第五篇　专项调查

Special Survey

坚持稳中求进　主动担当作为
奋力开创安徽调查事业发展新局面

——在全省调查工作视频会议上的工作报告

国家统计局安徽调查总队党组书记、总队长　孙新占

（2022 年 1 月 24 日）

同志们：

刚才，我们传达学习了李克强总理、韩正副总理和清宪省长、刘惠常务副省长的重要批示精神。批示肯定了去年以来全国、全省统计调查工作取得的成绩，充分体现了党中央、国务院和省委、省政府对统计调查工作的高度重视和殷切希望，充分彰显了统计调查工作在国家治理中的综合性、基础性作用，充分表明了提升调查能力和数据质量的极端重要性，我们要深入学习领会，全面贯彻落实。

这次会议的主要任务是，以习近平新时代中国特色社会主义思想为指导，全面贯彻党的十九大、十九届历次全会和中央经济工作会议、省委经济工作会议精神，深入学习领会习近平总书记关于统计工作重要讲话指示批示精神，认真落实国务院领导同志和省领导重要批示精神，全面总结 2021 年工作，系统分析当前形势，研究部署 2022 年安徽调查工作重点任务，持续推进全系统党的建设。下面，我代表总队党组讲四点意见。

一、守正创新，积极作为，“十四五”安徽调查事业实现良好开局

2021 年是党和国家历史上具有里程碑意义的一年。我们弘扬伟大建党精神，深入贯彻落实国家统计局和省委、省政府决策部署，推深做实党史学习教育，认真履行国家调查职责，在“十四五”开局之年展现了新气象、迈好了第一步。

（一）赓续红色血脉，系统党的建设展现新气象。我们坚决听从党中央号令，强化组织领导，层层推动落实，确保全系统党史学习教育取得显著成效。强化担当“学党史”，紧紧围绕“学史明理、学史增信、学史崇德、学史力行”的总要求，以宁吉喆局长巡回指导金寨调查队为契机，接受了一次融合了革命精神、历史自信、政治自觉、宗旨意识、时代责任在内的，广泛而深刻的党性教育，达到了预期目的，取得了重要成果。融会贯通“悟思想”，注重抓“关键少数”带动“绝大多数”，总队党组坚持“第一议题”制度，以党组会、中心组学习会、读书班等多种形式，及时跟进学习总书记重要讲话精神 50 多次，示范带动全系统采取“自主学、现场看、轮流读、专题讲”等方式，常态化抓好学习研讨、培训宣教等规定动作，创新性开展“百年党史百日读”和“学思践悟论坛”等青年大学习特色活动 11 期，推动党的创新理论入脑入心。用心用力“办实事”，广泛开展“我为群众办实事”实践活动，厚植“为国统计、为民调查”情怀，总队机关明确 5 个方面、19 个项目、41 项措施，全系统共制定 994 项具体举措，积极为基层调查一线办实事、解难题，目前已基本完成，赢得了调查对象支持点赞。奋勇争先“开新局”，从百年党史中汲取奋进力量，对标对表党中央决策部署，强化做到“两个维护”的政治自觉，牢固树立政治机关意识，纵深推进模范机关建设，落实落细意识形态责任制，推动党建和业务深度融合，引领安徽调查工作站稳全国“第一方阵”，在 2021 年度国家统计局 27 项专业工作考核中，总队共取得 15 项优秀、10 项良好的优异成绩。

（二）深化改革创新，重点领域改革实现新突破。我们统筹做好国家调查队改革十五周年系列活动，全面系统梳理实践经验，形成多篇重要调研成果，为国家统计局相关政策出台提供了重要参考，并获得常

务副省长刘惠批示肯定。抓住分管省领导来总队调研契机，积极向省政府提出工作建议，争取进一步强化国家调查队改革的政策支持，推动“十四五”时期深化国家调查队改革意见的深入落实。我们聚焦重点民生调查，认真落实国家统计局工作部署，全力做好劳动力调查扩样工作，争取省政府发文支持，高起点推进组织实施，高水平构建调查体系，广覆盖开展宣传动员，创新组织管理、业务培训和质量控制模式，足额保障调查人员和经费，确保 1.15 万个新样本顺利轮入和高质量启动调查，典型经验在国家调查队管理体制改革 15 周年座谈会上，作了专题发言。积极承担“十四五”统计现代化改革重点任务，完成“主要农作物使用无人机遥感估产”试点工作，筹建农产量调查无人机数据综合管理平台，探索物联网光电设备在小麦实割实测中的技术验证；在 9 个市全面推广用网签数据、按板块汇总二手住宅价格指数，完成网络交易全国集中采价纳入 CPI 计算工作。继续创新调查方法，推动行政记录在居民收支、价格调查领域的应用路径，启动利用医保数据校准收支调查前期研究，改进收支调查内网平台数据审核汇总办法，率先实现分市县收支调查数据内网审核评估。

（三）推进依法调查，统计法治建设取得新进展。我们深入贯彻习近平法治思想，坚持依法统计、依法调查，依法依规组织实施国家调查工作，持续深入反对统计造假、弄虚作假，源清流洁的调查法治环境持续优化，防惩体系得到有效巩固。全系统深入学习中央《意见》《办法》《规定》精神，及时传达贯彻中办、国办印发《关于更加有效发挥统计监督职能作用的意见》，常态化开展以《统计法》及其实施条例、《防范和惩治统计造假弄虚作假重要文件选编》为重点的法治学习，塑造调查法治思维，厚植统计法治理念。全面启动“八五”普法工作，制定“八五”统计普法责任清单，联合省统计局开展集中法治宣传。推进全系统执法队伍建设，坚持实战化训练，强化执法技能培训，积极协助国家统计督察、执法检查等重大统计监督任务，对 17 个市、县调查队和 52 个调查样本点开展执法监督检查，推动巡察、执法监督检查和基层基础工作例行检查贯通衔接，构筑坚实有效数据质量监督体系。

（四）夯实基层基础，国家调查工作再上新台阶。坚决守好数据质量生命线，高质量完成国家调查任务，是国家调查队的首要职责。我们严格执行国家调查制度，不折不扣完成各项常规调查任务，不断提升国家调查数据的真实性、准确性、科学性。我们围绕重点民生领域，巩固农业、畜牧业调查数据归口管理改革成果，实现省市县三级粮食、畜牧业等调查数据有效衔接，提升居民收支、城镇就业、农民工监测等民生调查质量，客观反映我省民生领域改革发展成果。我们围绕党中央重大战略部署，实现脱贫攻坚普查顺利收官和脱贫县农村住户监测良好开局，聚焦保持经济运行在合理区间，立足更好发挥“风向标”“晴雨表”作用，确保基期轮换过程中价格调查数据平稳过渡，丰富采购经理指数调查体系和内容。我们围绕更好发挥调查职能作用，认真开展农户耕地流转状况、国际比较项目、服务零售结构、新设立小微企业跟踪监测等调查任务，顺利完成全面从严治党民意调查等专项调查，协助做好全国及相关市县文明城市测评。我们全面落实国家统计局《关于进一步加强统计基层基础建设的意见》，成立总队调查“双基”建设领导小组，召开“双基”建设座谈会，印发加强“双基”建设实施意见，进一步增强全系统抓“双基”建设的自觉性、主动性，及时修订完善 11 个调查专业的规范化操作规程和数据质量控制办法，组织编印《基层基础工作优秀案例》，梳理总结坚持以“党建+”赋能、规范先行、创新引领、建强队伍、保障提升的“双基”建设路径，使基层调查队“双基”工作有规可依、有迹可循，相关材料获得国家统计局领导批示肯定。

（五）发挥职能优势，统计调查服务结出新硕果。我们围绕中心、服务大局，有效发挥调查“轻骑兵”优势，强化总队政务信息领导小组牵头抓总作用，细化目标、挂图作业、压茬推进，完成专题调研 150 余项，编发调查分析 216 篇，被国家统计局《每日调查》采用 50 篇，获省级以上领导批示 45 篇次，其中多篇调查分析获得省委、省政府主要领导批示。在省政府办公厅信息工作考核中，总队稳居省直机关和中央驻皖单位双第一，实现专题分析撰写量、国家统计局采用量、领导批示量三个新高。我们积极承办省委、省政府领导同志点题交办专题研究，全力做好调查数据服务，为省委、省政府科学决策和推动“六稳”“六保”政策落实，提供了大量及时、灵敏、鲜活的第一手调查资料，与省发改委等经济部门建立常态化数据信息交换机制，更好保障全省经济治理对调查数据的需求。我们不断提高公众服务能力，继续办好新闻发布会和统计开放日活动，发挥政务新媒体宣传矩阵效应，及时做好调查数据分析解读，发布各类调查信息2200余条，提供各类数据服务200余次，有效引导社会预期。

（六）突出业绩导向，干部队伍建设激发新活力。我们制定并严格执行《2021—2023年安徽调查队系统领导班子建设规划》，严把素质能力关，围绕事业发展需要配班子用干部，选拔配备28名干部优化改善市县队领导班子结构，在总队机关提任4名80后处室负责人、6名副处长，推进干部队伍年轻化、专业化迈出关键一步，一批70后、80后、90后年轻干部在吃劲的岗位担当作为、展现全新气象。我们有序推进职务职级并行，明确常态化思路和半年一次节奏，晋升总队和市级队四级调研员以上职级干部49人，县队一至四级主任科员14人，进一步增强了干部职工的归属感、获得感。我们扎实做好人员录用、调配和交流工作，为市县队招录了18名公务员，启用省编遴选1名干部和在市队遴选3名干部充实总队机关人员力量，在系统内交流、调动干部18名，解决了部分干部的家庭实际困难。我们多渠道推进干部培养培训，制定《安徽调查队系统年轻干部培养规划（2021—2026）》，通过岗位交流、基层锻炼、短期援疆、系统内外帮助工作等方式，为干部提供更多锻炼成长空间，在全系统选聘了42名新一轮专业带头人，进一步激发青年干部钻业务、提能力的热情；组织各类线下线上培训班，选调干部进党校、进高校，累计培训干部超5000人次，使广大干部能力素质更好适应事业发展。我们坚持严管厚爱，修订完善相关考核办法，抓紧抓实领导干部个人有关事项报告工作，稳步推进干部档案专审，规范系统工资核算并及时按政策补发退休干部相关待遇，解决了一些多年遗留问题，确保全系统选人用人和干部监督工作规范高效。

（七）强化统筹协调，系统管理能力得到新提高。提升系统管理能力，是确保调查事业行稳致远的基础保障。我们不断完善政务、财务、信息化建设等保障机制，有序推进制度建设，完善工作机制，确保系统上下政令畅通，运转更加高效。坚持底线思维，统筹做好疫情防控，从严从快有效管控六安、合肥、芜湖等地突发疫情波及影响，筑牢保密和国家安全人民防线，抓好值班值守、平安建设、综合治理等各项工作。把好文电质量关、运转关，持续提升办文办会质效和档案管理水平，基本完成信创设备替换使用，做好视频会议技术保障，维护网络信息安全。立足提升服务能力，积极主动做好机关食堂改造、办公条件改善、公务车辆管理、资产配置处置等后勤保障。落实过“紧日子”要求，加强预算管理和执行，做好重点支出项目经费支持，进一步优化经费支出结构，不断提升财务保障能力。用心用情用力做好援疆援藏、老干部管理、定点帮扶等相关工作。

（八）加强政治引领，全面从严治党取得新成效。总队党组坚决压实从严管党治队政治责任，严格落实《全面从严治党主体责任工作清单》，定期召开党组专题会议，认真分析研判形势，推动问题整改落实，不断完善制度机制，制定《内部监督工作贯通协同机制的实施办法》《纪检部门执纪审查工作实施细则》等多项制度，修订《干部廉政档案管理办法（试行）》等工作机制，推动各类监督形成合力。紧盯“关键少数”，出台《加强对“一把手”和领导班子监督的实施方案》，对7个市县队开展政治巡察，巡察覆盖率达到93.9%，完成对2020年第二轮以及2021年第一轮共19个市县队的巡察意见反馈工作，督促做好巡察整改落实。巩固拓展作风建设成效，加强对中央八项规定及其实施细则精神落实情况的监督检查，持续整治形式主义、官僚主义，整改“存量”问题，严控“增量”问题，加强风险防控，全面梳理系统各单位、各部门、各专业权力运行环节的风险点，编印《廉政风险防控手册》，及时制定研究完善防控措施，堵塞廉政风险漏洞。严肃财经纪律，深入开展“三项清理”再检查，加强内部审计监督。强化警示教育，充分利用国家统计局、驻委纪检组案例通报，召开3次系统警示教育会议，组织总队机关党员干部参观安徽省党风廉政教育馆，筑牢拒腐防变思想防线。严格监督执纪问责，在“三项清理”中，对违反相关规定的问题，要求相关单位及时清退整改，运用第一种形态处理党员干部12人，并对其中5名党员干部有关问题在一定范围内进行通报，推动全系统全面从严治党不断向纵深发展、向基层延伸。加强纪检干部能力建设，配齐配强市县队纪检干部，举办系统纪检干部业务培训班和巡察培训班，不断增强纪检干部能力素质。

上述成绩的取得，是国家统计局党组坚强领导的结果，是各级党委、政府和相关部门大力支持的结果，是社会各界和调查对象积极配合的结果，更是全系统各级党组织和广大干部职工辛勤耕耘、共同奋斗的结果。借此机会，我代表总队党组和领导班子，向大家致以崇高敬意和衷心感谢！

在肯定成绩的同时，我们也应该清醒地看到，安徽调查事业改革发展仍面临不少挑战、存在不少短板。主要表现在：推动工作的理念还不够新，开拓进取的勇气还不够足，干事创业的氛围还不够优，事业发展的基础还不够实，工作条件保障还不够到位。同时，业务发展和队伍建设不平衡问题突出、结构性矛盾凸显，亟需我们知重负重、振奋精神、攻坚克难，在新的工作实践中找准突破口、把好着力点。

二、把握主动，稳中求进，切实增强安徽调查事业改革发展的信心决心

新故相推，日生不滞。今年是我国进入全面建设社会主义现代化国家、迈向第二个百年奋斗目标的重要一年。站在新起点，统计调查工作的历史方位和使命任务正发生深刻变化，面临许多新的时代命题，需要我们正确认识和把握。全系统特别是党员领导干部要立足实际、把握重点，认真总结实践经验，科学把握形势任务，精准锚定目标方向，切实增强自信心、下好先手棋、打好主动仗，汇聚推进安徽调查事业改革发展的强大合力。这里，我强调讲三个方面。

（一）回顾奋斗历程，认真把握“五个必须”的实践经验

习近平总书记指出，我们党一步步走过来，很重要的一条就是不断总结经验、提高本领。去年，我们结合党史学习教育，回顾红色统计调查史，总结国家调查队改革15年来取得的成就和经验。这些经验不是从书本上抄来的，而是我们在苦干实干的奋斗历程中积累下来的，饱含着甘苦得失，凝结着辛勤汗水，彰显着平凡伟大，是安徽调查事业的宝贵精神财富，需要长期坚持并在新的实践中不断继承和发扬。

一是必须坚持党的领导。这是确保国家调查事业始终沿着正确道路发展前进的根本前提，我们要树牢政治机关意识，加强党对调查工作的领导，全面贯彻党的路线方针政策，把衷心拥护“两个确立”、忠诚践行“两个维护”，体现在工作各领域、各环节。

二是必须践行人民至上的理念。调查数据取之于民，用之于民，最终目的是为人民谋幸福，这是国家调查队最鲜明的特点。实践表明，只有深入基层、贴近群众，调查工作才有底气；只有反映实际、服务人民，调查工作才有价值。我们要在厚植为民情怀中多一些换位思考和细心考虑，减轻基层负担，获取群众支持，激活统计调查源头活水。

三是必须坚守数据质量的底线。数据质量是调查工作的生命线，是国家调查队发挥职能作用的前提和基础。我们在任何时候都要树牢质量意识，严格执行调查制度，大力夯实基层基础，把不断提高调查数据质量作为国家调查工作者的职业操守和共同意志。

四是必须增强改革创新的动力。经过15年接续奋斗，安徽调查事业正迎来乘风破浪的新阶段，越是这个时候越要发扬改革创新精神，决不能在自矜自喜中迷失自我，防止出现只展示“拿得出手”的亮点，不解决“说不出口”的短板，坚持改革不止步、创新不守旧、进取不停顿，坚决克服只求稳不求进，遇到困难绕着走、拖着办、往外推等不良现象。

五是必须牢记服务大局的职责。国家调查队因国家需要而生，随国家发展而兴，理应以服务国家为本。实践证明，只有自觉把调查工作放到党和国家事业全局中去谋划布局，调查工作才能有地位、有尊严。我们要始终胸怀“国之大者”，坚持国家调查定位，满足国家治理需要，体现国家调查水平。

（二）分析当前形势，深刻领会“四个定位”的职责要求

去年，中办、国办印发《关于更加有效发挥统计监督职能作用的意见》，明确提出国家调查队两个“充分发挥”的要求，体现了党对调查工作职能作用的顶层设计和制度安排。国务院领导同志也对国家调查队改革十五周年作出重要批示，充分肯定成绩，提出明确期望。国家统计局印发《关于“十四五”时期深化国家调查队改革的意见》，明确了深化改革的基本原则、发展目标和具体举措，提出将国家调查队打造成为确保数据质量的“直属队”、统计抽样调查的“轻骑兵”、民生统计监测的“主力军”、执法监督检查的“生力军”，为国家调查队改革发展下达了任务书、画好了路线图，表明了国家统计局落实党中央、国务院关于国家调查队改革发展重大部署的坚定决心。相关政策文件的出台，进一步明晰了国家调查队的职责定位，

进一步体现了民生调查在国家治理中的重要作用。

国家调查使命更加光荣，任务日趋拓展，机遇前所未有，同时挑战也前所未有。面对新形势新任务，我们要以坐不住的紧迫感、慢不得的危机感、等不及的责任感，积极应变，主动求变，在深刻领会上级决策部署的基础上，围绕国家调查队如何充分发挥机动灵活、快速高效的优势和在统计执法中的作用，超前谋划，顺势而为，做到眼睛亮、见事早、行动快，努力在打好思想基础、优化工作机制、争取支持保障、强化人才储备等方面及早布局。同时，要聚焦主业主责，把准工作方向，坚持有所为、有所不为，聚焦重点民生领域，突出民生调查特色，不断提升国家调查能力。

（三）锚定目标方向，系统谋划“三个建设”的实践路径

调查事业改革发展非一日之功，是一代又一代调查人接续奋斗的结晶。习近平总书记指出：“干事业做工作大方向要正确，重点要明确，战略要得当，同时要把控好细节”，这为我们做好调查工作提供了重要方法论。我们要在总结过去、把握现在的基础上，明确工作重点和实践路径，推动全系统在新征程中融入接力赛、跑好关键棒。总队党组已经明确，将调查能力建设、作风建设和干部队伍建设，作为今年和今后一个时期需要突出抓好的工作重点，一体部署、一体推进，在抓落实、见实效上加大力度、拓展深度，使各项工作朝着开创安徽调查事业新局面这个目标上聚焦发力。

一是把握调查能力建设这条主线。总队党组明确提出把调查能力建设作为主线，既是基于对国家调查队15年来改革发展规律的深入总结，也是推进国家治理体系和治理能力现代化对调查工作的必然要求。能力是根本，实干是关键，调查工作是实打实干出来的，我们的一切努力都要聚焦到调查能力建设上。要坚持系统思维，不做表面文章，不搞繁文缛节，在党建引领、基层基础、方法创新、条件保障、法治监督、队伍建设、体制支撑等诸多方面科学谋划，着力固根基、补短板、强弱项、提能力，既要在各项工作中努力创新出彩，更要着力夯实各项工作的基础，不断提升调查能力建设的科学性、有效性。

二是突出作风建设这个关键。作风建设永远在路上。解决作风问题，既要有集中发力、重点突破的措施，也要有持续用力、久久为功的韧劲。事实证明，越到机遇期、爬坡段、关口前，越要加强作风建设，以常抓的耐心、严管的魄力、长效的机制，着力解决工作中存在的不严不实问题，讲规矩、守规则、顾大局，激发全系统干事创业的精气神、真抓实干的原动力。

三是抓好干部队伍建设这个重大任务。安徽调查队系统正处于干部新老接续的关键时期，对此我们必须有清醒的认识。干部干部，干字当头。光有思路和部署，没有优秀的干部来干，终究难以成事。我们强能力、转作风、开新局，关键是要把全省各级调查队的领导班子和干部队伍建设好、建设强。

同志们，向第二个百年奋斗目标进军的号角已经吹响。全面建设社会主义现代化国家新征程中，安徽调查队系统不能缺席，也不会缺席。我们要发扬好传统、明确新任务、锚定新方向，咬定目标、苦干实干，一定能够使“皖美国调”成色更足。

三、求真务实，开拓进取，扎实做好2022年各项工作

今年将召开党的二十大，这是党和国家政治生活中的一件大事。2022年也是新中国统计机构成立70周年，是统计调查系统具有特殊意义的一年。调查工作总体思路是：以习近平新时代中国特色社会主义思想为指导，全面贯彻落实党的十九大、十九届历次全会和中央经济工作会议精神，认真落实党中央、国务院关于统计工作决策部署，紧扣国家统计局和省委、省政府工作要求，坚持以党的建设为统领，坚持稳中求进工作总基调，以推动安徽调查事业高质量发展为主题，以提高统计数据质量为中心，以调查能力建设为主线，突出抓好作风建设和干部队伍建设，夯实统计调查基层基础，强化经济形势分析研判，不断提升调查支撑保障能力，为更加有效发挥统计监督职能作用、推进统计现代化改革和现代化美好安徽建设提供坚实支撑。

（一）坚持系统思维，切实加强调查能力建设。调查能力建设是一项系统工程，也是深化国家调查队改革的迫切需要，必须综合考虑多方面因素，统筹兼顾、把握重点、整体谋划，更加注重系统性、整体性、

协同性，通过上下联动、横向贯通，努力争取各方面支持配合，着力构建全方位统计调查工作新格局。要不断完善党建引领调查工作的体制，更好发挥各级调查队党组和领导班子把方向、管大局、保落实的领导作用，实现集中领导、高效决策、统一部署，提升统筹整合各方面资源和力量推进调查能力建设的能力。要深刻学习领会《监督意见》的重大意义，准确理解把握总体要求，结合安徽调查队实际，系统谋划落实任务措施，更加有效发挥《监督意见》顶层设计的制度保障作用。要进一步健全市县调查队管理机制，强化各级调查队领导班子调查数据质量主体责任，树立"一盘棋"思想，坚持总队统一管理市县级国家调查队业务和干部队伍，结合实际理顺纪检、财务等工作市管县职责，坚持权责法定、权责透明、协调运转，明晰权利责任和工作方式，推动国家调查队系统管理制度优势转化为治理效能。要加强部门间横向联动，抓住《监督意见》出台机遇，积极争取省政府出台政策文件支持，从制度层面强化有效发挥安徽调查队监督职能作用，明确非国家调查县统计部门，组织实施国家调查任务的管理监督保障工作。

（二）严格质量标准，扎实履行国家调查职责。要围绕宏观调控主要目标，增强国家意识，把完成好国家调查任务作为重中之重，严格执行国家统计调查制度，认真履行独立调查、独立报告、独立监督职责。要扎实服务乡村振兴战略，围绕粮食、畜产品产量和农作物面积等重点指标，不断强化数据归口管理工作质量，要继续做好脱贫县农村住户监测。要强化民生调查监测，全力做好居民收支调查，高质量开展劳动力调查和农民工监测，加强就业形势动态研判，做好省级调查失业率发布准备工作，密切关注重要民生商品和工业品价格变化，不断提高价格监测水平，继续加强改进房地产价格调查。围绕稳定宏观经济大盘，推进采购经理调查省级样本扩充，确保数据灵敏和有效衔接，继续实施新设立小微企业跟踪和服务零售结构调查，及时反映企业生产经营预期变化。组织实施各类专项调查，做好全面从严治党民意调查、全国文明城市测评、全国社会心态调查等任务落实。

（三）自觉对标对表，全力推进重点任务落实。要全力做好新一轮住户调查大样本轮换，切实提高思想认识，精心推进组织实施，扎实有序推进落实，加强大样本轮换业务技术培训、组织协调和督查指导，密切跟踪省政府办公厅文件精神落实落地情况，加强与相关部门沟通协调，及时协调解决基层面临的矛盾问题，确保新网点责任有人担、调查有人做、保障有人管，确保高质量完成样本轮换，实现样本轮换后数据有效衔接、质量稳步提升。要认真贯彻落实国家统计局重点领域改革工作部署，深入推进中等收入群体、居民收入分配等问题研究，有序开展农产量对地抽样调查样本轮换工作，重点关注新调查网点农作物种植结构，特别是粮食作物种植结构情况，深化粮食供给平衡数据分析，开展以再生稻为代表的多季生粮食作物播种面积、单产和产量统计调查方法制度研究，为保障粮食安全、推动共同富裕提供扎实调查数据支撑，以更好发挥高质量发展监测评价作用。

（四）夯实基层基础，着力提高调查数据质量。坚实的调查基层基础是确保调查数据质量的前提。我们要大力推进国家统计质量保证框架贯彻落实，持续优化调查业务流程规范，要善于做"减法"，减轻基层一线调查负担、重复劳动，不断完善数据质量控制体系，健全完善"双基"工作考核办法。要多措并举，稳定基层调查人员队伍，不断提升基层调查人员业务能力，深入落实国家统计局《关于加强统计调查基层基础建设的实施意见》，通过加大培训、关心关爱、提升保障等多种方式，探索提升县级调查人员管理能力、乡镇调查人员稳定性和基层辅助调查员业务能力的有效举措。我们要进一步加强调查网点管理，确保网点和样本抽选、轮换和退出机制更加严谨科学，完善定期陪访、现场调研、入户访问等跟踪督导检查办法，提升业务操作规范性。要加强对调查基层基础保障，坚持人财物向基层一线倾斜，推进基层调查队用人模式创新，积极争取地方支持，吸纳"三支一扶"、公益性岗位等各类人员充实调查一线。探索建立进一步规范对系统服务地方开展的统计调查项目管理。要进一步优化调查法治环境，深入推进"八五"普法责任清单落实，加强统计违纪违法案件警示教育，坚持学法、用法、普法、执法与防惩统计造假、弄虚作假一体推进，着力加强全系统统计执法人才队伍建设。

（五）增强机遇意识，不断加大改革创新力度。要加大调查方法创新探索力度，继续做好利用医保数据校准居民收支调查数据探索性研究，拓展大数据等信息技术在农业、价格等调查领域应用场景，稳妥推进扫描数据在消费价格调查中的运用，强化遥感和无人机技术在农业农村调查中的应用，综合运用遥感底图、地块图斑、定位技术，扩大测量覆盖范围，更好发挥农业调查无人机综合管理平台作用，推动基于无人机地面样方调查模式的全面应用，加快落实无人机暨遥感应用成果展示和产粮大县农作物长势监测反馈，进一步提升粮食调查数据公信力和服务效果。积极协调相关部门推进行政记录与统计调查数据共享工作，选择居民收支等部分重点统计调查项目，开展行政记录与统计调查结果交叉验证或数据替代的探索性研究。

（六）更新服务理念，做优做强调查分析品牌。开展统计调查和加强数据分析是支撑调查能力建设的“一体两翼”。我们要紧扣“十四五”时期经济社会发展主要目标，加强经济形势分析研判，发挥统计监测评价职能，着力提升分析研究水平，更好服务科学决策。要深耕细作加强调查分析研究，发挥统计科研在育人才、出成果、强服务中的突出作用，统筹内外力量，用好调查数据资源优势，加强对就业、价格、收入和农业农村等重点民生领域趋势性、结构性、长期性问题的深入研究，努力形成一批有较高决策参考价值的精品研究成果。要稳定专题调研优势，把准工作定位，围绕调查队核心职能，提高政治站位，突出质量要求，把好选题关、内容关、政策关、文字关，把握好分析信息代表性、科学性，确保分析信息客观、真实、准确。要统筹快速调研和专题研究有效衔接，坚持短期分析和中长期研究结合，努力把数据背后的原因看准、说清、写实，切实提升调查服务有效性、针对性。要不断完善“数库”，做好向省委、省政府和相关部门数据服务工作，提升调查资料编辑质量，继续开展分季度全省就业状况跟踪分析研究。拓宽调查新闻宣传和社会公众服务的广度，继续办好统计开放日，开好新闻发布会，充分发挥总队新媒体平台传播作用，做好重要调查数据解读和预期引导。

（七）聚焦提质增效，加快提升支撑保障能力。要加快完善制度体系，强化对总队机关制度建设工作组织领导，统筹做好总队规章制度立废改工作，并及时汇编成册，加大对市县调查队制度建设工作的指导，确保全系统制度建设科学严谨、务实管用、取得实效。要加大信息化建设力度，结合国家统计局“十四五”时期统计信息化发展规划，做好信创工作，推进信息化基础设施升级，进一步发挥专业需求导向，积极探索信息化应用与调查工作深度融合，更新改造视频会议系统，推广完善信创环境迁移改造后的 OA 平台，加强信息化工作组织管理和技术保障，做好安全保密，筑牢网络安全防线，提升信息技术应用和保障能力。要统筹疫情防控、事业发展与安全，继续深化细化政务管理举措，筑牢国家安全、机要保密防线。要优化资产管理，提升档案管理，加强财务管理，规范使用各类经费，提高资金使用效率，积极推动改善办公条件，优质高效做好后勤保障，提升保运转、保安全能力水平，为事业发展提供坚强助力和可靠保障。同时，要继续做好援疆援藏、值班值守、政务信息、对外交流、老干部服务等各项工作。

（八）着眼长远发展，大力推进干部队伍建设。干部队伍建设事关调查事业长远发展，必须要以高度负责的使命感、责任感积极推进，确保调查事业后继有人、薪火相传。要落实新时代党的组织路线，严把政治标准，坚持组织原则，着眼于调查事业发展需要，拓宽选人用人渠道，公道对待干部，公平评价干部，公正使用干部，统筹好当前使用与长期培养、总队机关与市县队、系统内与系统外干部资源，加快健全优化各级调查队领导班子，让想干事的有舞台、能干事的有位子、会干事的有奔头。要解放思想、大胆开拓，加快年轻干部培养使用，落实培养规划，畅通交流渠道，多岗位多层次多角度锻炼，促进干部队伍新陈代谢。要加强人才队伍建设，结合实际落实《全国统计高层次人才培养工程实施方案》，通过“我讲我专业”、统计建模等平台，发现培育更多调查工作行家里手。持续做好干部教育培训，倡导干中学、学中干，让干部在实践锻炼中得到思想淬炼、政治历练、能力训练。统筹用好编制资源，通过考试招录、选调、遴选、交流等多种途径，为全系统干部队伍造血输血、优化结构。抓好青年工作，用好专业带头人、青年兴趣小组等培养载体，提升青年干部整体素质。发挥好工青妇等群团组织纽带作用，关心关爱干部职工，力所能及为干部职工解决后顾之忧，更好激发全系统干事创业热情。

四、凝心聚力，担当作为，坚定不移把系统全面从严治党引向深入

党的领导是推动调查事业发展的根本保证。站在第二个百年奋斗目标新征程上，奋力推进统计现代化改革，需要我们不忘初心，牢记使命，持续深化全面从严治党，不断加强系统党的建设，锤炼过硬作风，锻造过硬能力，强化责任感，增强自信心，坚定不移把党中央各项决策部署落实落细。

（一）牢固树立政治机关意识。我们必须时刻牢记国家调查队首先是政治机关，必须坚持以政治引领立队，坚定不移加强政治建设，深刻认识"两个确立"的决定性意义，进一步增强"四个意识"、坚定"四个自信"，做到"两个维护"，始终在思想上政治上行动上同以习近平同志为核心的党中央保持高度一致，不断增强政治判断力、政治领悟力、政治执行力。要强化政治监督，引导督促全系统党员干部，特别是各级调查队领导班子学深悟透党中央大政方针，完整、准确、全面贯彻新发展理念，扎扎实实执行国家统计政令，确保执行不偏向、不变通、不走样。全力支持配合国家统计局党组巡视工作，认真开展巡视整改，推动巡察工作全覆盖。要进一步深化模范机关创建成果，巩固提升文明单位创建。坚决落实好疫情防控责任，统筹做好常态化疫情防控和统计调查工作。

（二）切实强化思想理论武装。要始终坚持把学懂弄通做实习近平新时代中国特色社会主义思想作为首要政治任务，巩固拓展党史学习教育成果，组织好党的十九届六中全会精神轮训，更加坚定自觉地牢记初心使命，推动开创发展新局。要深入开展好党的二十大精神学习宣传，持之以恒推进党员干部理论学习和教育管理，继承弘扬党的光荣传统和优良作风，努力以思想建设的成果推动全系统在新的赶考路上考出好成绩。各级调查队领导班子要自觉履行党建工作责任制，落实好"第一时间""第一议题"制度，带头严肃党内政治生活，营造风清气正政治生态。树立大抓基层的鲜明导向，抓住总队机关党委换届后党支部调整设置的契机，锻造坚强有力的机关基层党组织。要压实市县队和总队机关处室主要负责人党建责任，发挥支部管到人头的特点，严格党员教育管理监督，落实好"三会一课"等制度，把党员管住管好，使每名党员都成为一面鲜红的旗帜，每个支部都成为党旗高高飘扬的战斗堡垒。

（三）严格履行管党治队责任。必须牵住责任制这个牛鼻子，将严的主基调贯穿始终，严格执行《党委（党组）落实全面从严治党主体责任规定》，推动"两个责任"落实落细，定期会商研判全面从严治党形势，督促问题整改落实，推动各级党组织和领导班子切实扛起主体责任，将全系统全面从严治党不断引向深入。要聚焦"关键少数"，加强对一把手及领导班子的监督，增强班子领导力、战斗力，确保决策过程民主集中、落实过程有力有效。要强化责任压力传导，着力破解"上热中温下冷"问题，打通工作最后一公里。

（四）持续加强党风廉政建设。严明党规党纪，加强党章党规党纪学习教育，做好十九届中央纪委六次全会精神学习贯彻。深化运用监督执纪"四种形态"，深入开展谈心谈话，经常性开展廉政警示教育，对违规违纪违法问题严肃查处，让党员领导干部知敬畏、存戒惧、守底线，一体推进"三不"，切实筑牢廉政防线。要加强制度建设，增强制度执行力，用管用的制度管好人财物数，贯通各类监督形式，坚持问题导向，提升监督质量，推动问题整改，树立"治未病"理念，增强廉洁风险管理主动性、有效性。加强纪检干部队伍建设，提高监督执纪能力水平，全省各级调查队领导班子要支持纪检干部履行职能，全系统纪检监察干部要积极转变职能、提升能力、主动履责，靠前监督、严格监督、善于监督。

（五）巩固拓展作风建设成效。始终绷紧作风建设之弦，提振干事创业精气神，进一步强化机关效能建设。要增强干部担责尽责意识，为实干者撑腰，为干事者鼓劲，狠抓工作执行力，绝不能把说的当成做的，把做的当成做成的，切实加强工作督查督办和跟踪问效。要深入贯彻中央八项规定及其实施细则精神，驰而不息反对"四风"，着力克服形式主义、官僚主义突出问题，坚持实事求是、求真务实，大兴调查研究之风，找准工作突破口，常抓不懈提效能，改进文风会风，扎实推进为基层减负，科学统筹，系统推进，注重从根源上破解问题，增强基层获得感。树牢"过紧日子"思想，集中资源办实事、办大事，提高预算执行绩效，研究出台总队机关公务外出管理办法。要加强调查文化建设，坚持以精神文化育队，对照先进典型、身边榜样，弘扬新时代国家调查队精神和苏区调查精神，努力将文化建设成效转化为干事创业劲头

和改革发展实效。

同志们，使命铸就未来，担当成就辉煌。让我们更加紧密地团结在以习近平同志为核心的党中央周围，脚踏实地，忠诚尽职，奋力开创安徽调查事业发展新局面，以优异成绩迎接党的二十大胜利召开。

新春佳节即将来临。在此，我代表总队党组和领导班子，提前向大家拜个早年，祝全系统干部职工新春快乐、阖家安康！

2021 年安徽调查总队大事记

1 月

1 月 20 日，时任安徽省委常委、常务副省长邓向阳到安徽省统计局、国家统计局安徽调查总队看望慰问干部职工，听取工作汇报，并主持召开座谈会。

1 月 26 日，安徽调查总队在合肥召开安徽调查工作视频会议。

是月，国务院第七次人口普查领导小组办公室就派员参加第七次人口普查事后质量抽查向安徽总队发来感谢信。

2 月

2 月 5 日，国家统计局安徽调查总队机关举办迎新春游艺会。

是月，安徽调查队系统参加与省统计局联合举办的 2021 年度全省统计调查系统春季培训班。

3 月

3 月上中旬，安徽调查总队举办全系统党的十九届五中全会精神培训班。

3 月 19 日，安徽调查总队召开 2021 年全系统全面从严治党工作视频会议，同日召开全系统党风廉政建设警示教育视频会议。

3 月 23 日，安徽调查队系统党史学习教育动员部署会在合肥召开。

3 月 29 至 30 日，时任国家发展改革委副主任兼国家统计局局长、党组书记宁吉喆在安徽督导统计部门党史学习教育，看望慰问金寨调查队干部职工和基层一线调查人员，并调研经济形势。

3 月 30 日，安徽调查总队召开全省劳动力调查扩样工作视频会议。

4 月

4 月 16 日，安徽调查总队召开党史学习教育专题研讨会。

4 月 21 日，安徽总队召开全省调查队系统创建模范机关工作推进视频会议。

4 月 25 日，安徽调查总队、安徽省统计局联合举办局队“迎五四”青年党史知识竞赛。时任国家统计局局长、党组书记宁吉喆以短视频形式寄语局队青年，勉励安徽统计调查青年弘扬“五四”精神。

4 月 30 日，安徽调查总队举办“皖调大讲堂”，中国工程院院士、合肥工业大学教授杨善林以“新一代信息技术与经济社会发展”为题作专题讲座。

是月，安徽调查总队编印《劳动力调查调查员工作指南一本通》。

是月，安徽调查总队启动“百年党史百日读”活动，推进党史学习教育深入开展。

是月，根据国家统计局通报，安徽调查总队领导班子获年度考核“优秀”等次；2020 年度党组书记抓基层党建工作述职评议考核被评为“好”等次。

5 月

“五•四”前夕，安徽调查总队高亚奇同志获评 2019—2020 年度省直机关“青年志愿者优秀个人”；程昊明同志获评 2019—2020 年度省直机关“青年岗位能手”。

5 月 12 至 14 日，安徽调查总队在合肥举办全省调查队系统政务管理暨保密业务培训班。

5 月 17 日，省扶贫开发领导小组通报 2020 年度省直及中央驻皖单位定点扶贫工作成效考核结果，安徽调查总队连续第三年进入全省先进行列。

5 月 28 日，安徽省脱贫攻坚总结表彰暨巩固拓展脱贫攻坚成果同乡村振兴有效衔接工作推进大会在合肥举行，安徽调查总队李有舰同志获“安徽省脱贫攻坚先进个人”荣誉称号。

5 月 31 日，安徽调查总队召开全系统统计法治工作视频会议。

6 月

6 月 8 日，安徽调查总队召开巡察工作领导小组会议，启动 2021 年第一轮巡察工作。

6 月 8 日，安徽调查总队与结对帮扶的裕安区罗集乡栗树村、新安镇马河村举行座谈交流，栗树村、马河村代表向总队赠送锦旗。

6 月 9 日，总队党组成员、副总队长许善军赴六安市裕安区送总队第八批选派干部魏启文同志到栗树村任职。

6 月 10 日，安徽调查总队召开动员会，启动 2021 年度统计执法监督检查工作。

6 月 16 日至 18 日，安徽调查总队在金寨干部学院举办党史学习教育专题读书班。

6 月 30 日，安徽调查总队举办庆祝建党 100 周年党员大会暨党史学习教育专题党课报告会。

是月，安徽调查总队选派代表参加省直机关“永远跟党走”红色经典诵读竞赛活动，并获得优秀奖。

是月，安徽调查总队被授予“安徽省农民工工作先进集体”称号。

是月，安徽调查总队汪汛同志获“安徽省直机关优秀共产党员”荣誉称号。

是月，安徽调查总队荣获“2020 年度全省政务信息工作先进单位”，潘兴汉同志荣获“2020 年度全省政务信息工作先进个人”，4 篇调研报告被评选为全省优秀信息。

7 月

7 月 16 日，安徽调查总队召开全系统党风廉政建设警示教育视频会议。

7 月 19 至 20 日，安徽调查总队在合肥召开全省综合统计调查工作会议。

7 月 21 日，安徽调查总队召开全省调查队系统制度方法暨统计基层基础建设工作视频会议。

是月，根据省直机关文明委《关于表彰第五届省直机关道德模范的通报》（直文明〔2021〕3 号），总队机关何凝同志被授予“敬业奉献道德模范”荣誉称号，邓泓同志被授予“孝老爱亲道德模范”荣誉称号。

是月，安徽调查总队荣获“2020 年度全省平安建设优秀单位”。

是月，安徽脱贫攻坚普查工作在国家脱贫攻坚普查领导小组综合评价中获优秀等次。

8 月

8 月 6 日，安徽调查总队召开援疆援藏工作会议。

8 月 6 日，安徽调查总队召开机关工会会员（代表）大会，选举产生新一届工会委员会。

8 月 19 日，安徽调查总队召开政务信息工作“百日攻坚”推进会。

8 月 26 日，安徽调查总队在合肥召开“双基”工作座谈会。

8 月 27 日，安徽调查总队在合肥召开全系统党史学习教育工作推进会。

是月，安徽调查总队在 2020 年度中央驻皖单位效能考核中被评为先进单位。

9 月

9 月 18 日，安徽调查总队、六安调查队、合肥调查队联合在六安市成功举办第十二届“中国统计开放日”现场活动。

是月，安徽调查总队印发《关于加强统计调查基层基础建设的实施意见》。

是月，安徽调查总队荣获“安徽廉洁文化精品工程”作品征集活动优秀组织奖。

是月，安徽调查总队在芜湖市繁昌区举办两期总队机关党史学习教育专题轮训班。

是月，安徽调查总队党组主要负责同志党课文稿在统计部门党组织书记优秀党课文稿评选中被评为调查总队二等奖。

10 月

10 月 9 日至 11 日，安徽调查总队在宿州市举办全系统“第五届”乒乓球、羽毛球比赛。

10 月 19 至 22 日，安徽调查总队在中共安徽省委党校举办全系统纪检监察干部业务培训班。

10 月 25 日，安徽调查总队成立十五周年专题汇报获省委常委、常务副省长刘惠批示。

11 月

11 月 5 日，安徽省委常委、常务副省长刘惠到安徽省统计局、安徽调查总队看望慰问干部职工，听取工作汇报，并主持召开座谈会。

11 月 12 日，安徽调查总队在合肥滨湖国家森林公园开展“为民服务行稳致远”主题健身活动。

11 月 18 日，国家统计局以视频会议形式召开安徽调查总队干部大会，宣布安徽调查总队主要负责同志任免决定，孙新占同志任国家统计局安徽调查总队党组书记、总队长。

是月，安徽调查总队编印《安徽调查队系统统计调查基层基础工作优秀案例》。

是月，安徽调查总队圆满完成承担的 2021 年全面从严治党民意调查工作。

是月，安徽调查总队选送的《依法开展住户调查你需要知道这几点》在全国优秀统计法治宣传作品线上展示活动中被评选为 2021 年三季度优秀统计法治宣传作品。

是月，安徽调查总队机关团委报送的红色视频《扬帆逐梦唱百年——长三角国调青年党史联唱》在 2021 年安徽省“青春心向党，百年正芳华”红色信息征集活动中荣获三等奖。

12 月

12 月 8 日，安徽局队联合举办“12•8”统计法治宣传日活动。

12 月 21 至 22 日，安徽调查总队在合肥举办全省流通消费价格调查工作会。

12 月 22 日，安徽省人民政府办公厅印发《关于开展住户调查大样本轮换工作的通知》（皖政办秘〔2021〕110 号）。

12 月 23 日，安徽调查总队举行《行政处罚法》专题讲座。

12 月 23 至 24 日，安徽调查总队在合肥举办全省统计调查分析信息暨新闻宣传培训班。

12 月 24 日，安徽调查总队党组召开会议专题研究全面从严治党。

是月，安徽调查总队以视频形式举办全系统党务干部培训班。

是月，安徽调查总队撰写的《安徽省乡村振兴面临的问题和挑战》在 2021 年省直机关青年党团员调研实践活动中荣获调研报告二等奖。

1

综　合

Chapter 1 General Survey

简要说明

一、本篇资料包括文字和数据，主要反映全省主要调查指标运行情况，包括主要农产品产量、城乡居民生活及物价水平等。

本版责任编辑：　周雯雯

2021年安徽主要调查指标运行情况

2021 年，面对复杂多变的国内外环境，安徽科学统筹疫情防控和经济社会发展，加大保供稳价和支持实体经济力度，经济稳定恢复，民生持续改善，主要调查指标增速符合预期，“十四五”实现良好开局。

一、主要调查指标运行情况

（一）经济持续恢复

一是农业生产形势较好。粮食产量再创新高，全年粮食生产实现了面积、单产、总产“三增长”。其中，播种面积 10964.5 万亩（年度目标 10940 万亩），较上年增加 29.5 万亩，增幅 0.3%；粮食总产量 817.5 亿斤（年度目标 800 亿斤），较上年增加 13.7 亿斤，增幅 1.7%，稳居全国第 4 位（仅次于黑龙江、河南、山东），连续 5 年保持在 800 亿斤以上。生猪产能加快恢复，已基本恢复至正常水平。全年生猪出栏 2797.8 万头，同比增长 30.1%，达到正常年份 2017 年出栏的 98.9%。年末生猪存栏 1582.5 万头（年度目标 1408 万头），同比增长 11.5%，超过正常年份 2017 年末存栏 11.6%。全年猪肉产量 238.7 万吨，同比增长 30.2%，达到正常年份 2017 年猪肉产量的 98.4%。粮食丰收和畜牧业加快恢复，都为保障粮食安全和物价平稳提供了有力支撑。

二是企业经营持续向好。全省制造业 PMI 走势与全国基本一致，但景气度好于全国。今年以来，全省制造业 PMI 除 10 月落至临界点(50%)以外，其余月均保持在荣枯线以上，全年制造业 PMI 月度均值 51.5%，较去年提升 0.6 个百分点。新旧动能转换加快。从重点行业来看，2021 年，高技术制造业（56.0%）一路领跑，有 7 个月位于 55%以上的加速扩张区间，消费品行业（52.1%）、装备制造业（51.9%）紧随其后。高耗能行业（50.2%）下半年以来在碳中和、能耗双控、限电限产等政策影响下持续走低，进入四季度以来，连续三个月位于收缩区间。从企业利润来看，2021 年 1-11 月全省规模以上工业企业实现利润总额 2454.4 亿元，同比增长 19.6%，其中，制造业实现利润总额 2177.1 亿元，增长 24.9%，增速继续保持较高水平。

（二）民生持续改善

一是就业形势稳中向好。在就业促进和产业发展带动下，全省劳动力就业形势企稳向好。从就业规模看，2021 年全省新增就业 70.9 万人；从分季和分月数据来看，城镇调查失业率逐季走低，低于 2019 年等常年水平，完成了全省年度目标；农民工总量 1981.3 万人，较上年增加 13.9 万人，较疫情发生前的 2019 年增加 3.9 万人。从就业质量看，一方面工作时间增加，全省在岗人员平均周工作时间为 50.1 小时，较上年增加 1.6 小时；另一方面就业收入增加，全省外出农民工和本地非农务工农民工人均月收入分别为 6041.4 元和 3698.4 元，较上年分别增加 586.1 元和 181.4 元。

二是物价总体稳定。2021 年，全省居民消费价格（CPI）同比上涨 0.9%，低于 3.0%年度目标，涨幅与全国平均水平持平，低于去年同期 1.8 个百分点，居全国第 14 位、中部第 2 位、长三角第 4 位。其中，扣除食品和能源价格的核心 CPI 同比上涨 1.0%，继续保持稳定。从结构看，新涨价影响约为 0.9 个百分点，去年价格变动的翘尾影响为负 0.06 个百分点。2021 年，全省工业生产者出厂价格（PPI）同比上涨 7.7%，比全国平均水平低 0.4 个百分点，高于去年同期 8.6 个百分点，居全国第 18 位、中部第 3 位、长三角第 1 位。

二、面临的主要困难

（一）就业结构性矛盾突出

目前，就业的结构性矛盾仍然突出，新的影响因素不断增加。尤其是新冠肺炎疫情变化和外部环境存在诸多不确定性，经济恢复基础尚不牢固，促进就业面临不少新挑战。从年龄结构看，16-24 岁人口城镇调查失业率为17.5%，其中从未工作过的比重达11.3%，青年群体就业问题凸显。从农民工就业情况看，全省农村劳动力省外务工规模持续下降，本地劳动力持续增加。全年省外就业农民工812万人，较上年减少8.6万人，减幅1%；本地农民工670.2万人，较上年增加45万人，增幅7.2%。返乡农民工的增多在给全省带来新的劳动力资源的同时，也给全省就业形势增加了新的压力。

（二）居民长期增收面临挑战

虽然前三季度全省城乡居民收入继续保持较快增长，但增速较上半年分别回落2.2个、3.6个百分点。从长期看，受经济下行因素影响，加之新冠肺炎疫情影响仍在持续，给居民长期增收带来不小的挑战。从结构看，工资性收入总量较小、占比偏低（农村居民工资性收入占比居中部六省和长三角末尾）、增速较慢（城乡居民工资性收入分别增长9.8%、11.4%，分别低于总收入增速1.1、0.3个百分点）、影响较大（四项收入中贡献最大），且增长主要靠政策性措施推动，若无国家和地方政府增资政策的支持，居民工资性收入持续增长的后劲会明显不足，对居民收入增长不利。此外，建筑企业工程款拖欠形势较为严峻，省统计局调研的5517家建筑企业中，截至12月初，29.3%的建筑企业被拖欠工程款。因建筑行业吸纳了大量的农民工就业，被拖欠工程款将削弱施工企业支付农民工工资能力，应引起高度重视。

（三）企业经营预期回落

2021年，企业在生产成本不断攀升、市场需求不振、劳动力供应不足、资金回款压力较大等因素的共同作用下，对未来信心有所减弱，增资扩产规划趋于谨慎，企业生产经营活动预期指数已连续6个月下滑，表明企业对未来经营预期愈发保守谨慎。2021年12月，企业对2022年前三个月经营预判中，形势的不确定性依然延续，企业预期没有明显调高的迹象。

三、几点建议

（一）强化就业优先政策

扩大就业容量，提升就业质量。优先支持拉动就业能力强的投资项目，优先扶持吸纳就业能力强的劳动密集型产业、小微企业，带动就业潜力加速释放。加大重点群体的就业支持力度，统筹解决好周期性失业、结构性失业和摩擦性失业问题，进一步完善促进创业带动就业、多渠道灵活就业的保障制度。提升人岗匹配效率，扩大以工代训范围，支持企业以训稳岗、以训待岗，让更多劳动者长技能、好就业。

（二）健全居民增收长效机制

从农村居民收入看，稳定农业经营是基础，提供非农就业机会是关键。稳定农业生产，提高抗灾害能力，通过“补链、延链、强链”进一步提升粮食、畜牧和特色农产品质量和价值。拓宽农民非农就业渠道，支持鼓励农业生产、加工、流通等环节吸纳更多的农村劳动力，引导发展乡村旅游等第三产业实现农民就地就近创业就业。从城镇居民收入看，增加工资性收入是关键。进一步完善最低工资保障制度，健全机关事业单位常态化增资机制，引导各行业建立从业人员工资增长机制，确保经济发展与劳动报酬同步提高。

（三）加大中小微企业支持力度

规范市场竞争秩序，加强大宗商品价格投资炒作监管。构建各类市场主体平等竞争环境，健全竞争政策体系，对所有市场主体实行规则中立、平等对待，禁止颁布、施行歧视非公有制市场主体的政策措施，保障市场健康有序发展。同时，加大财税政策激励，提高金融机构支小积极性，督促和引导金融机构进一步放宽贷款条件限制，降低融资门槛，减少融资手续，推出适合小微企业的信贷产品，真正帮助中小微企业解决融资难、融资贵等问题。

撰稿：潘兴汉

2021年全年农业生产形势分析

2021年，全省上下在安徽省委、省政府高度重视和正确领导下，扛起维护国家粮食安全的政治责任，多措并举、牢牢把住粮食安全主动权，确保了农业生产的高质量发展。据国家统计局安徽调查总队遥感测量和对地抽样调查，经国家统计局审定：全省全年粮食播种面积10964.5万亩，较上年增加29.5万亩，增幅0.3%，居全国第4位。全年粮食平均亩产372.8公斤，较上年增加5.3公斤，增幅1.4%。全年粮食总产4087.6万吨，同比增长1.70%，产量稳居全国第4位，仅次于黑龙江、河南、山东。

一、粮食生产情况

（一）夏粮增产28万吨

1.调查结果。根据国家统计局核定反馈：2021年安徽夏粮总产为1699.9万吨，增幅1.67%；平均亩产398.10公斤，增幅0.94%；播种面积4269.9万亩，增幅0.73%。

2.增产因素。一是政策发力促进生产。今年全省各地结合贯彻落实中央农村工作会议、省委农村工作会议，中央一号文件、省委一号文件和全国、全省春季农业生产电视电话会议精神，按照省委、省政府总体要求，全力抓好春季小麦田管工作，奋力实现今年夏粮生产首战告捷，赢得全年粮食丰收主动权。在全省范围内组织开展“奋战三个月，再夺夏粮丰收攻坚战”活动。小麦生长期间各地各相关部门克服疫情影响，组织农户有序生产，狠抓赤霉病等重大病虫害防治工作，防控资金政策落实有效，为夏粮生产奠定有利基础。二是气候总体利大于弊。主播期集中，播期适宜，一播全苗，总体做到了适期播种。越冬期冻害冷害较轻，有利于壮苗越冬和返春后苗情转化升级。返青期气候总体有利于春管，全省气温普遍偏高，各地提前进行化学除草，春管措施到位。拔节期气候有利于成穗。灌浆初期气候相对不利，但中后期小麦主产区天气转好，利于灌浆。收获期气候条件较好，有利于颗粒归仓。三是病虫害防治及时到位。一方面今年小麦病虫害总体发生程度轻，另一方面，全省小麦病虫害防治力度较大。据了解，全省市、县两级财政共落实小麦赤霉病防控资金5.88亿元，比上年增加1.6亿元，全省亩均落实资金13.04元。由于病虫害防治得当，小麦品质较好，有利于销售。四是农资供给保障充足。据了解，今年安徽全省农资市场供应充足，种子、化肥、农药等农资价格虽有涨有跌，但市场整体稳定，为夏粮生产提供保障。五是机收率进一步提高。据了解，夏粮收获期间，安徽省投入联合收割机20万台，合理利用小麦成熟时间差，强化机具调度，保障了夏收工作有序推进。全省机收率达90%以上，保证了颗粒归仓。

（二）早稻面积、单产、总产均实现“三增”

1.调查结果。据国家统计局核定反馈：今年安徽早稻生产实现“三增”：单产387公斤/每亩，同比增长8.39%；播种面积256.3万亩，同比增长0.34%；总产99.2万吨，同比增长8.76%，在全国10个早稻种植省份中排名第五。

2.增产因素。一是政策发力早稻面积稳定。今年以来，根据中央粮食生产“稳面积、稳产量、提品质、提效益”的要求，全省积极贯彻落实国务院常务会议关于恢复双季稻生产的决策部署，各级政府大力推动早稻面积恢复，层层落实分解任务，发挥政策、补贴引导作用，全省共计整合资金1.44亿元用于支持恢复早稻生产，早稻种植面积止跌回升。二是气候条件利于早稻生长。去年受连续强降水天气影响，全省在地作物水涝受灾程度由南向北加重，对早稻生长影响较大，早稻主产区部分地块减收甚至绝收，导致早稻单产水平较常年下降。今年早稻生长期间，主产县以晴到多云天气为主，热量充足，无明显低温阴雨和寡照天气，气候条件较好，气候条件有利早稻生长，单产水平好于上年，恢复至常年水平。三是田管措施到位打下丰收基础。今年以来，受粮食价格上涨影响，种植户对田间管理的重视程度大为提高，加之基层农技部门加大层层指导力度，积极做好稻瘟病防治，田管措施到位，早稻病虫害、草害发生程度较轻，为夺取早稻丰收打下基础。四是优质品种保障早稻稳产高产。近年来，为稳定粮食生产水平、提高农民种粮收益，全省多地农技部门着力于优质粮食品种的大力推广，通过品种调优，优质早稻面积逐年增加，有力保证了早稻的稳产高产。

（三）秋粮增产 6.5 亿斤

一是政策发力促生产，惠农补贴落实效。今年全省各地认真贯彻落实中央一号文件和省委一号文件精神，按照省委、省政府总体要求，持续加大对农业生产支持力度，在农资价格持续上涨的情况下，认真组织实施农业三项补贴，降低农民生产成本，引导农户恢复粮食生产，确保耕地重点用于小麦、稻谷和玉米等主要粮食作物生产，对实际种粮农民给予一次性补贴，有效调动了农民发展粮食生产的积极性。

二是秋粮恢复性增产。全省秋粮种植面积 6438.1 万亩，较上年减少 1.7 万亩，降幅 0.03%；总产 2288.51 万吨，同比增长 1.44%。秋粮单产恢复性增长对秋粮总产增加贡献率占八成左右。

三是农业生产措施得力，病虫害中轻度发生。秋粮生产过程中，各地农技部门根据土地墒情和雨水情况，对秋粮播种进行技术指导，引导农户开展清沟沥水，抓住有利时机进行追肥施肥，利用植保无人机实施化控除草防病等田间管理工作，全省秋粮主要病虫害较上年总体中等偏轻发生，“虫口夺粮”保丰收行动成效明显。

四是市场引导结构调整，秋粮生产恢复增长。随着广大农户市场意识的增强，水稻因产量高、价格稳、抗风险能力强、亩收益稳定，受到种植户的青睐。同时，由于市场对玉米等饲料作物的需求加大，玉米价格不断上升，农户玉米种植面积相应增加。因秋粮面积结构调整对秋粮总产增加贡献率占两成左右。

二、农产品价格情况

2021 年，安徽农产品生产者价格指数全年累计为 101.26，上升 1.26%。四大类农产品价格以涨为主，其中，农业产品价格上涨 7.62%，林业产品价格上涨 2.17%，饲养动物及产品价格下降 16.27%，渔业产品生产价格上涨 9.15%。

（一）农业产品价格涨幅较大

1.谷物生产价格涨幅较大。受粮食进出口贸易收紧和粮食安全意识提升的影响，谷物价格同比上涨 6.38%。稻谷小麦玉米三大粮食比年初和去年同期都有所上涨。小麦、稻谷价格稳中略涨，玉米价格涨幅较大。其中，稻谷价格上涨 3.62%，小麦价格上涨 7.23%，玉米价格上涨 21.84%，导致玉米等粮食价格上涨的主要原因一是自去年以来，玉米价格稳中有升且预期难判，普通农户产生存粮待沽心理，迟迟不愿出售，粮食经纪人难以收到玉米；二是今年玉米价格持续坚挺，虽然有部分种植大户因仓储困难进行抛售，但对加工企业市场需求扔缺口较大，有些企业不得不从东北远程调货，造成玉米价格高位运行。

2.油料价格小幅上涨。油料价格上涨 3.04%。其中，花生价格上涨 5.86%，油菜籽价格上涨 2.60%，芝麻价格下降 4.95%。从 2020 年三月份开始，四大粮食作物玉米、大豆、小麦、水稻价格上涨明显，自然拉动花生、油菜籽等油料价格上涨。

3.豆类价格继续上涨。大豆生产价格上涨 15.87%。一是国内对大豆的需求量较大，供不应求，促进价格上涨；二是农户惜售。农户对今年大豆价格信心十足，尽管贸易商不断上调收购价格，但是高价并未吸引豆农大批量出售，“豆价越高，豆农越不卖”的惜售心理得到体现；三是大豆总体收益低，农户种植大豆的积极性不高。虽然多地出台鼓励政策，但是总体种植面积依旧较小，也是大豆价格上涨的一个原因。

4.棉花价格止跌企稳。2020 年以来，棉花价格在上年持续走低的趋势下自三季度起开始反弹微涨 0.59%，四季度上涨 2.67%，今年一、二、三季度分别上涨 7.99%、8.97%、7.78%，四季度更是暴涨 35.25%，目前全年累计上涨 15.26%。据了解，造成棉花价格上涨的具体原因有三：一是国外部分地区因为疫情减产，部分订单转给中国，导致国内市场开工节奏加快，棉花需求日渐增加；二是国内棉花种植面积下降，同时受不利天气影响减产，短期内难以满足市场需求；三是化肥、农药等农资价格上涨，导致棉花种植成本增加。

5.蔬菜价格上涨。蔬菜及食用菌价格累计上涨 9.34%。其中，蔬菜价格上涨 9.49%，食用菌上涨 4.39%。调查数据显示，蔬菜价格上涨主要集中在 10 月及 11 月初，据种植户反映，由于 9 月底持续降雨，低洼地出现小部分内涝，许多正值生产期的蔬菜长势不好，收储困难，市场供应量较低，另一方面，今年入秋后，降温幅度较大，低温时间较长，蔬菜生长期延长，供应量偏少，造成终端市场蔬菜价格短时间上涨。

6.茶叶价格小幅上涨。受季节及消费市场影响，全省茶叶价格同比上涨 4.02%。

7.中药材类价格总体涨幅较大。中草药价格全年上涨 30.10%，究其原因：一是市场需求。一方面，受疫情影响，国内本中药材需求量增加，另一方面则，国家大力提升中医药战略地位及推进中医药服务等，带来国际市场中药材需求旺盛；二是产量影响。由于中药材行情多年持续低迷，种植效益不佳，很多药农弃种减种，造成整体产量下降，助推了价格上涨；三是种植户及经销商囤货影响。随着上半年本地中草药材价格普遍上行，药农及经销商预期值不断提升，囤货惜售，导致市场流通货源减少，推动价格进一步上扬。

（二）饲养动物及产品生产者价格继续探底

1.生猪活牛羊价互有涨跌。活牲畜中，生猪价格同比大幅回落 36.02%，牛价格上涨 5.85%、羊价格上涨 8.17%。目前生猪价格仍处于低位运行，养殖户恐慌性集中出栏居多，屠企压价收猪，低价猪源充斥市场。另一方面养殖成本高位运行的局面仍然存在，玉米、豆粕价格高位持稳，养殖饲用成本居高不下。目前广大生猪养殖企业（户）多通过优化生猪产能、调整养殖方式、降低养殖成本、改善养殖品种等方式积极应对“猪周期”。

牛羊价格稍有上涨的原因较多：一是饲料价格提升，增加了养殖成本；二是牛羊养殖门槛提高，竞争有所减小；三是牛羊主产地内蒙古及东北今年气候不太好，市场供给有所减少。虽然牛羊价格稍有所上扬，但牛羊养殖周期长，养殖量相对生猪也较为稳定，市场需求相对变化不大，受生猪价格下降影响较小，因此相对稳定，虽有上涨但幅度不大。

2.家禽价格基本稳定，畜禽产品价格涨幅较大。活家禽价格上涨 2.05%。其中，活鸡价格上涨 1.60%。畜禽产品价格上涨 15.54%，其中，鸡蛋上涨 13.77%。禽蛋价格上涨，主要是去年禽蛋市场行情低迷，今年养殖户补栏扩栏积极性不高，有些养殖户甚至退出养殖业，另受环保、禁养、拆违拆临等政策影响，导致鸡蛋市场供应减少、多方因素带动蛋价持续抬升。

（三）林业产品生产价格略升

林业产品小幅上涨 2.17%。其中，苗木类上涨 2.68%，木材上涨 2.24%，竹材微涨 0.49%。主要原因是近年来全省多地为创建全国文明城市，加强绿化环保，打造舒适优美环境，对林业产品需求量增大，市场行情有所转变，需求量增加，林业产品价格略涨。

（四）渔业产品生产价格有所上涨

全省渔业产品生产价格全年累计上涨 9.15%。其中养殖淡水鱼生产价格上涨 8.65%，淡水养殖虾生产价格上涨 12.00%。淡水鱼价格普遍上涨，涨幅持续偏高。主要原因：一是近几年大宗淡水鱼等养殖水产品价格持续低迷，特别是在 2020 年，疫情屡次打击消费者对于水产品的消费信心，为了规避风险，养殖户不得已大面积压塘或转行养殖其他鱼类，淡水鱼供应由此减少；二是养殖成本上涨推高水产品价格。受粮食价格波动影响，渔用饲料原料玉米、豆粕价格总体维持高位，推动淡水鱼价格上涨。

撰稿：王奎、赵颐轩

安徽畜牧业快速增长　结构优化不断提升

2021 年以来，安徽省委、省政府认真贯彻落实党中央、国务院稳产保供的决策部署，采取多项有力措施，全力抓好畜牧业生产，保障人民群众菜篮子安全。生猪生产保供成效好于预期，基础产能恢复至常年水平，生猪存出栏均大幅增长，牛羊养殖保持良好发展势头，家禽生产形势平稳，畜产品生产总体保持较快增长，全省畜牧业持续稳定健康发展。

一、生猪生产全面恢复，四季度生猪出栏产量增速放缓

（一）年中生猪存栏达历史高点，年末存栏仍超正常年份

受上年猪价高企和政策鼓励双重推动，安徽新增及改扩建生猪养殖场陆续达产，生猪存栏大幅增长，上半年末全省存栏 1739.4 万头，创历史最高点。三、四季度存栏环比略降，年末存栏 1582.5 万头，同比增长 11.5%，环比下降 4.6%，但仍超正常年份 2017 年末存栏 11.6%；能繁母猪存栏 149.8 万头，同比增长 10.9%，环比下降 7.0%。

从主要畜禽调查结果来看，下半年大型户存栏变化不大，主要是中小型户存栏环比下降。随着生猪价格持续低迷半年以上，中小型养殖户面对市场风险只能收缩养殖规模，淘汰低产能母猪。

（二）全年出栏仍保持较快增长，四季度出栏增幅放缓

全年生猪出栏 2797.8 万头，同比增长 30.1%；猪肉产量 238.7 万吨，同比增长 30.2%。四季度生猪出栏 753.7 万头，同比增长 2.9%，环比增长 24.1%。主要原因是 2020 年同期出栏基数较高。生猪产能持续提升主要得益于：一是强化龙头企业培育，牧原、天邦、正大等 10 家大型养殖企业在皖落地投产。二是推动相关项目建设。2020 年以来全省新建、改扩建年出栏 500 头以上生猪规模场 877 个，其中完成建设 841 个，批复的 52 个中央预算内投资计划生猪规模化养殖场补助项目已完工 50 个。三是政策效应显现。落实贷款贴息和国家生猪调出大县奖励，配合下达 2021 年省级统筹奖励资金 1.1 亿元，积极对接相关金融机构，推送生猪养殖优质企业名录。

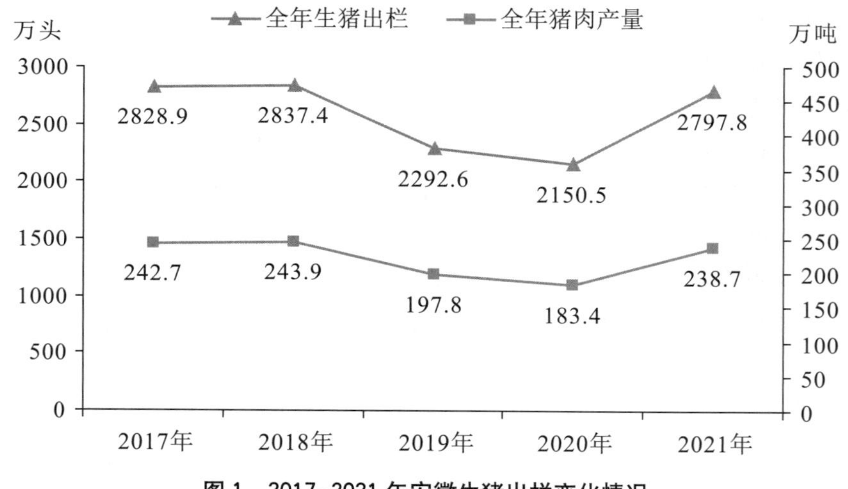

图 1　2017-2021 年安徽生猪出栏变化情况

（三）仔猪价格高位回落

受生猪价格大幅下跌影响，仔猪价格随之高位回落。从样本数据看，2021 年 3 月仔猪价格最高达 1392.4 元/头，12 月仅 420.9 元/头，较高点回落七成。当前，生猪市场低迷、饲料价格上涨加之年末气温寒冷，仔

猪市越发冷清。

（四）四季度生猪出栏价格反弹，但仅能“保本”

2021 年以来，安徽生猪价格持续走低，1 月出售均价 34.86 元/公斤，到 10 月最低跌至 12.25 元/公斤，12 月为 16.7 元/公斤，比 10 月最低点上涨 36.0%。近年来，人工费用、饲料、防疫成本上升，生猪出栏价约 15 元/公斤才能达到盈亏平衡点。从月度调查结果来看，6、7、8 月保本，9、10 月亏损，11、12 月“保本”。生猪出栏价格回暖主要原因：一是生猪存栏量、能繁母猪存栏量有所减少，市场保有量下降。二是统腌肉季来临，市场需求增加。预计后期能持续释放、存栏量仍居历史高位、新冠疫情影响，猪价难有大涨的条件。

（五）生猪养殖规模化比例持续提升

近两年，非洲猪瘟及环保趋严客观上加速生猪养殖规模化进程。2020 年成为生猪产业规模化进程重要转折点，年饲养量 5000 头以上大型养殖企业占比大幅增加。尤其是龙头企业扩张较快，而散养户抗风险能力弱、环保水平不高正被市场淘汰。2021 年全省年饲养量在 5000 头以上大型养殖户年末存栏 715.5 万头，占 45.2%，而在发生非洲猪瘟之前 2018 年大型户存栏仅占 13.6%。生猪养殖规模化既可增加经济效益和抵抗市场风险能力，又是实施标准化生产、提高畜产品质量的必要基础，有利于促进养殖、加工、经营、销售各环节联结，提高畜牧业产业化经营水平，降低市场大幅波动。

二、肉牛生产势头较好，呈高成本高收益格局

2021 年，肉牛产业发展总体平稳，养殖户扩产积极性较高，牛肉产量稳定增长，消费增长较快，供需总体呈偏紧态势。2021 年末，牛存栏 99.4 万头，同比增长 4.8%。四季度牛出栏 18.8 万头，同比下降 2.7%，全年出栏 70.6 万头，同比增 9.3%；全年牛肉产量同比增长 12.4%。生牛奶产量同比增长 26.3%。

全年牛肉、生鲜乳价格齐涨，牛肉均价 85.74 元/公斤，同比上涨 4.65%；生鲜乳均价 4.28 元/公斤，同比上涨 6.47%。国家加大政策扶持力度，牛养殖户生产积极性提高。2021 年肉牛出栏头均活重 572.1 千克，同比增加 15.7 千克，肉牛养殖收益较好。目前面临的主要问题是牛犊价格连年上涨，养殖成本不断增加。

三、羊生产稳中向好，肉羊价格继续上涨

2021 年末，羊存栏 612.8 万只，同比增长 2.5%。全年羊出栏 1536.2 万只，同比增长 6.7%；羊肉产量 21.9 万吨，同比增长 5.9%。其中，四季度羊出栏 611.6 万只，同比增长 5.8%。主要原因：一是居民消费不断升级，羊肉需求逐渐增加，带动羊类养殖生产形势稳定向好，羊养殖量不断上升。二是羊养殖较稳定，价格长期高位，羊肉均价 82.32 元/公斤，同比上涨 6.08%。羊养殖风险较小，投入资金有限，养殖户继续扩大生产规模。

四、家禽养殖行情低迷，四季度家禽出栏下降较大

2021 年末，家禽存栏 30285.4 万只，同比下降 2.4%。全年家禽出栏 109086.5 万只，同比增长 1.2%，其中四季度出栏 33286.0.6 万只，同比下降 10.9%。全年禽蛋产量 177.1 万吨，同比下降 3.9%，其中四季度禽蛋产量 47.4 万吨，同比增长 16.7%。2020 年受新冠肺炎疫情影响，鸡肉消费增速低于预期，但产量惯性增长，市场供过于求。2021 年上半年肉鸡价格受供求关系影响持续下跌，部分养殖户亏损缩减产能，存栏同比下降。全年家禽行业整体低迷，猪价维持较低水平，导致白羽鸡部分消费需求转向猪肉。

五、面临的问题

（一）生猪市场不稳定猪价变动大

2021 年猪价大幅波动，猪价下跌速度之快近年少见，部分养殖户压栏加剧价格波动，影响生产者利益，不利国民经济平衡发展需要。

（二）养殖成本上升，生产资金短缺

2021 年受全球新冠疫情影响，饲料价格始终处于高位，此外，环保、防疫、人员等养殖成本上升，养殖利润空间压缩，资金短缺问题日益凸显。四季度问卷显示，30.6%的养殖户面临资金短缺问题，普通养殖户无法通过抵押养殖场或牲畜抵押贷款，大多通过亲友借贷或通过房产抵押贷款。

（三）养殖专业化水平不高

虽然大量资本进入养殖行业，出现一批专业化程度较高的养殖企业，但中小养殖户仍占相当大比重，这类养殖场管理技术水平不高，大多是粗放养殖模式，饲料转化率偏低，不能及时把握市场规律调整养殖策略。

六、建议

（一）加强生猪生产预警监测

一是多部门联动，充分利用能繁母猪数量、疫苗用量、屠宰数量、饲料销量等大数据，加强畜禽监测预警。二是引导养殖主体及时调整生产计划，保持合理规模，不要盲目跟风，削弱“猪周期”对生猪养殖的不利影响，促进畜牧业生产稳定发展。

（二）加大金融政策支持力度

一是金融部门要简化贷款手续和程序，适当提高小额农贷信用额度。创新抵押担保方式，探索圈舍和活体牲畜抵押贷款的可行性。二是引导和支持保险公司大力开发畜牧业保险市场，发展多种形式、多种渠道、不同畜禽品种的畜牧业保险，增强养殖户抗风险能力，保障养殖户切身利益。三是加大政策扶持力度，整合畜牧业发展专项资金，对于积极引进良种、改善养殖环境、建设污粪处理设施，验收合格的生猪养殖场均给予奖励。同时对中小养殖户给予适当补贴，提振养殖信心。

（三）加快建立现代化养殖体系

一是创新培训形式提高养殖户的经营管理水平。二是通过以奖代补、先建后补等方式，支持中小养殖场改进设施装备条件。三是鼓励和扶持“公司+农户”等产业模式，提高养殖场的专业化水平，推动生猪养殖的高效发展。四是大力支持地方性优良品种的培育和发展，减少对外依存度，提升产品质量。

撰稿：孔二娟

安徽居民收入中部领先　增收形势任重道远

——2021 年安徽城乡居民收支情况分析

2021 年，安徽持续巩固拓展疫情防控和经济社会发展成果，经济运行呈现稳中加固、稳中向好态势，城乡居民收入稳步回升，生活消费持续改善。城乡常住居民人均可支配收入分别是 43009 元和 18368 元，分列全国第 14 位和第 11 位，同比增长 9.0%和 10.5%，分列全国第 6 位和第 14 位，略有下滑，其中，城镇增速比全国快 0.8 个百分点，农村与全国持平，但收入水平与沪苏浙相比仍有明显差距，下一步仍需关注收入持续增长承压、居民服务类消费待进一步挖掘等问题。

一、安徽居民收入持续恢复性增长

（一）居民收入较快增长，农村增速快于城镇

2021 年，安徽居民人均可支配收入 30904 元，居全国第 13 位，同比增长 10.0%，居全国第 5 位。相对比 2019 年，两年平均增长 8.2%，比全国快 1.3 个百分点。分城乡看，农村居民收入增速快于城镇，两年平均增速分别是 9.2%和 7.0%，分别比全国快 1.2 和 0.5 个百分点，分列全国第 4 位和第 13 位。

（二）城乡居民收入差距继续缩小

农村居民收入增速比城镇快 1.5 个百分点，城乡可支配收入比 2.34，同比缩小 0.03，说明安徽收入分配政策更加惠及低收入群体，促进收入分配更加合理的政策效果明显。

（三）城乡居民四大类收入全面增长

城镇居民方面，工资性收入是绝对主力，占可支配收入比重 59.4%，由 2020 年的 23636 元增长到 25545 元，增长 8.1%；转移净收入和财产净收入增速相对较快，分别增长了 13.5%和 10.8%；经营净收入保持平稳，增长 8.1%。从两年平均增速来看，只有财产净收入超过 2 位数，达 10.3%，经营净收入相对较低，只有 5.4%（详见表 1）。

表 1　2021 年安徽省城镇居民收入变动情况

单位：元、%

指　标	2021 年		2020 年		增幅	两年平均增长	贡献率	拉动增长
	绝对值	占比	绝对值	占比				
可支配收入	43009		39442		9.0	7.0		
1.工资性收入	25545	59.4	23636	59.9	8.1	6.4	53.6	4.8
2.经营净收入	6640	15.4	6189	15.7	7.3	5.4	12.6	1.1
3.财产净收入	3883	9.0	3504	8.9	10.8	10.3	10.6	1.0
4.转移净收入	6941	16.2	6113	15.5	13.5	9.2	23.2	2.1

农村居民方面，工资、经营、转移“三驾马车”并行，其中，工资性收入增长 9.1%，增速为四项收入最低。经营净收入增长 9.2%；财产净收入和转移净收入增长相对较快，分别是 17.2%和 13.8%。从两年平均增速看，工资性收入增长仍较低，只有 8.0%，增长相对较快的为财产净收入和转移净收入，说明安徽农民收入来源不断增多，渠道不断扩大，结构更加均衡（详见表 2）。

表 2　2021 年安徽省农村居民收入变动情况

单位：元、%

指　　标	2021 年		2020 年		增幅	两年平均增长	贡献率	拉动增长
	绝对值	占比	绝对值	占比				
可支配收入	18368		16620		10.5	9.2		
1.工资性收入	6369	34.7	5839	35.1	9.1	8.0	30.6	3.2
2.经营净收入	6796	37.0	6223	37.4	9.2	6.8	32.6	3.5
3.财产净收入	392	2.1	334	2.0	17.2	17.7	3.3	0.3
4.转移净收入	4812	26.2	4225	25.4	13.9	13.8	33.5	3.5

（四）在中部六省和长三角地区均保持较快增速

从中部六省来看，安徽居民收入及增速位次均位居第 2 位，其中，城乡居民收入增速均仅次于湖北省；从长三角范围来看，安徽城、乡居民增速均居第 2 位，但收入差距与沪苏浙相比仍有明显差距，城、乡居民收入相当于上海市的 52.2%和 47.7%，相当于江苏省的 74.5%和 68.6%，相当于浙江省的 62.8%和 52.1%，任重道远（详见表 3）。

表 3　2021 年中部六省和长三角地区居民收入情况

单位：元、%

区域	省份	居民收入				城镇收入				农村收入			
		绝对数	位次	增速	位次	绝对数	位次	增速	位次	绝对数	位次	增速	位次
中部六省	安徽	30904	2	10.0	2	43009	2	9.0	2	18368	2	10.5	2
	山西	27426	5	8.8	5	37433	5	7.6	4	15308	6	10.3	3
	江西	30610	4	9.3	3	41684	3	8.1	3	18684	1	10.0	5
	河南	26811	6	8.1	6	37095	6	6.7	6	17533	5	8.8	6
	湖北	30829	3	10.6	1	40278	4	9.7	1	18259	4	12.0	1
	湖南	31993	1	8.9	4	44866	1	7.6	4	18295	3	10.3	3
长三角	安徽	30904	4	10.0	1	43009	4	9.0	2	18368	4	10.5	2
	上海	78027	1	8.0	4	82429	1	7.8	4	38521	1	10.3	4
	江苏	47498	3	9.5	3	57743	3	8.7	3	26791	3	10.7	1
	浙江	57541	2	9.8	2	68487	2	9.2	1	35247	2	10.4	3

（五）农村居民收入增速位次稍有回落

2021 年，安徽省城乡居民收入增速居全国位次分别是第 6 位、第 14 位，城镇位次保持稳定，农村位次下滑 2 位。分析原因有如下几点：

一是周边省份疫情制约安徽省转移性收入增长。安徽是劳务输出大省，2021 年有 812 万农村劳动力赴省外务工。转移性收入由外部转移收入和内部转移收入两部分构成，寄带回收入属于内部转移，占转移净收入超过 50%，占可支配收入 13.2%。据国家反馈数据，2021 年，全省农村居民寄带回收入 2432 元，较上年下降 6 元，增速只有 0.1%，内部转移乏力制约整体收入增长。

二是国家从宏观层面体现共同富裕战略目标成效。为逐步体现共同富裕战略效果，国家在顶层设计时，有意拉动东部沿海发达地区农村居民收入，体现“先富带动后富”政策成效；有意拉动西部欠发达地区城镇居民收入，体现“让城镇地区先富起来”政策成效，同时确保中部地区省份城乡收入差距不断缩小。2021 年，安徽城镇居民增速 9.0%，居全国第 6 位，已经体现了安徽纳入长三角一体化发展成效，经测算，农村只需高出城镇 0.4 个百分点，即可实现缩小城乡收入差距目标，今年已经超目标实现。

三是农村居民工资性收入与全国差距进一步拉大。2021 年，全省农村居民工资性收入 6369 元，增速 9.1%，比可支配收入增速低 1.4 个百分点，占可支配收入比重 34.7%，同比下降 0.4%，与全国差距由 2020 年的 1135 元拉大到 2021 年的 1589 元，与江浙地区相比，江苏和浙江的农村工资性收入分别是全省的 2 倍和 3 倍左右，虽然省内劳动力市场缺口较大，但农村劳动力仍热衷于赴省外务工，一方面全省农村本地务工工资较周边省份偏低，另一方面长期形成的务工习惯短期内难以改变。

四是农业收入贡献率低。虽然安徽粮食产量已经实现“十八连丰”，但产量增长空间有限。同时，人力、化肥、农药、种子、农业服务费用等支出成本逐年增加，双向挤压使农民经营效益受限，小户生产自给自足挣钱难，大户生产依赖国家政策调整，受市场行情影响大。2021 年，安徽农村居民人均家庭经营第一产业净收入 4172 元，同比增长 8.7%，其中农业增长率更低，仅为 7.5%，二三产业净收入人均 2624 元，同比增长 10.0%。一产经营收入总量与发达地区比差距较大。

五是农村居民平均消费倾向较高挤压收入来源。从平均消费倾向看（消费占收入的比重），安徽农村居民已达 93%，城镇只有 62%，农村居民生活消费比重过高，挤压了经营投资和理财份额，制约经营性和财产性收入增长。

六是农民消费增速较低抑制收入增长。首先，高质量发展考核体系对消费类指标的考核权重相对较大，消费成为测算收入的重要指标之一，相对比 2020 年，2021 年共有 16 个省份收入增速位次下滑，其中，有 12 个省份消费增速位次下降；其次，农村居民人均消费支出 17164 元，增长 14.3%，比城镇居民低 9332 元，增速低 2.6 个百分点，消费增速低迷抑制收入较快增长。

二、城乡居民消费稳步回升

（一）居民生活消费支出恢复性增长较快

今年以来，安徽消费市场全面恢复，城乡居民生活消费支出延续恢复性增长态势，2021 年，安徽居民人均生活消费支出 21911 元，同比增长 16.1%，两年平均增长 7.0%。按常住地分，城镇居民人均生活消费支出 26495 元，同比增长 16.8%，两年平均增长 5.6%；农村居民人均生活消费支出 17163 元，同比增长 14.2%，两年平均增长 8.6%。

（二）八大类消费实现全面增长

受上年同期居民消费逐步回暖影响，2021 年，安徽居民八大类消费支出继续保持上涨态势，但增速较前三季度有所回落，城镇居民除居住消费支出外，其他 7 大类支出均实现两位数增长，其中，受上年同期翘尾因素影响，教育文化娱乐、其他用品及服务、生活用品及服务支出增长呈强力反弹态势，同比分别增长 38.9%、47.8%和 23.0%。农村居民除居住支出外，其他 7 大类支出均实现两位数增长，其中，衣着、教育文化娱乐和其他用品及服务实现较快增长，分别为 21.1%、39.1%和 45.3%（详见表 4）。

表 4　2021 年安徽省城乡居民生活消费支出情况

单位：元、%

指标名称	城镇常住居民			农村常住居民		
	绝对值	增速	两年平均增速	绝对值	增速	两年平均增速
生活消费支出	26495	16.8	5.6	17163	14.2	8.6
（一）食品烟酒	8469	14.4	6.8	5769	12.1	10.1
（二）衣着	1795	15.9	0.9	1054	21.5	11.8
（三）居住	5823	8.9	5.2	3465	2.2	2.3
（四）生活用品及服务	1671	23.0	6.8	1003	17.3	8.9
（五）交通通信	3040	13.7	2.9	1899	14.1	5.4
（六）教育文化娱乐	3170	38.9	6.4	1978	39.1	16.0
（七）医疗保健	1891	15.5	6.8	1672	14.7	12.4
（八）其他用品和服务	636	47.8	8.8	322	45.3	6.2

（三）城乡恩格尔系数双双下降

由于居民非食品类支出与去年同期相比明显增多，居民恩格尔系数从上年同期的33.3%回落至32.6%。按常住地分，城乡居民恩格尔系数分别是32.0%和33.6%，从近年数据看，恩格尔系数呈下降趋势，说明全省居民生活水平在不断上升。

（四）消费结构明显升级

随着生活水平提高，安徽城乡居民不再满足于温饱消费，而是追求吃的营养、住的宽敞、行的便捷、用的时尚。2021 年，全省城乡居民消费结构升级明显，城、乡居民服务型消费支出分别为 7513 元、4861 元，增幅分别是31.6%和29.4%，占比同比分别增加3.2个和3.3个百分点，居民消费从过去的吃、穿为主，到现在服务、文化娱乐、通讯等服务型种类不断增多。

三、安徽省城乡居民增收政策建议

（一）针对工资性收入

一是依托合肥、芜湖等省内大城市带动作用，建设高质量都市圈，提供充足就业岗位，大规模吸纳农村转移劳动力人口，让农民进城后有房住、有学上、有钱挣；二是通过多种培训主体，给农民提供实用职业技能培训，有一技之长，就业才能四方吃香；三是建议有条件的地方探索推动户籍准入年限同城化累计互认，兼顾本地财力，加快农民工市民化进程；四是适度提高全省农村地区机关事业单位人员工资待遇，建立工资增长长效机制。

（二）针对财产性收入

一是加快土地流转或村集体托管进程，搭建农村土地流转官方平台，农民可自由选择入股分红、租赁交易模式；二是建议实行集体财产股份化、市场化运作方式，增加低收入人群的财产性收入；三是适当放宽农村集体建设用地和宅基地流通规则，鼓励农民在集体经济组织内部购买转让宅基地使用权，创造条件允许宅基地使用权向集体组织外部流转，增加农民财产性收入。

（三）针对经营性收入

一是拓展农业的广度和深度，把农业打造成全产业链的“第六产业”，延伸到二、三产，提升品牌附加值，破解增产不增收的困境；二是抓住二、三产增收新机遇，在皖南地区大力发展休闲养生、民宿产业，皖北地区大力发展电子商务、快递进村等新业态，并致力于创新，把农业延伸到体验休闲、养生养老等领域。

（四）针对转移性收入

一是改革基本医疗保险制度，建议有条件的地方探索建立“个人责任封顶制”，提高报销比例，使患者家庭在一定期限内承担的医疗费用不超过一定额度，化解家庭灾难性支出；二是提高农村地区基本养老保险标准，力争“十四五”时期内，由当前的百元标准提高到不低于当地城镇平均标准的 30%；三是提高政策兜底力度，增加对农村低保、五保等低收入群体的转移支付力度。

撰稿：汪　汛

2013 年以来安徽农民工就业状况及流动趋势分析

根据安徽调查总队农民工监测调查数据，2021 年全省农民工就业规模超过前几年，省内就业增多，总体呈缓慢向家乡流动的趋势，就业收入继续增长，就业环境和劳动保障情况继续改善，带动全省农民收入水平提高。

党的十八大以来，在党和政府关心关怀下，全省农民工就业平稳有序，农民工素质不断提高，就业结构持续优化，社保参保比例总体较高，就业收入逐年增加。特别是最近三年，农民工就业没有受到新冠疫情影响，从事新产业、新业态、新商业的新型农民工显著增加，外出农民工返回家乡就业创业人数不断提高，有力地促进了乡村振兴。

一、农民工总量逐年增长，增速回落

全省农民工总量从 2013 年的 1782.9 万人增加到 2021 年的 1981.3 万人，呈逐年上升的态势（2020 年受疫情影响小幅下降）。增速从 2014 年的 3.8%下降到 2021 年的 0.7%。

表 1　2013–2021 年安徽农民工总量及增速

单位：万人、%

年　份	农民工规模	增速
2013	1782.9	
2014	1850.2	3.8
2015	1858.8	0.5
2016	1879.2	1.1
2017	1918.1	2.1
2018	1952.4	1.8
2019	1977.4	1.3
2020	1967.4	-0.5
2021	1981.3	0.7

随着新型城镇化步伐不断加快，全省乡村从业人口近年出现逐年减少的趋势，农民工呈现出省外向省内流动、省内向家乡流动的趋势，省外尤其是在江浙沪地区就业的农民工人数和占比逐年下降。这种情况正好符合全省发展需要，安徽省一些地方、一些企业劳动力明显不足，农民工返乡就业、创业就是对全省经济社会发展的最大人力支持。预计今后五年内全省农民工总量将达到高点并随后逐年回落。

二、本地农民工快速增加，外出农民工逐渐回流

自 2018 年开始，安徽省本地农民工快速增长，乡外省内农民工稳步增长，外出到省外的农民工规模迅速下降。

表 2　安徽农民工在不同区域就业规模

单位：万人

年　份	乡内（本人户籍所在乡镇范围内）	乡外县内	县外省内	省外	其中：东部地区	（江浙沪地区）	中部地区（安徽除外）	西部地区	东北地区
2013	495.4	167.4	177.2	943.0	890.2	758.4	31.0	19.1	2.6
2014	529.9	156.1	187.9	976.2	928.1	787.7	26.4	19.2	2.5
2015	487.4	170.8	213.6	987.0	921.7	779.7	34.3	29.0	2.0
2016	499.5	182.0	212.6	985.1	918.3	808.6	34.4	27.2	5.3
2017	502.7	190.9	232.0	992.5	924.2	815.0	33.8	27.8	6.7
2018	523.3	215.6	241.7	971.8	902.6	770.7	33.6	27.5	8.1
2019	578.2	216.0	262.5	920.7	849.8	726.1	34.7	25.4	10.8
2020	625.2	248.5	273.0	820.7	764.9	660.3	27.7	20.2	7.9
2021	670.2	228.9	270.1	812.1	761.3	649.5	31.7	16.9	2.2

（一）本地农民工（在本人户籍所在的乡镇、街道行政范围内就业）自 2018 年开始快速增长

表 3　本地农民工规模及增速

单位：万人、%

年　份	农民工规模	增速
2013	495.4	
2014	529.9	7.0
2015	487.4	-8.0
2016	499.5	2.5
2017	502.7	0.6
2018	523.3	4.1
2019	578.2	10.5
2020	625.2	8.1
2021	670.2	7.2

2013 年到 2017 年全省农民工在乡内就业的规模基本维持在 500 万人左右，2018 年开始增加，2019 年到 2021 年增速分别是 10.5%、8.1%和 7.2%，呈现快速增长的态势。

本地农民工近年快速增加的原因主要有二：一是本地就业机会增长明显。一方面近年来国家大力实施脱贫攻坚和乡村振兴战略，在农村创造出许多就业岗位；二方面发达地区部分劳动密集型企业落户安徽省乡镇，带来了就业机会。二是越来越多的农民工除了打工挣钱，更加重视孩子的培养教育，选择回家就业创业，陪伴孩子健康成长。

（二）乡外省内农民工规模稳步增长

2013 年到 2021 年，全省乡外县内农民工规模从 167.4 万人增长到 228.9 万人，县外省内农民工规模从

177.2 万人增长到 270.1 万人，8 年间分别增长了 36.8%和 52.4%。

经过多年打拼，在外务工的农民工有了一定的经济实力，多数在县城或省城购买商品房。随着安徽省就业条件改善，就业机会增多，他们陆续返回，定居在县城或省城就业创业，既照顾家庭又不误挣钱。

（三）省外农民工逐渐回流

2013 年到 2017 年出省农民工逐年增加，2017 年安徽农民工在省外就业规模达到高点 992.5 万人。但自 2018 年开始下降，到 2021 年降到 812.1 万人，2021 年较 2017 年减少 180.4 万人，减幅达 18.2%。

在省外就业的农民工一部分在就业地购买了商品房，已经定居在省外，另一部分农民工在外多年仍然没有买房。加之近年来东部发达地区就业越来越难，家乡就业越来越容易，少数外出农民工选择返回省内就业。

三、农民工年龄结构发生变化，素质逐年提升

（一）男女农民工比例基本稳定在 2 比 1

2013 年到 2021 年，全省农民工中男性占比分别是 65.8%、66.6%、67%、66.4%、66.3%、66.4%、65.7%、66.4%、65.6%，女性占比分别是 34.2%、33.4%、33%、33.6%、33.7%、33.6%、34.3%、33.6%、34.4%，男女比例基本稳定在 2 比 1。农村劳动力中女性较多在家照顾家庭和子女，因此农民工中男性显著多于女性。

（二）农民工年龄结构趋向老化

从表 4 中的数据可以看出，与 2013 年相比，2021 年 24 岁以下农民工占比显著下降，51 到 60 岁的农民工占比大幅上升。这主要是因为新型城镇化和人口老年化的双重作用，农村年轻人比例越来越低。

表 4　不同年龄段农民工占比

单位：%

年　份	16-19 岁	20-24 岁	25-29 岁	30-34 岁	35-40 岁	41-50 岁	51-60 岁	61-65 岁	66 岁及以上
2013	3.7	15.7	15.1	12.6	14.7	26.4	8.1	2.4	1.4
2014	3.7	15.7	15.1	12.6	14.7	26.4	8.1	2.4	1.4
2015	2.3	12.7	18.1	10.9	13.9	27.0	11.1	2.8	1.2
2016	2.0	11.2	18.0	10.5	13.9	25.8	12.8	3.9	1.8
2017	1.4	9.3	18.7	12.0	13.9	25.3	13.7	3.9	1.8
2018	1.4	7.1	17.2	14.2	12.5	24.9	16.6	3.5	2.7
2019	0.7	6.9	14.4	15.3	12.3	24.6	19.3	3.4	3.2
2020	0.8	5.5	12.8	16.0	12.2	24.9	20.9	3.2	3.7
2021	1.1	5.4	11.4	16.3	12.1	24.7	22.7	2.8	3.4

与十年前相比，农村家庭更重视子女的教育，社会对劳动力的学历要求也比十年前显著提高，年轻农民工的受教育年限较十年前明显增加，初次就业时间明显推迟。51 岁到 60 岁农民工显著增加的原因是近十年全国劳动力市场普遍缺工，以前不好找工作的 50 到 60 岁劳动力也有机会找到工作。

（三）受教育程度稳步提升

农民工群体中多数人的学历是初中。2021 年初中学历的农民工占全部农民工群体的 60.2%，较 2013 年下降了 7.1 个百分点。而高中、大学专科和大学本科学历的农民工占比分别上升了 2.1、4.1 和 2.1 个百分点。知识就是财富，随着社会向着高质量发展，对知识和技能要求越来越高，迫使农民工加强学习，农民工群体中大专和本科学历的越来越多。

表 5　不同学历农民工占比

单位：%

年　份	未上过学	小学	初中	高中	大学专科	大学本科	研究生
2013	2.0	16.7	67.3	10.1	3.0	0.9	0.0
2014	1.8	16.7	65.5	10.8	3.7	1.5	0.1
2015	1.9	15.7	65.9	10.0	4.5	1.9	0.1
2016	2.1	15.1	65.7	9.4	5.2	2.3	0.2
2017	2.1	14.4	65.3	9.7	5.6	2.6	0.3
2018	1.8	16.1	61.0	12.5	5.9	2.5	0.3
2019	1.9	15.8	61.5	12.0	6.0	2.7	0.3
2020	1.9	15.4	59.6	12.9	6.6	3.1	0.4
2021	1.5	15.4	60.2	12.3	7.1	3.0	0.5

四、从事第三产业的农民工逐年增加

（一）从事二产的农民工占比下降

全省从事第二产业的农民工占全部农民工的比例自 2013 年以来呈逐年下降的态势，8 年间占比下降了 10 个百分点。二产中从事采矿业、制造业、电力、热力、燃气及水的生产和供应业、建筑业的农民工占比分别下降了 0.5、3.2、0.5 和 3.8 个百分点。

（二）从事三产的比例上升

2021 年从事三产的农民工占比 51.7%，较 2013 年提高 9.9 个百分点。三产中全省从事批发和零售业、交通运输、仓储和邮政业、住宿和餐饮业以及居民服务、修理和其他服务业的农民工较多，2021 年这四个行业的农民工占比较 2013 年分别提高 0.3、1.7、0 和 2.3 个百分点。

表 6　不同行业农民工占比

单位：%

指　标	2013 年	2014 年	2015 年	2016 年	2017 年	2018 年	2019 年	2020 年	2021 年
1.第一产业	0.4	4.5	2.7	2.3	0.9	0.8	0.3	0.7	0.4
(1)农、林、牧、渔业	0.4	4.5	2.7	2.3	0.9	0.8	0.3	0.7	0.4
2.第二产业	57.8	54.8	53.7	52.5	53.4	50.8	49.2	47.1	47.8
(2)采矿业	1.4	1.3	1.5	1.4	1.1	1.1	0.9	0.9	0.9
(3)制造业	27.6	27.6	26.8	26.8	27.4	26.3	24.6	23.1	22.4
(4)电力、热力、燃气及水的生产和供应业	1.6	1.3	1.4	1.4	1.5	1.5	1.4	1.4	1.1
(5)建筑业	27.2	24.6	24.0	22.9	23.3	21.9	22.3	21.7	23.4
3.第三产业	41.8	40.7	43.5	45.3	45.7	48.4	50.4	52.2	51.7
(6)批发和零售业	12.6	12.2	12.0	12.6	12.2	11.3	12.3	13.0	12.9
(7)交通运输、仓储和邮政业	5.5	5.8	6.7	5.9	7.1	6.7	6.9	6.9	7.2
(8)住宿和餐饮业	7.0	7.1	6.9	5.9	6.3	7.2	7.6	7.5	7.0
(9)信息传输、软件和信息技术服务业	1.1	1.4	1.8	1.5	1.6	1.9	2.2	2.1	1.8
(10)金融业	0.4	0.3	0.5	0.4	0.4	0.6	0.8	1.0	0.7
(11)房地产业	0.3	0.2	0.2	0.4	0.3	0.5	0.8	0.9	0.6
(12)租赁和商务服务业	1.4	0.9	0.8	1.0	0.9	1.4	1.0	1.0	0.8
(13)科学研究和技术服务	0.5	0.3	0.4	0.4	0.4	0.2	0.2	0.2	0.2
(14)水利、环境和公共设施管理业	0.2	0.2	0.2	0.5	0.3	0.6	0.8	0.9	0.9
(15)居民服务、修理和其他服务业	10.2	9.0	10.3	11.3	10.8	11.4	12.4	12.2	12.5
(16)教育	0.7	0.8	0.9	1.5	1.5	1.2	1.0	1.3	1.5
(17)卫生、社会工作	1.0	1.3	1.2	1.6	1.5	1.9	1.5	1.7	1.8
(18)文化、体育和娱乐业	0.2	0.3	0.6	0.8	1.0	0.8	0.7	0.9	0.6
(19)公共管理、社会保障和社会组织	0.6	0.9	0.9	1.4	1.4	2.7	2.3	2.7	3.0

（三）300多万农民工从事新产业、新业态、新商业工作

根据调查数据测算，2021年全省从事新产业、新业态、新商业的农民工有337.9万人。其中从事现代农林牧渔业的有3.4万人，从事计算机、网络设备、新能源设备等先进制造业的有86.1万人，从事生鲜、冷链运输等现代物流服务的有20万人，从事互联网出行（网约车）的有6.8万人，从事网约货运的有13.5万人，从事养老、母婴服务、家庭陪护等现代家庭服务的有31.9万人，从事快递服务的有9.2万人，从事新型外卖、送餐、代购跑腿、居民代办的有56.6万人，从事互联网零售（经营网店，直播带货等）的有52万人，从事网络直播、短视频、网络游戏的有2.6万人，从事农家乐、采摘等休闲农业、休闲观光旅游的有1.5万人，从事互联网教育的有14.8万人，从事互联网医疗的有8.7万人，从事其他新产业、新业态、新商业的有30.9万人。

五、医疗、养老保险参保情况持续改善

安徽省农民工参加医疗保险和养老保险的比例近年来持续上升。2021年全省农民工参加新型农村合作医疗、城镇职工基本医疗保险和城乡居民基本医疗保险的比例合计为99.8，与2013年的99.7基本持平，由于城镇化的不断发展，部分农民工由参加新农合医保变更为参加城乡居民基本养老保险，医保报销比例显著提高。2021年参加商业医疗保险的比例为0.9%，较2013年提高0.7个百分点；没有参加任何医疗保险的比例从0.5%下降为零。

表7　参加不同医疗保险农民工占比

单位：%

年　份	新型农村合作医疗	城镇职工基本医疗保险	城乡居民基本医疗保险	公费医疗	商业医疗保险	其他医疗保险	没有参加任何医疗保险
2013	95.6	1.7	2.4	0.0	0.2	0.3	0.5
2014	94.9	1.7	3.0	0.1	0.3	0.4	0.4
2015	94.2	2.2	3.1	0.1	0.1	0.2	0.5
2016	93.1	3.3	3.0	0.1	0.0	0.1	0.4
2017	93.0	3.2	3.4	0.1	0.1	0.1	0.3
2018	93.0	3.2	3.4	0.1	0.1	0.1	0.3
2019	45.9	5.2	48.6	0.0	0.7	0.6	0.0
2020	37.7	5.0	57.1	0.0	0.7	0.3	0.0
2021	37.4	4.9	57.4	0.0	0.9	0.1	0.0

2021年全省农民工参加新型农村社会养老保险、城镇职工基本养老保险和城乡居民基本养老保险的比例合计为97.1%，较2013年提高5.8个百分点，参加商业养老保险的比例提高0.4个百分点，没有参加养老保险的比例下降4.5个百分点。缴纳企业年金的比例从零上升到0.4%。

表8　参加不同养老保险占比

单位：%

年　份	新型农村社会养老保险	城镇职工基本养老保险	城乡居民基本养老保险	企业年金（职业年金）	商业养老保险	其他养老保险	没有参加任何养老保险
2013	86.8	2.8	2.3	0.0	0.4	0.8	7.0
2014	87.5	3.2	2.7	0.0	0.5	0.9	6.3
2015	87.0	3.8	2.7	0.0	0.1	0.7	6.5
2016	85.7	4.8	3.3	0.0	0.1	0.8	5.7
2017	85.4	4.7	4.1	0.0	0.1	0.8	5.2
2018	82.9	6.9	3.4	0.0	0.5	0.9	5.8
2019	0.0	25.2	68.6	0.3	0.8	0.8	5.5
2020	0.0	9.5	85.7	1.0	0.9	1.0	4.1
2021	0.0	6.9	90.2	0.4	0.8	1.0	2.5

六、就业收入快速增加

农民工收入是农村家庭收入的主要来源，从 2013 年到 2021 年，全省本地就业农民工月均收入从 2273.4 元增加到 3698.4 元，增幅达 62.7%；外出就业农民工月均收入从 2909.3 元增加到 6041.4 元，增幅达 107.7%。由此看出，外出就业收入不仅远高于本地收入，而且增速明显快于本地就业。

表 9　农民工月均收入及增速

单位：元、%

年　份	本地务工月均收入	增速	外出务工月均收入	增速	本地务工与外出务工月均收入差
2013	2273.4		2909.3		635.9
2014	2598.8	14.3	3379.7	16.2	780.9
2015	2636.0	1.4	3698.1	9.4	1062.2
2016	2874.5	9.0	3808.8	3.0	934.3
2017	3111.4	8.2	4123.8	8.3	1012.4
2018	3234.5	4.0	4779.7	15.9	1545.2
2019	3292.9	1.8	5242.0	9.7	1949.1
2020	3516.9	6.8	5455.4	4.1	1938.4
2021	3698.4	5.2	6041.4	10.7	2343.1

2013 年本地就业农民工与外出农民工月均收入差仅 635.9 元，到 2021 年这样差距达 2343.1 元，收入差距有拉大的趋势。这说明全省县域内产业发展水平不高，特别是乡村产业基础薄弱，本地就业农民工工资水平偏低。乡村振兴的基础是产业兴旺，只有大力发展乡村产业，才能增强基层经济实力，促进农民增收。

撰稿：王　方

2021 年安徽居民消费价格指数稳中略升

2021 年，安徽省居民消费价格呈现同比震荡上行、环比平稳波动态势。全年累计上涨 0.9%，涨幅较去年同期低 1.8 个百分点。其中，食品价格下降 1.5%，非食品价格上涨 1.5%；消费品价格上涨 0.9%，服务价格上涨 1.0%。

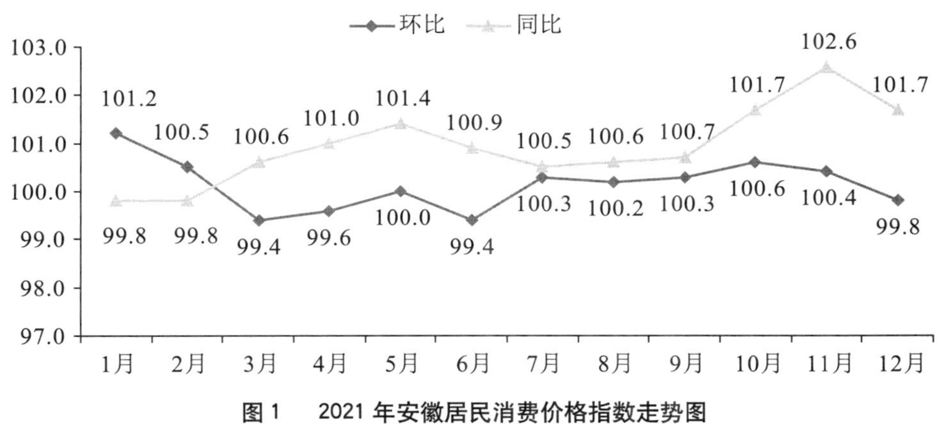

图 1　2021 年安徽居民消费价格指数走势图

一、安徽居民消费价格运行特点

（一）CPI 呈现结构性上涨，涨幅分化明显

构成居民消费价格三大项的食品烟酒、工业品和服务项目涨幅分别为-0.5%、1%和 2.1%，涨幅与上年相比“两降一升”。其中，食品烟酒较上年大幅回落 8.9 个百分点；工业品和服务项目涨幅较上年高 1.8、1.4 个百分点，是总指数走高的主要原因。

（二）CPI 同比震荡上行，环比平稳波动

从 CPI 同比看全年呈现震荡上行走势：1-2 月安徽省 CPI 同比均下降 0.2%，主要受去年同期疫情因素影响，翘尾因素分别拉低 CPI 同比下降 1.35 和 1.81 个百分点；3 月安徽省 CPI 同比由负转正，翘尾因素影响转弱，影响 CPI 同比下降 0.49 个百分点；4-6 月 CPI 同比分别上涨 1%、1.4%、0.9%；7-9 月 CPI 同比分别上涨 0.5%、0.6%、0.7，10-11 月翘尾因素加大，分别影响 CPI 上涨 0.21、0.69 个百分点，推动四季度 CPI 同比月均上涨 2%。

从 CPI 环比看呈现平稳波动：1-2 月，受春节局部疫情等因素影响，安徽 CPI 分别上涨 1.1%、0.5%；3-6 月受食品价格回落影响，CPI 环比分别下降 0.6%、0.4%、0%、0.6%；7-9 月受交通通信、教育文化娱乐价格上涨影响，CPI 环比上涨 0.3%、0.2%、0.3%。10-11 月受交通通信、衣着、食品烟酒上涨影响，CPI 环比上涨 0.6%、0.4%，12 月受油价下调导致交通通信下降影响，CPI 环比下降 0.2%。

（三）居民消费八大类价格“六涨二跌”

构成居民消费价格的八大类指数由 2020 年的“五涨三跌”，转为 2021 年的“六涨二跌”，其中，交通通信价格上涨 4.8%，教育文化娱乐价格上涨 2.8%，衣着价格上涨 1.1%，居住价格上涨 0.7%，医疗保健价格上涨 0.5%，生活用品及服务价格上涨 0.1%；其他用品服务价格下降 3.9%，食品烟酒价格下降 0.5%。

（四）新涨价因素推动指数上涨，城市涨幅高于农村

2021 年，安徽居民消费价格城市上涨 1.1%，农村上涨 0.7%，城市高于农村 0.4 个百分点，主要原因是城市食品烟酒高于农村 1.2 个百分点。据测算，在 2021 年 0.9%的累计涨幅中，去年价格变动的翘尾影响为

负 0.06 个百分点，新涨价影响约为 0.9 个百分点，新涨价因素拉动居民消费价格指数上涨。

（五）涨幅与全国平均水平持平，排名居中游

2021 年，安徽居民消费价格累计上涨 0.9%，与全国平均水平持平，和河南、西藏、甘肃、广西、江西并列第 14 位；在中部六省中，安徽居民消费价格同比涨幅位列第 2 位；在长三角安徽居民消费价格同比涨幅位列第 4 位；分类别看，安徽教育文化娱乐、衣着类、交通和通信、、医疗保健价格涨幅分别高于全国 0.9、0.8、0.6、0.1 个百分点；食品烟酒、居住、生活用品及服务、其他用品和服务价格涨幅分别低于全国 0.2、0.2、0.2、2.5 个百分点。

二、影响 CPI 变动的主要因素分析

（一）食品价格总体下降

2021 年鲜活食品价格累计下降 3.8%，究其原因主要受猪肉价格大幅下跌影响，具体各品种走势两极分化。

1.猪肉价格大幅跳水。受生猪产能恢复，猪肉供应逐步增大影响，2021 年猪肉价格累计下降 31.1%，影响 CPI 下降 0.75 个百分点。12 月猪肉价格同比下跌 36%，目前猪肉价格已处低位，受猪肉价格下降影响，食用动物油价格累计下降 27%，影响 CPI 下降 0.02 个百分点。

2.鲜菜价格大起大落。10 月上中旬，受前期连续降雨等多重因素影响，安徽鲜菜价格快速上涨，其中菠菜、油菜、西兰花涨幅超 50%。10 月下旬以来随着天气转好，鲜菜上市量增加，加上各地积极推动商超对接、畅通流通渠道等保供稳价政策的落实，当前安徽鲜菜价格已明显回落。

3.水产品、鸡蛋价格高位运行。2021 年，水产品累计上涨 14.3%，其中，淡水鱼价格上涨 20.9%，虾蟹类价格上涨 11.8%，共同拉动总指数上涨约 0.3 个百分点，其中 5 月淡水鱼价格同比上涨 37.8%，达 2009 年以来历史涨幅高位，受养殖成本上升、长江流域禁捕、新冠疫情以及去年洪涝灾害等因素影响，淡水鱼价格攀升拉动了水产品价格的上涨。今年，鸡蛋价格比上年同期上涨 14.3%，拉动 CPI 上涨约 0.08 个百分点。今年以来，受突发事件、玉米、豆粕等饲料价格上涨等因素影响，鸡蛋价格从 3 月中旬开始上涨，8 月涨至高点后略有回落，目前价格仍处高位。

（二）工业消费品价格明显上涨

受疫情好转，世界经济复苏，在流动性充裕、产地减产以及政策性供给收缩和需求回升等多重因素共同影响下，国际大宗商品价格快速上涨推动了国内工业品出厂价格明显上涨。2021 年，安徽工业品价格同比上涨 2.1%，拉动总指数 0.7 个百分点。究其原因：一是能源价格涨幅较大，同比上涨 7.3%，其中，国内油价经历“十三涨六降”，汽油价格累计同比上涨 17.2%，拉动总指数上涨 0.4 个百分点；二是受市场“缺芯”、电子产品更新换代、原材料价格上涨等因素影响，液化石油气、照相机、管材价格分别上涨 11.3%、8.6%和 6.1%。

（三）服务类价格小幅上涨

2021 年，服务业价格累计上涨 1%，拉动 CPI 上涨约 0.4 个百分点。服务价格上涨，主要是教育服务和医疗服务价格上涨导致。其中教育服务上涨 3.9%，拉动 CPI 上涨 0.3 个百分点；医疗服务价格分别上涨 1%，拉动 CPI 上涨 0.6 个百分点。随着疫情好转，文化娱乐有所恢复，全年累计上涨 0.8%，拉动 CPI 上涨 0.03 个百分点。

三、对 2022 年 CPI 走势的预判

（一）从翘尾影响看

2021 年价格变动的翘尾因素对 2022 年 CPI 指数影响为 0.69 个百分点。四个季度的翘尾影响分别为 0.4、1.2、1.1、0.02 个百分点，翘尾因素的变动将成为 CPI 波动的重要原因。

（二）消费品供给充足、价格整体平稳

主要的食品价格中，猪肉价格处于低位，但已止跌；淡水鱼、鲜菜价格 2021 年虽短时间大幅上涨，受

国家六部委联合印发《关于完善重要民生商品价格调控机制的意见》，聚焦关系基本民生的“米袋子”“菜篮子”等重要商品，完善价格调控机制，提高保供稳价能力影响，价格已经逐步回落。2022 年，在没有极端天气影响条件下，预计供给面不会出现大变化，物价稳定有基础。

（三）国家宏观调控力度不断加强

2021 年，部分大宗商品价格出现较大幅度上涨，涨幅明显偏离供需基本面，超出了恢复性上涨的合理范围。6 月，国家发改委发布《重要商品和服务价格指数行为管理办法（试行）》，促进包括大宗商品在内的重要商品和服务市场价格的合理形成。年末，以动力煤为代表部分大宗商品价格已经大幅回落，生产端向消费端的传导压力有所减弱。

综合以上情况来看，2022 年安徽市场物价形势预计总体平稳，预计全年物价涨幅高于 2021 年，走势基本保持在温和区间。

撰稿：周玉华

2021 年安徽工业生产者价格运行情况分析及 2022 年走势预测

受国际大宗原材料价格上涨、国际货币环境宽松、疫情形势好转经济持续恢复向好、市场需求旺盛等因素影响，2021 年，安徽工业生产者出厂价格累计上涨 7.7%，比 2020 年同期涨幅高 8.6 个百分点。

一、2021 年工业生产者价格运行总体情况

（一）工业生产者出厂价格涨幅前低后高

前 11 个月环比连续上涨，涨幅在 0.4%~1.8%之间；同比涨幅前低后高，由 1 月份的 1.2%逐月攀升到 11 月份的 11.6%，其中 11 月份涨幅创 2008 年 9 月（12.0%）以来新高，12 月保供稳价政策效应持续显现，主要工业品市场供应宽松，叠加原油等部分国际大宗商品价格走低，PPI 同环比涨幅双双回落。环比下降 0.6%，为连续 13 个月上涨后首次转降，同比回落至 9.9%。

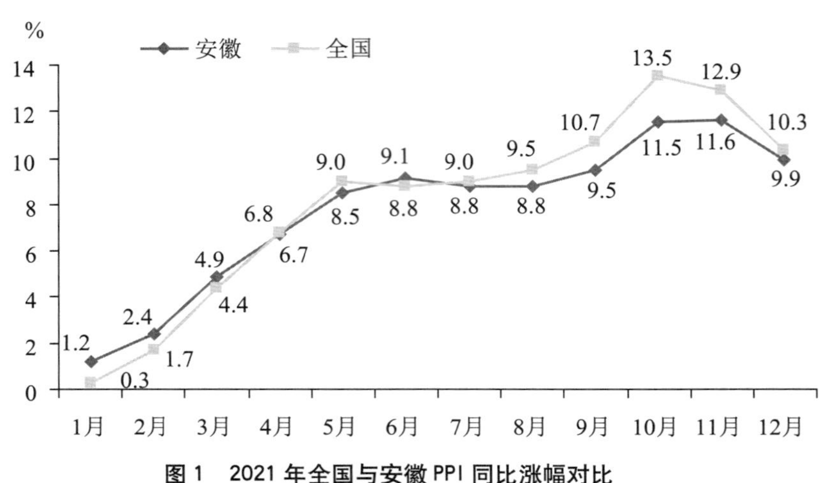

图 1　2021 年全国与安徽 PPI 同比涨幅对比

（二）结构性上涨特征显著，上游行业领涨

PPI 调查的 37 个大类行业中有 30 个上涨，上涨面超过八成。涨幅大的集中在上游生产资料行业，生产资料价格累计上涨 10.1%，影响 PPI 上涨约 7.3 个百分点。其中，采掘工业价格上涨 27.3%，原材料工业价格上涨 14.1%，加工工业价格上涨 7.7%。下游生活资料行业价格走势相对平稳，仅上涨 1.4%，影响 PPI 上涨约 0.4 个百分点。

（三）新涨价因素贡献大

全年 7.7%的涨幅中，上年价格变动的翘尾影响约为 1.8 个百分点；新涨价影响约为 5.9 个百分点，影响程度达 76.6%。

（四）大宗商品价格变化是影响 PPI 上涨的主因

2020 年下半年以来，全球主要经济体实施宽松的货币政策，随着国际市场需求逐步回暖，受供给相对偏紧的影响，国际大宗商品价格持续回升。2021 年前 4 个月，铁矿石、钢铁、化工产品、铜等基础原材料价格涨势加快，有的曾创 10 年来新高，5 月后呈高位震荡态势。基础原材料价格快速上涨，推高国内相关行业生产成本，带动 PPI 持续上行。安徽煤炭相关行业、石油相关行业、有色相关行业以及钢铁相关行业涨幅居前，分别上涨 33.2%、27.0%、29.8%和 31.1%，合计影响 PPI 上涨约 4.3 个百分点。

（五）PPI 涨幅在全国位次比较靠后

一季度安徽 PPI 在全国居较前位次，二季度起后居全国靠后位次，全年涨幅比全国平均水平低 0.4 个百分点，按涨幅由高到低排序，居全国第 18 位；在中部六省中位列第 3 位（山西上涨 30.2%，江西上涨 10.5%，河南上涨 7.8%，湖南上涨 5.9%，湖北上涨 4.1%）；在长三角三省一市中居第 1 位（江苏、浙江均上涨 6.3%，上海上涨 2.1%）。

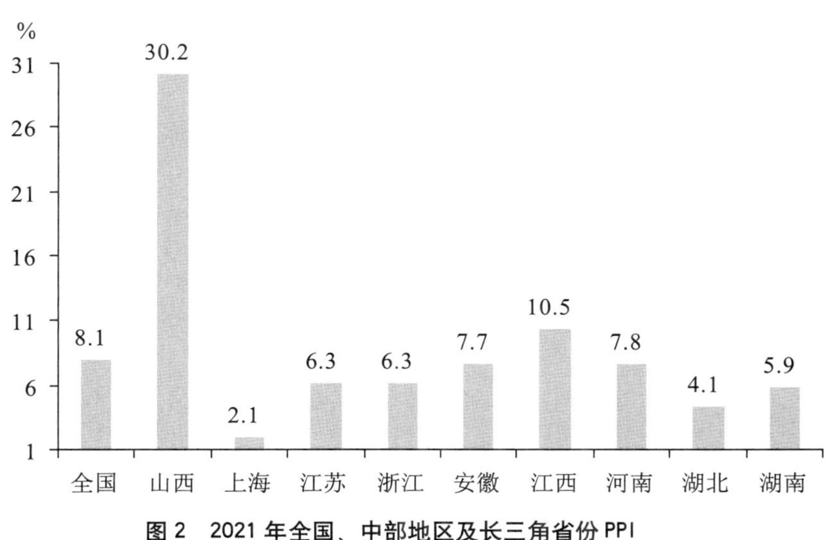

图 2　2021 年全国、中部地区及长三角省份 PPI

（六）工业生产者购进价格涨幅明显高于出厂价格

安徽工业生产者购进价格同比上涨 11.5%，比去年同期高 13.0 个百分点，高于出厂价格涨幅 3.8 个百分点。调查的九大类全部上涨，其中涨幅超过 10%的有有色金属材料及电线类（上涨 21.2%）、黑色金属材料类（上涨 19.8%）、燃料动力类（上涨 17.8%）、化工原料类（上涨 14.6%）以及建筑材料及非金属类（上涨 10.0%）。

二、2022 年 PPI 大概率会高位回落

（一）经济工作以稳为主基调，对 PPI 形成稳定支撑

2021 年底中央经济工作会议提出把“稳字当头，稳中求进”作为 2022 年我国经济工作的主基调，供给侧方面明确提出不搞“碳冲锋”，不把长期目标短期化、不搞层层加码。国内出台大宗商品保供稳价政策“组合拳”，政策效果明显，投资者预期趋于理性。从翘尾因素看，2022 年受上年价格变动的翘尾影响约为 3.9 个百分点，对同比形成正向上拉。因此 PPI 具备稳定支撑。

（二）宽松刺激政策空间有限，PPI 大涨基础不再

2022 年宽松刺激政策加码，但受种种限制，未来经济复苏存在较多难点和阻力，PPI 不存在大涨基础。一是国务院 1 月中旬出台 15 招稳外贸措施，但受限于生产和国际物流成本上涨等冲击，增加出口退税和稳汇率等手段刺激外需空间有限。二是加大财政对受疫情影响的家庭和企业的补贴虽能部分抵消疫情对消费的冲击，但受限于财政赤字规模上升空间，补贴的范围和金额不会大幅增加，这部分政策效应有限，消费增速可能在短期内也很难明显回升。三是在地方政府卖地收入下降和中央严控地方隐性负债的背景下，2022 年基建投资反弹高度有限。虽保障房 2022 年有望进一步推动，但在各地财政吃紧的背景下，各地政府不可能大规模兴建保障房。

（三）国内经济面临三大下行压力，PPI 具备回落动力

一是房地产业下行压力大。2015—2018 年的货币化棚改极大透支了城市的住房需求，加之近年年轻人口的绝对数量降低，房地产行业自身已具备阶段性下行压力。从短期来看，贷款集中度管理制度实施，房地产资金供给端收紧，尽管近期监管层已经放松对房地产行业的信贷，但房企融资仍然非常艰难，但 2022 年上半年房企偿债压力显著加大。受疫情和部分房企违约对房价预期的冲击，房产税还有可能被推进，购

房者对房价下跌的预期增强，观望情绪浓厚。种种因素导致房地产业继续降温。2021 年 12 月建设业 PMI 虽在 50 以上，但相较历史同期，处于较低水平。二是出口增速大幅下行，2021 年经济增长最重要的动力将消失。近两年因为疫情外贸出口在全球占比明显上升，但世界上越来越多的经济体选择与病毒共存，之前遭受疫情重创的一些新兴市场国家的生产和出口在逐步恢复，中国出口进一步上升空间极小。由于高基数原因，明年出口可能显著减速。三是新一轮疫情对宏观经济的冲击。目前全球正在经历新一轮由奥密克戎变异株带来的疫情，国内疫情多点散发，餐饮、旅游、航空等受其影响大，消费增长难以回升。同时疫情阻隔了对外联系，新增外商直接投资受阻。

（四）外部不确定性因素多

一是全球新冠疫情的不确定性。新冠病毒新变种出现的时间较为随机、且传播力强。这种演变趋势一方面扰动全球经济复苏进程，对中国造成外需的波动，另一方面是对国内防疫成本和动态清零政策带来巨大挑战。二是在通胀高企的背景下，2022 年美联储调整其量化宽松政策为紧缩和加息预期给全球及国内经济和金融市场带来的影响具有较大不确定性。

综合考虑以上因素，随着国内经济的潜在增速下降，2022 年 PPI 大概率会从高位稳中回落。

三、值得关注的问题

（一）PPI 是工业增加值的扣减因素

在国民经济核算中，需要使用工业生产者价格指数（PPI）缩减计算工业发展速度，从而剔除价格因素的影响，工业生产者价格指数的高低直接影响到工业发展的高低。PPI 同比涨幅高，企业只有不断做大蛋糕，做强经济，增强自身实力，才能获得更高的产值。

（二）“高进低出”现象需保持关注

2021 年，安徽工业生产者价格同比持续呈现“高进低出”格局，下半年购进价格高于出厂价格多在 4 个百分点以上，全年购进价格高于出厂价格 3.8 个个百分点。表明上游价格变动难以同步向下游产品传导，价格链传导受阻，工业利润基本向上游企业集中，中下游企业竞争力降低，或进一步加剧亏损，生产经营环境不容乐观。

（三）生产资料价格高位运行，企业特别是中小微工业企业承压

PPI 涨幅较高行业主要集中在上游产业，如有色金属冶炼和压延加工业、黑色金属冶炼和压延加工业、石油、煤炭及其他燃料加工业、化学原料和化学制品制造业和化学纤维制造业等。上游行业价格传导途径相对通畅，价格能够迅速上涨。而下游行业特别是处于制造链中下游的中小微企业产品由于受产品同质化程度较高、市场竞争激烈、议价能力较弱等因素影响，难以通过提高产品售价冲抵原材料价格上涨的影响，大部分企业被迫承担成本上涨压力。为维护客户资源，只能缩减订单减少损失。

（四）近期电价明显上涨，企业用电成本增加

由于冬季用电需求增加，皖电缺口增大，而之前煤价的上涨，增加了电力企业的生产成本。11 月实施改革以来，在皖电力生产企业上网电价明显上涨。国网安徽电力有限公司调研表明，其 12 月的代理购电价格较改革前约上浮近 20%。电价上涨，企业电成本上升。不论是直接从电厂购电的工业企业，电费上涨，用电成本上升。安徽马钢张庄矿业有限责任公司 11 月份电费均价为 0.716 元/度，10 月份为 0.645 元/度，每月用电量约为 1200 万千瓦时，因电费单价上涨导致每月用电成本上涨约 85.2 万元。安徽富凯矿业有限公司因电费单价上涨导致每月用电成本上涨约 14.8 万元。据两家企业反映，之前均享受国家直购电政策，即规上企业与电厂签署购电交易协议，改革后超出原协议价格电价按照市场价格补差价，之前直供电优惠全面取消，用电成本上升。调研的其他企业也预计后续电价上涨将持续一段时期。

四、政策建议

（一）密切关注传导效应，做好大宗商品保供稳价

一是完善大宗商品稳供渠道和价格保供机制，推动建立新增成本共担机制，引导上游大型国企主动让

利，保障生产企业特别是制造业等中下游企业的生产利益。二是密切跟踪国际大宗商品价格走势，合理引导市场预期，坚决打击人为抬高物价的行为，营造良好的市场环境。三是通过增产增供、投放储备、进出口调节、市场监管、预期引导等多种手段，做好大宗商品保供稳价工作。

（二）提升企业抗风险能力

加强供应链管理和指导，通过搭建供需对接平台帮助企业建立稳定的上下游产销关系。鼓励央企、国企缩短账期，减少下游中小企业流动性占款。通过制定“个性化”的金融工具、减税降费、延期支付房租水电费用等政策支持，缓解企业生存压力。持续引导和培育企业加强技术革新和转型，降本增效，提高产品附加值和竞争力。

（三）坚持房住不炒的基本原则，市场和公共保障并举，让房地产业软着陆

短期内，央行和其他金融监管部门要高度关注房地产行业下行带来的金融风险，出台政策鼓励银行维持开发贷的合理增长和避免无序抽贷断贷。在土地供应上，城市的住宅、商业和公共建设用地的供给数量应和就业、户籍人数或者参加参保人数等指标相挂钩。

（四）继续维持并加大对中小企业的支持力度

2022 年中小企业生存发展仍面临较大困难，要统筹宏观政策衔接，从金融支持和财政政策两方面持续加大对中小企业的支持力度。针对经济重点领域和薄弱环节，如受疫情冲击大的住宿餐饮、文化旅游等行业的中小企业，建议对其提供针对性帮扶，提供重点资金、专项资金扶持和融资担保等。

撰稿：邓　泓

1-1 部分调查指标总量

指　标	Item	单位	Unit
主要农产品产量	**Output of Major Farm Products**	**万吨**	**10 000 tons**
粮食	Grain		
猪肉	Pork		
牛肉	Beef		
羊肉	Mutton		
禽肉	Poultry		
禽蛋	Poultry Eggs		
城乡居民生活	**Family, People's Livelihood and Housing**		
家庭	Family		
城镇居民平均每户家庭人口	Average Household Size in Urban Areas	人	person
农村居民平均每户家庭人口	Average Household Size in Rural Areas	人	person
居住	Housing		
城镇常住居民人均住房建筑面积	Net Floor Space per Capita of Urban Residents	平方米	sq.m
农村常住居民人均住房建筑面积	Net Floor Space per Capita of Rural Residents	平方米	sq.m
生活	People's Livelihood		
城镇常住居民人均可支配收入	Annual Disposable Income per Capita of Urban Residents	元	yuan
农村常住居民人均可支配收入	Annual Disposable Income per Capita of Rural Residents	元	yuan
物价(上年=100)	**Price (preceding year = 100)**		
居民消费价格指数	Consumer Price Index		
商品零售价格总指数	Retail Price Index		
工业生产者出厂价格指数	Producer Price Index for Industrial Products		
工业生产者购进价格指数	Purchasing Price Index for Industrial Producers		

Main Aggregate Indicators of Sample Survey

总量指标 Aggregate Data								
1978	1990	2000	2010	2015	2018	2019	2020	2021
1482.0	2457.2	2472.1	3207.7	4077.2	4007.3	4054.0	4019.2	4087.6
			234.9	249.8	243.9	197.8	183.4	238.7
			13.6	8.3	8.7	9.5	9.9	11.2
			11.4	10.3	17.1	18.8	20.7	21.9
			110.8	145.0	150.7	174.6	181.1	183.4
			126.7	155.0	158.3	168.7	184.2	177.1
		3.08	2.84	2.95	2.96	2.98	2.99	3.04
			4.03	3.02	3.08	3.10	3.06	3.12
				34.7	41.2	41.8	42.1	42.3
				46.8	52.9	53.5	54.6	54.7
				26935.8	34393.1	37540.0	39442.1	43008.7
				10820.7	13996.0	15416.0	16620.2	18371.7
	102.7	100.7	103.1	101.3	102.0	102.7	102.7	100.9
100.0	101.9	98.0	103.2	99.7	101.9	101.9	101.6	101.6
		98.9	109.0	93.9	103.0	100.3	99.1	107.7
		102.6	111.8	93.5	105.3	99.9	98.5	111.5

主要指标解释

粮食产量 指农业生产经营者日历年度内生产的全部粮食数量。按收获季节包括夏收粮食、早稻和秋收粮食，按作物品种包括谷物、薯类和豆类。其中谷物包括小麦、玉米、早稻、中稻和一季晚稻、双季晚稻、大麦、高粱、谷子、荞麦等禾本科和蓼科粮食作物；薯类只包括马铃薯、甘薯，木薯统计在其他农作物，芋头等其他薯统计在其他蔬菜；豆类包括大豆、绿豆、红小豆、杂豆等。谷物产量按脱粒后的原粮计算，薯类按鲜薯重量的5∶1折算，豆类按去豆荚后的干豆计算。

可支配收入 指调查户在调查期内获得的、可用于最终消费支出和储蓄的总和，即调查户可以用来自由支配的收入。可支配收入既包括现金，也包括实物收入。按照收入的来源，可支配收入包含四项，分别为：工资性收入、经营净收入、财产净收入和转移净收入。按居民类型划分，有居民可支配收入、城镇常住居民可支配收入、农村常住居民可支配收入。

居民消费价格指数（CPI） 反映一定时期内居民所消费商品及服务项目的价格水平变动趋势和变动程度。居民消费价格水平的变动率在一定程度上反映了通货膨胀（或紧缩）的程度。编制居民消费价格指数的目的，是了解全国各地价格变动的基本情况，分析研究价格变动对社会经济和居民生活的影响，满足各级政府制定政策和计划、进行宏观调控的需要，以及为国民经济核算提供参考依据。

工业生产者价格指数 包括工业企业产品第一次出售时的出厂价格（简称工业生产者出厂价格）和企业作为中间投入的原材料、燃料、动力购进价格（简称工业生产者购进价格）。工业生产者价格调查的目的在于及时、准确、科学地反映各工业行业产品价格水平及其变动趋势和幅度，为国民经济核算、计算工业发展速度、宏观经济分析和调控、理顺价格体系等提供科学、准确的依据。

2

农业调查

Chapter 2 Agricultural Survey

简要说明

一、本篇资料内容主要包括农村社会经济主要指标，主要年份农作物播种面积、农作物总产量，畜牧业生产情况，农户固定资产投资情况，各调查县（区）农村基本情况等。

二、农作物播种面积及产量调查根据国家统计局《农林牧渔业统计报表制度》，由安徽调查总队组织实施，目前抽选的调查县为 64 个。

三、畜牧业生产情况调查根据国家统计局《农林牧渔业统计报表制度》，由安徽调查总队组织实施，主要畜禽按照抽样调查方案实行分季监测调查，生猪调出大县实行月度监测调查与季度监测调查相结合。

本版责任编辑：赵颐轩、戴月萍、孔二娟

2-1 历年农业生产情况
Output of Agriculture in Main Years

年 份 Year	播种面积 (千公顷) Sown Area (1000 hectares)	#粮食 #Grain Crops	粮食产量 (万吨) Output of Grain Crops (10000 tons)	#小麦 Wheat	稻谷 Barley
1978	8013.0	6186.7	1482.0	279.0	856.5
1979	8005.0	6288.0	1609.5	390.0	889.5
1980	7740.0	6025.9	1454.0	340.5	773.0
1981	7880.0	6024.2	1787.5	435.5	945.0
1982	8007.0	6032.7	1933.0	554.0	1043.5
1983	7895.0	6085.8	2010.5	572.5	960.0
1984	7967.0	6192.3	2202.5	646.5	1136.0
1985	8186.0	5898.6	2168.0	605.9	1162.9
1986	8163.0	6051.6	2371.9	656.6	1222.3
1987	8372.0	6151.0	2432.6	717.9	1189.2
1988	8169.0	6155.1	2296.4	677.5	1159.7
1989	8239.0	6203.8	2383.5	591.8	1282.6
1990	8314.0	6246.1	2457.2	598.0	1340.1
1991	8196.0	5954.5	1781.5	315.4	1058.0
1992	8155.0	5873.0	2325.1	611.8	1223.5
1993	8265.0	6038.2	2569.9	716.9	1248.6
1994	8264.0	5796.5	2330.3	710.2	1187.5
1995	8354.0	5852.5	2580.7	699.1	1269.9
1996	8361.5	6029.0	2674.1	748.3	1327.4
1997	8488.9	6030.6	2802.7	941.2	1290.2
1998	8564.2	5991.0	2591.0	599.1	1390.2
1999	8582.1	5934.9	2771.2	852.5	1300.6
2000	9005.8	6183.8	2472.1	707.1	1221.6
2001	8733.1	5841.7	2500.3	741.9	1174.3
2002	8997.6	6091.9	2765.0	683.7	1327.5
2003	9124.7	6157.2	2214.8	642.8	963.7
2004	9200.4	6312.2	2743.0	790.1	1292.1
2005	9172.5	6410.9	2605.3	808.1	1250.8
2006	8790.0	6443.4	2853.7	1039.0	1333.1
2007	8210.5	6596.4	2974.0	1179.8	1356.9
2008	8354.9	6710.5	3140.9	1259.2	1406.9
2009	8576.1	6938.1	3168.9	1187.8	1470.9
2010	8579.3	6947.7	3207.7	1242.4	1440.2
2011	8582.9	6991.0	3314.0	1294.5	1450.7
2012	8537.4	6988.7	3542.9	1423.3	1466.7
2013	8545.2	7044.6	3540.9	1460.6	1426.6
2014	8669.4	7183.6	3830.5	1581.1	1523.6
2015	8780.8	7280.7	4077.2	1661.1	1616.8
2016	8790.1	7359.0	3961.8	1635.5	1570.0
2017	8726.7	7321.8	4019.7	1644.5	1647.5
2018	8771.1	7316.3	4007.3	1607.5	1681.2
2019	8782.0	7287.0	4054.0	1656.9	1630.0
2020	8818.0	7289.5	4019.2	1671.7	1560.5
2021		7309.6	4087.6	1699.7	1590.4

2-2 农作物播种面积
Total Sown Areas of Farm Crops

单位：千公顷 (1 000 hectares)

指标	Item	2018	2019	2020	2021
农作物总播种面积	**Total Sown Area of Farm Crops**	**8771.1**	**8782.0**	**8818.0**	
一、粮食作物总计	**Grain Crops**	**7316.3**	**7287.0**	**7289.5**	**7309.6**
其中：夏收粮食	of Which: Summer Grain	2876.3	2836.4	2826.0	2846.6
秋收粮食	Autumn Grain	4257.3	3550.1	3587.7	4292.1
(一)谷物	Cereals	6568.6	6551.1	6584.0	6622.8
1.稻谷	Barley	2544.8	2509.0	2512.1	2512.2
(1)早稻	Early-season Rice	182.7	164.6	170.3	170.9
(2)中稻和一季晚稻	Semilate Rice and Single-crop Late Rice	2172.8	2168.5	2162.6	2163.4
(3)双季晚稻	Double-crop Late Rice	189.3	176.0	179.2	177.9
2.小麦	Wheat	2875.9	2835.6	2825.2	2846.0
3.玉米	Corn	1138.6	1196.5	1234.8	1252.7
4.谷子	Millet	6.5	1.2	1.4	1.3
5.高粱	Jowar	0.3	5.7	6.1	6.5
6.其他谷物	Other Cereals	0.5	2.1	4.4	4.1
其中：大麦	of Which: Barley	2.1	0.8	0.8	0.6
(二)豆类	Beans	687.6	673.0	642.0	627.1
大豆	Soybean	649.9	636.2	605.1	587.2
绿豆	Mung Bean	31.3	30.2	30.5	33.0
红小豆	Red Bean	6.4	6.5	6.4	6.9
(三)薯类	Tubers	60.2	63.0	63.5	59.7
其中：马铃薯	of Which: Potato	4.8	4.8	4.6	4.2

2-3 主要农作物总产量
Output of Main Crops

单位：万吨 (10 000 tons)

指　标	Item	2018	2019	2020	2021
农作物总产量	**Output of Farm Crops**	**6622.8**	**6853.2**		
一、粮食作物总计	**Grain Crops**	**4007.3**	**4054.0**	**4019.2**	**4087.6**
其中：夏收粮食	Summer Grain	1607.5	1657.0	1671.9	1699.9
秋收粮食	Autumn Grain	2287.1	2176.9	2138.8	2288.5
(一)谷物	Cereals	3889.3	3935.0	3901.9	3973.6
1.稻谷	Barley	1681.2	1630.0	1560.5	1590.4
(1)早稻	Early-season Rice	112.6	101.0	91.2	99.2
(2)中稻	Semilate Rice	1469.4	1438.7	1372.5	1395.0
(3)双季晚稻	Double-crop Late Rice	99.2	90.4	96.8	96.2
2.小麦	Wheat	1607.5	1656.9	1671.7	1699.7
3.玉米	Corn	595.6	642.8	663.2	677.5
4.谷子	Millet	2.9	0.6	0.8	0.3
5.高粱	Jowar	0.2	3.2	3.4	3.6
6.其他谷物	Other Cereals	0.1	1.2	2.2	2.1
其中：大麦	Barley	2.0	0.2	0.2	0.1
(二)豆类	Beans	103.0	100.8	98.1	95.9
大豆	Soybean	97.5	95.7	92.9	90.9
绿豆	Mung Beans	4.4	4.1	4.2	4.0
红小豆	Red Bean	1.1	1.0	1.0	1.0
(三)薯类(折粮)	Tubers	14.9	18.2	19.2	18.1
其中：马铃薯	Potato	1.6	1.4	1.3	1.3

2-4 各市、县(市、区)主要粮食作物播种面积(2021年)
Area Sown of Main Grain Crops by Region (2021)

单位：千公顷 (1 000 hectares)

地区	Region	粮食作物播种面积 Sown Area of Grain Crops	谷物 Cereal	#稻谷 Rice	小麦 Wheat	玉米 Corn	豆类 Soybeans	薯类 Tubers
总　计	**Total**	**7309.6**	**6622.8**	**2512.2**	**2846.0**	**1252.7**	**627.1**	**59.7**
合肥市	**Hefei**	**527.1**	**509.0**	**359.3**	**129.2**	**19.4**	**13.6**	**4.5**
合肥市辖区	Hefei Region of City	11.9	11.7	9.5	2.1	0.1	0.1	
巢湖市	Chaohu	75.4	74.2	50.9	18.6	4.7	0.9	0.3
长丰县	Changfeng	115.2	110.7	72.0	34.4	3.2	2.9	1.6
肥东县	Feidong	111.2	105.7	76.4	24.1	5.2	4.5	1.1
肥西县	Feixi	74.4	71.6	53.9	16.9	0.8	2.6	0.2
庐江县	Lujiang	131.7	127.9	91.2	31.5	5.2	2.6	1.3
淮北市	**Huaibei**	**275.3**	**220.1**		**135.7**	**84.3**	**55.0**	**0.3**
淮北市辖区	Huaibei Region of City							
濉溪县	Suixi	226.3	183.2		112.6	70.6	42.9	0.2
亳州市	**Bozhou**	**875.3**	**738.4**	**4.4**	**438.4**	**286.4**	**131.6**	**5.3**
亳州市辖区	Bozhou Region of City							
涡阳县	Guoyang	247.1	177.1		122.5	52.0	68.1	1.9
蒙城县	Mengcheng	240.8	223.2	3.2	117.6	98.9	15.7	2.0
利辛县	Lixin	221.7	202.3	1.2	108.2	90.8	18.7	0.7
宿州市	**Suzhou**	**934.2**	**783.6**	**1.2**	**472.3**	**309.4**	**136.9**	**13.6**
宿州市辖区	Suzhou Region of City	10.7	10.7		10.5	0.2		
砀山县	Dangshan	63.3	57.5		38.0	19.4	5.3	0.6
萧县	Xiaoxian	151.3	141.6		74.7	66.7	9.3	0.4
灵璧县	Lingbi	224.4	195.3		109.5	85.7	29.0	0.2
泗县	Sixian	208.6	152.2	1.2	99.9	50.9	44.1	12.3
蚌埠市	**Bengbu**	**514.7**	**488.7**	**105.6**	**251.2**	**131.8**	**24.7**	**1.3**
蚌埠市辖区	Bengbu Region of City	11.0	9.3	2.1	5.2	2.1	1.6	0.0
怀远县	Huaiyuan	224.9	219.5	55.5	111.9	52.1	5.4	0.1
五河县	Wuhe	117.2	105.9	31.4	55.9	18.6	10.9	0.4
固镇县	Guzhen	109.6	106.6	1.7	56.1	48.7	2.1	0.8
阜阳市	**Fuyang**	**972.8**	**836.8**	**65.7**	**501.9**	**269.0**	**129.6**	**6.4**
阜阳市辖区	Fuyang Region of City	2.4	2.4		1.7	0.7		
界首市	Jieshou	65.7	60.5	0.3	31.8	28.4	4.7	0.5
临泉县	Linquan	185.0	175.8		107.0	68.7	8.0	1.3
太和县	Taihe	195.8	129.6		96.2	33.4	64.7	1.6
阜南县	Funan	163.1	156.9	29.4	83.9	43.6	5.0	1.2
颍上县	Yingshang	179.2	162.4	36.0	94.2	32.2	15.6	1.3
淮南市	**Huainan**	**529.9**	**506.7**	**280.3**	**214.7**	**11.7**	**21.8**	**1.3**
淮南市辖区	Huainan Region of City							
凤台县	Fengtai	94.7	90.3	43.5	44.9	1.9	4.2	0.1
寿县	Shouxian	305.2	293.2	170.4	115.0	7.8	11.3	0.7
滁州市	**Chuzhou**	**830.3**	**789.8**	**415.0**	**330.1**	**44.7**	**36.1**	**4.4**
滁州市辖区	Chuzhou Region of City	1.5	1.5	1.0	0.5	0.1		
天长市	Tianchang	142.9	142.4	76.9	63.5	1.9	0.4	0.1
明光市	Mingguang	133.5	119.0	46.8	59.7	12.5	13.4	1.1
来安县	Laian	77.6	75.7	49.0	24.3	2.3	0.6	1.3
全椒县	Quanjiao	75.3	74.2	50.9	20.5	2.8	0.9	0.2
定远县	Dingyuan	209.8	198.9	102.1	85.6	11.1	10.3	0.7
凤阳县	Fengyang	147.2	136.6	62.4	63.1	11.1	10.3	0.4

2-4 续表 continued

单位：千公顷 (1 000 hectares)

地 区	Region	粮食作物播种面积 Sown Area of Grain Crops	谷 物 Cereal	#稻 谷 Rice	小 麦 Wheat	玉 米 Corn	豆 类 Soybeans	薯 类 Tubers
六 安 市	**Lu'an**	**611.3**	**592.9**	**405.0**	**159.4**	**28.1**	**16.2**	**2.3**
六安市辖区	Lu'an Region of City							
霍 邱 县	Huoqiu	302.5	296.8	178.1	112.1	6.6	5.2	0.5
舒 城 县	Shucheng	62.5	60.1	44.3	10.4	5.4	2.1	0.3
金 寨 县	Jinzhai	25.5	23.8	17.7	3.7	2.2	1.3	0.4
霍 山 县	Huoshan	19.8	19.1	17.9	0.0	1.2	0.7	0.0
马鞍山市	**Maanshan**	**176.7**	**169.4**	**116.9**	**49.6**	**3.0**	**4.3**	**3.0**
马鞍山市辖区	Maanshan Region of City							
当 涂 县	Dangtu	52.1	49.2	30.5	16.7	2.1	2.2	0.7
含 山 县	Hanshan	40.0	38.0	28.0	9.7	0.3	1.0	1.0
和 县	Hexian	66.1	64.2	45.6	18.1	0.6	0.6	1.2
芜 湖 市	**Wuhu**	**223.2**	**213.8**	**161.3**	**42.7**	**9.8**	**7.5**	**1.9**
芜湖市辖区	Wuhu Region of City	1.7	1.7	1.5	0.1	0.0	0.0	
无 为 市	Wuwei	83.3	80.0	56.8	18.6	4.6	2.2	1.1
南 陵 县	Nanling	56.3	54.6	49.0	3.5	2.1	1.3	0.3
宣 城 市	**Xuancheng**	**220.0**	**207.8**	**155.6**	**45.3**	**6.9**	**8.3**	**3.9**
宣城市辖区	Xuancheng Region of City							
宁 国 市	Ningguo	11.3	10.9	8.1	1.0	1.8	0.4	0.1
广 德 市	Guangde	37.1	34.7	27.5	6.7	0.5	1.8	0.5
郎 溪 县	Langxi	49.5	46.2	29.0	16.6	0.5	2.1	1.3
泾 县	Jingxian	19.8	18.8	17.0	1.3	0.5	0.7	0.2
绩 溪 县	Jixi	6.6	4.8	3.6	0.2	1.1	1.3	0.6
旌 德 县	Jingde	8.3	8.1	7.8	0.0	0.2	0.1	0.1
铜 陵 市	**Tongling**	**100.7**	**95.4**	**78.6**	**12.9**	**3.9**	**4.7**	**0.7**
铜陵市辖区	Tongling Region of City							
枞 阳 县	Zongyang	74.8	71.3	59.3	10.0	1.9	3.0	0.6
池 州 市	**Chizhou**	**120.9**	**112.9**	**89.1**	**14.7**	**9.1**	**6.4**	**1.5**
池州市辖区	Chizhou Region of City							
东 至 县	Dongzhi	53.5	49.8	38.2	7.2	4.3	2.8	0.9
石 台 县	Shitai	2.9	2.3	1.5	0.1	0.6	0.6	0.1
青 阳 县	Qingyang	19.6	17.8	17.0	0.5	0.3	1.3	0.4
安 庆 市	**Anqing**	**346.2**	**315.2**	**241.4**	**47.8**	**25.7**	**24.5**	**6.4**
安庆市辖区	Anqing Region of City							
桐 城 市	Tongcheng	52.9	51.5	39.8	8.4	3.3	1.0	0.3
潜 山 市	Qianshan	35.5	34.5	31.3	2.3	0.9	0.7	0.3
怀 宁 县	Huaining	55.5	52.5	43.7	2.7	6.1	2.1	0.9
太 湖 县	Taihu	39.5	36.3	26.7	6.6	2.9	1.9	1.3
宿 松 县	Susong	77.1	63.5	46.3	12.7	4.3	11.5	2.2
望 江 县	Wangjiang	56.4	49.3	32.5	11.4	5.4	6.0	1.2
岳 西 县	Yuexi	14.8	13.8	11.1	0.7	2.0	0.9	0.2
黄 山 市	**Huangshan**	**51.1**	**42.2**	**32.6**		**9.5**	**5.9**	**3.0**
黄山市辖区	Huangshan Region of City							
歙 县	Shexian	13.8	10.5	5.7		4.8	2.1	1.1
休 宁 县	Xiuning	12.7	10.8	9.0		1.7	1.5	0.4
黟 县	Yixian	4.9	4.6	4.3		0.3	0.2	0.1
祁 门 县	Qimen	5.9	4.8	4.2		0.6	0.7	0.4

2-5 各市、县(市、区)主要粮食作物产量(2021年)
Output of Main Grain Crops by Region (2021)

单位：吨 (ton)

市、县(市、区)	County (City)	粮食作物产量 Output of Grain Crops	谷物 Cereal	#稻谷 Rice	小麦 Wheat	玉米 Corn	豆类 Soybeans	薯类 Tubers
总　　计	**Total**	**40875572.1**	**39736120.7**	**15904261.7**	**16997260.2**	**6774573.4**	**958800.1**	**180651.3**
合肥市	**Hefei**	**2941278.2**	**2907886.9**	**2204305.1**	**596643.5**	**101512.6**	**19847.7**	**13543.6**
合肥市辖区	Hefei Region of City	52280.2	52051.7	41636.1	9279.8	1135.8	228.5	
巢湖市	Chaohu	395588.6	393386.2	283988.4	84967.5	24430.3	1301.7	900.7
长丰县	Changfeng	651798.8	642174.0	452437.7	166714.2	17596.5	5009.3	4615.5
肥东县	Feidong	624846.0	615501.5	481074.6	104566.3	29860.6	6177.8	3166.8
肥西县	Feixi	440534.8	436226.5	346111.3	86584.0	3531.1	3632.1	676.2
庐江县	Lujiang	742731.7	735118.9	573366.1	137381.7	24371.1	3428.3	4184.4
淮北市	**Huaibei**	**1509972.2**	**1432052.8**		**1010973.4**	**420733.5**	**77060.3**	**859.2**
淮北市辖区	Huaibei Region of City							
濉溪县	Suixi	1252078.9	1192018.3		839811.0	351861.3	59520.8	539.8
亳州市	**Bozhou**	**5146158.1**	**4948542.6**	**20723.5**	**3182851.2**	**1697863.4**	**182133.1**	**15482.4**
亳州市辖区	Bozhou Region of City							
涡阳县	Guoyang	1283493.6	1183015.3		894134.1	273566.1	94696.4	5782.0
蒙城县	Mengcheng	1564988.3	1536105.8	14472.8	879613.3	625429.7	23288.9	5593.6
利辛县	Lixin	1385773.6	1359072.2	6250.6	806775.5	534575.6	24623.3	2078.0
宿州市	**Suzhou**	**4535393.9**	**4292131.8**	**7663.6**	**2741028.9**	**1541639.3**	**201709.8**	**41552.2**
宿州市辖区	Suzhou Region of City	59376.0	59376.0		58334.2	1041.8		
砀山县	Dangshan	314135.7	304776.4		208174.5	95949.4	7573.0	1786.2
萧县	Xiaoxian	778303.2	760148.1		432612.7	327229.4	16850.1	1305.0
灵璧县	Lingbi	1079761.9	1035652.6		624890.3	410459.4	43613.9	495.3
泗县	Sixian	931838.0	828967.9	7663.6	564671.9	256516.0	65347.3	37522.7
蚌埠市	**Bengbu**	**2833882.5**	**2794975.1**	**617537.9**	**1512101.9**	**664677.7**	**35182.4**	**3725.0**
蚌埠市辖区	Bengbu Region of City	51069.6	48172.5	10247.5	28354.9	9570.2	2761.6	135.4
怀远县	Huaiyuan	1243558.4	1235613.1	318657.9	679815.6	237139.6	7741.6	203.7
五河县	Wuhe	639910.4	624408.8	198463.4	326036.6	99908.8	14503.0	998.6
固镇县	Guzhen	630185.0	624779.0	9846.4	349100.3	265174.6	3018.6	2387.4
阜阳市	**Fuyang**	**5298538.0**	**5059008.0**	**345396.2**	**3245552.7**	**1467299.0**	**219831.8**	**19698.2**
阜阳市辖区	Fuyang Region of City	14461.3	14461.3		10900.1	3561.2		
界首市	Jieshou	399584.5	391072.4	1723.6	235798.5	153550.3	6808.0	1704.0
临泉县	Linquan	1059500.1	1043812.6		672829.7	370657.5	12110.8	3576.6
太和县	Taihe	991837.0	883352.0		696755.8	186391.4	103929.8	4555.2
阜南县	Funan	886449.9	875526.7	138597.8	503855.1	232843.9	7136.0	3787.2
颍上县	Yingshang	998821.5	960516.3	205074.7	578898.4	176543.1	34056.1	4249.1
淮南市	**Huainan**	**3170643.9**	**3134019.0**	**1880116.2**	**1192495.6**	**61407.2**	**32635.5**	**3989.4**
淮南市辖区	Huainan Region of City							
凤台县	Fengtai	611508.4	604354.1	306834.8	286855.3	10664.0	6673.8	480.5
寿县	Shouxian	1765066.5	1746276.0	1112820.3	593019.5	40436.2	16571.7	2218.7
滁州市	**Chuzhou**	**4704130.0**	**4627803.6**	**2579954.7**	**1810936.9**	**236604.7**	**63260.1**	**13066.2**
滁州市辖区	Chuzhou Region of City	8511.8	8511.8	5559.2	2642.8	309.9		
天长市	Tianchang	854292.6	853373.5	475366.4	367264.8	10742.3	650.2	268.9
明光市	Mingguang	685710.3	659141.6	278928.8	319217.1	60995.7	23249.2	3319.5
来安县	Laian	466020.9	460999.6	319308.6	129890.1	11801.0	1094.6	3926.7
全椒县	Quanjiao	427256.1	425136.2	296104.1	110470.3	18561.8	1459.5	660.4
定远县	Dingyuan	1179219.0	1162116.6	649099.4	444094.1	68615.7	15099.7	2002.8
凤阳县	Fengyang	841359.6	819030.5	399257.9	367491.4	52281.3	21270.2	1058.9

2-5 续表 continued

单位：吨 (ton)

市、县(市、区)	County (City)	粮食作物产量 Output of Grain Crops	谷物 Cereal	#稻谷 Rice	小麦 Wheat	玉米 Corn	豆类 Soybeans	薯类 Tubers
六安市	**Lu'an**	**3550786.4**	**3517404.6**	**2630711.0**	**725691.9**	**159602.0**	**26402.9**	**6978.9**
六安市辖区	Lu'an Region of City							
霍邱县	Huoqiu	1773476.8	1763311.3	1184641.1	537670.3	40999.9	8508.0	1657.6
舒城县	Shucheng	364604.4	359866.3	296215.0	34850.6	28800.7	3804.8	933.3
金寨县	Jinzhai	140184.5	136985.9	113797.0	11306.0	10483.3	2086.4	1112.3
霍山县	Huoshan	110185.4	108777.4	100799.8	109.8	7867.8	1327.9	80.1
马鞍山市	**Maanshan**	**1060251.1**	**1044844.5**	**779245.1**	**251782.5**	**13816.8**	**6772.1**	**8634.6**
马鞍山市辖区	Maanshan Region of City							
当涂县	Dangtu	310062.8	304088.2	208510.4	86201.1	9376.8	3706.3	2268.2
含山县	Hanshan	258110.9	253816.0	204617.6	47788.4	1409.9	1334.8	2960.2
和县	Hexian	384154.9	379944.4	283645.2	93371.4	2927.8	804.4	3406.1
芜湖市	**Wuhu**	**1387628.8**	**1368992.5**	**1101199.6**	**206538.2**	**61254.7**	**12321.7**	**6314.6**
芜湖市辖区	Wuhu Region of City	9431.8	9343.0	8497.9	632.2	212.9	88.8	
无为市	Wuwei	555809.4	549162.2	439443.7	80743.0	28975.4	3158.3	3488.9
南陵县	Nanling	354682.3	351778.2	321626.1	15381.1	14771.0	1924.3	979.8
宣城市	**Xuancheng**	**1287207.3**	**1263323.6**	**1000995.1**	**220874.0**	**41247.4**	**12342.0**	**11541.7**
宣城市辖区	Xuancheng Region of City							
宁国市	Ningguo	67826.2	67195.6	51486.0	5161.4	10501.5	476.3	154.2
广德市	Guangde	235957.8	231376.6	193615.6	33984.7	3776.3	2888.4	1692.8
郎溪县	Langxi	274423.5	267832.4	186509.4	78077.7	3245.3	2861.2	3729.9
泾县	Jingxian	119705.0	118033.8	109475.1	5274.1	3166.2	960.4	710.9
绩溪县	Jixi	37911.5	33699.5	26481.7	726.7	6491.1	2525.5	1686.6
旌德县	Jingde	54324.8	53725.7	52389.7	46.1	1247.8	178.9	420.2
铜陵市	**Tongling**	**573730.6**	**564400.3**	**481635.3**	**55591.3**	**27173.6**	**7255.5**	**2074.8**
铜陵市辖区	Tongling Region of City							
枞阳县	Zongyang	429640.5	423678.4	365961.5	43395.6	14321.3	4150.2	1811.8
池州市	**Chizhou**	**654533.1**	**637231.6**	**534332.1**	**56662.4**	**46237.1**	**12762.3**	**4539.2**
池州市辖区	Chizhou Region of City							
东至县	Dongzhi	281116.7	273037.2	222402.2	29485.7	21149.2	5355.6	2724.0
石台县	Shitai	15318.3	13769.2	9391.1	415.6	3962.5	1271.3	277.8
青阳县	Qingyang	107341.9	102848.6	99184.6	2061.5	1602.4	3320.7	1172.6
安庆市	**Anqing**	**1931691.3**	**1874494.4**	**1510005.9**	**187535.6**	**174935.4**	**37677.4**	**19519.5**
安庆市辖区	Anqing Region of City							
桐城市	Tongcheng	315354.5	312896.1	258470.1	30934.1	23491.9	1504.3	954.1
潜山市	Qianshan	209394.1	207269.0	193992.9	8312.5	4963.6	1070.2	1054.9
怀宁县	Huaining	328289.2	322921.6	269345.6	10005.3	43570.7	2871.3	2496.3
太湖县	Taihu	215838.5	208446.2	156888.2	32313.8	19027.9	3230.6	4161.7
宿松县	Susong	404452.2	380301.3	300359.4	50263.4	28096.8	17914.3	6236.6
望江县	Wangjiang	302190.1	288984.2	210629.9	40876.4	37477.9	9301.8	3904.1
岳西县	Yuexi	82460.7	80678.1	63238.8	2694.4	14525.3	1352.5	430.1
黄山市	**Huangshan**	**289746.6**	**269009.3**	**210440.2**		**58569.1**	**11605.5**	**9131.7**
黄山市辖区	Huangshan Region of City							
歙县	Shexian	73557.8	66442.2	38937.4		27504.9	3511.5	3604.1
休宁县	Xiuning	73778.9	69391.0	57390.7		12000.4	3209.4	1178.5
黟县	Yixian	29278.3	28657.3	26895.9		1761.4	383.8	237.3
祁门县	Qimen	32058.7	29597.8	26564.9		3032.9	1226.0	1234.8

2-6 小麦中间消耗
Mid-consumption of Wheat

单位：元/亩 (yuan/mu)

指　标	Item	2018	2019	2020	2021
平均每单位产值	Output Value per Unit	743.15	970.22	948.83	1091.11
平均每单位中间消耗	Intermediate Consumption per Unit	369.84	388.97	379.60	392.75
物质消耗	Material Consumption	277.56	287.49	285.93	295.44
用种量	Seed Quantity	80.06	87.61	81.45	85.18
饲料	Forages				
肥料	Fertilizers	144.82	146.51	150.74	152.77
燃料	Fuels	14.47	9.86	9.89	10.3
农膜	Farm Plastic Film				
农药	Pesticides	37.03	41.17	37.94	43.21
养殖用药	Pesticides for Cultivation				
水费	Water Fee			1.23	1.22
用电量	Electricity Consumption	0.24	0.41	0.40	0.46
棚架材料费	Scaffold Material Cost				
小农具	Small Farm Implements	0.71	1.24	2.65	2.13
办公用品	Office Supplies	0.18	0.40	0.11	0.1
其他	Others	0.05	0.29	1.27	0.07
生产服务支出	Cost of Production Services	92.28	101.48	93.67	97.31
外雇运输费	Transport Fee	1.43	2.33	2.08	1.85
外雇排灌费	Irrigation and Drainage Fee	0.31	0.73	1.42	1.03
外雇机械作业费	Mechanical Work Fee	86.40	94.55	85.93	90.65
其他	Others	4.14	3.87	4.24	3.78

2-7 中单晚及双晚稻中间消耗
Mid-consumption of Middle-season and Late Rice

单位：元/亩 (yuan/mu)

指　　标	Item	2018	2019	2020	2021
平均每单位产值	Output Value per Unit	1274.93	1315.18	1300.19	1245.09
平均每单位中间消耗	Intermediate Consumption per Unit	457.73	489.56	455.11	496.14
物质消耗	Material Consumption	321.85	334.98	342.35	388.78
用种量	Seed Quantity	62.95	67.10	65.99	65.37
饲料	Forages				
肥料	Fertilizers	157.00	156.87	153.56	185.83
燃料	Fuels	14.44	12.82	16.17	17.65
农膜	Farm Plastic Film	0.21	0.04	0.46	0.61
农药	Pesticides	78.90	86.63	94.40	110.71
养殖用药	Pesticides for Cultivation				
水费	Water Fee	0.92	1.44	1.19	1.42
用电量	Electricity Consumption	6.32	9.02	6.91	6.04
棚架材料费	Scaffold Material Cost				
小农具	Small Farm Implements	0.80	0.95	3.51	1.73
办公用品	Office Supplies	0.01		0.02	0.10
其他	Others	0.30	0.11	0.14	0.18
生产服务支出	Cost of Production Services	135.88	154.58	112.76	107.36
外雇运输费	Transport Fee	2.68	3.45	5.69	3.78
外雇排灌费	Irrigation and Drainage Fee	5.62	4.25	6.02	10.01
外雇机械作业费	Mechanical Work Fee	121.16	139.26	96.19	85.62
其他	Others	6.42	7.62	4.86	11.28

2-8 玉米中间消耗
Mid-consumption of Corn

单位：元/亩 (yuan/mu)

指　　标	Item	2018	2019	2020	2021
平均每单位产值	Output Value per Unit	711.25	800.68	953.76	1103.84
平均每单位中间消耗	Intermediate Consumption per Unit	302.30	322.36	302.11	359.71
物质消耗	Material Consumption	222.88	241.44	233.93	272.88
用种量	Seed Quantity	57.35	61.06	58.48	60.69
饲料	Forages				
肥料	Fertilizers	130.03	143.29	137.03	158.01
燃料	Fuels	8.49	8.43	9.14	16.76
农膜	Farm Plastic Film		0.02		
农药	Pesticides	24.77	26.72	27.23	35.17
养殖用药	Pesticides for Cultivation				
水费	Water Fee			0.02	
用电量	Electricity Consumption	0.23	0.57	0.25	0.28
棚架材料费	Scaffold Material Cost				
小农具	Small Farm Implements	1.19	1.33	0.83	1.16
办公用品	Office Supplies	0.81	0.02	0.23	0.21
其他	Others	0.01		0.72	0.59
生产服务支出	Cost of Production Services	79.42	80.92	68.18	86.83
外雇运输费	Transport Fee	0.42	1.14	1.01	3.04
外雇排灌费	Irrigation and Drainage Fee		0.57	0.12	0.23
外雇机械作业费	Mechanical Work Fee	75.57	77.32	65.22	77.10
其他	Others	3.43	1.89	1.83	6.46

2-9 油菜籽中间消耗
Mid-consumption of Rapeseeds

单位：元/亩 (yuan/mu)

指 标	Item	2018	2019	2020	2021
平均每单位产值	Output Value per Unit	843.54	818.60	859.72	894.66
平均每单位中间消耗	Intermediate Consumption per Unit	255.10	273.76	241.23	238.06
物质消耗	Material Consumption	175.16	193.70	181.89	178.64
用种量	Seed Quantity	27.58	24.08	28.32	27.67
饲料	Forages				
肥料	Fertilizers	113.48	126.93	111.64	109.14
燃料	Fuels	2.41	6.91	6.79	7.51
农膜	Farm Plastic Film				
农药	Pesticides	31.26	34.61	29.42	31.36
养殖用药	Pesticides for Cultivation				
水费	Water Fee				
用电量	Electricity Consumption	0.13	0.55	0.31	0.34
棚架材料费	Scaffold Material Cost				
小农具	Small Farm Implements	0.30	0.62	1.94	2.62
办公用品	Office Supplies				
其他	Others				
生产服务支出	Cost of Production Services	79.94	80.06	59.34	59.42
外雇运输费	Transport Fee		0.51		
外雇排灌费	Irrigation and Drainage Fee	0.70	0.70	0.72	0.83
外雇机械作业费	Mechanical Work Fee	76.50	74.35	55.82	56.56
其他	Others	2.74	4.50	2.80	2.03

2-10 棉花中间消耗
Mid-consumption of Cotton

单位：元/亩 (yuan/mu)

指 标	Item	2018	2019	2020	2021
平均每单位产值	Output Value per Unit	1248.53	1120.69	1057.49	1488.03
平均每单位中间消耗	Intermediate Consumption per Unit	311.25	365.26	357.98	448.16
物质消耗	Material Consumption	296.90	355.81	343.24	433.34
用种量	Seed Quantity	59.98	63.50	54.77	58.87
饲料	Forages				
肥料	Fertilizers	156.98	188.04	193.50	260.22
燃料	Fuels	0.09	0.69	0.27	0.25
农膜	Farm Plastic Film	5.10	11.99	13.77	13.10
农药	Pesticides	73.54	88.11	79.75	99.72
养殖用药	Pesticides for Cultivation				
水费	Water Fee				
用电量	Electricity Consumption		3.00	0.13	0.13
棚架材料费	Scaffold Material Cost				
小农具	Small Farm Implements	1.21	0.48	1.05	1.05
办公用品	Office Supplies				
其他	Others				
生产服务支出	Cost of Production Services	14.35	9.45	14.74	14.83
外雇运输费	Transport Fee			4.29	5.00
外雇排灌费	Irrigation and Drainage Fee	0.77		0.71	
外雇机械作业费	Mechanical Work Fee	10.24	4.96	7.92	8.67
其他	Others	3.34	4.49	1.82	1.16

2-11 主要畜禽生产情况
Number of Livestock or Poultry

指　标	Item	单位	Unit	2018	2019	2020	2021
畜禽存栏	**Number of Livestock or Poultry in Stock**						
猪	Hogs	万头	10 000 heads	1356.3	1091.8	1419.3	1582.5
其中：能繁殖母猪	of Which: Sow	万头	10 000 heads	116.2	96.5	135.1	149.8
牛	Cattle and Buffaloes	万头	10 000 heads	79.6	87.8	94.8	99.4
羊	Sheep and Goats	万只	10 000 heads	500.6	548.1	597.9	612.8
家禽	Poultry	万只	10 000 heads	23524.9	27406.5	31024.1	30285.4
畜禽出栏	**Number of Slaughtered Livestock or Poultry**						
猪	Hogs	万头	10 000 heads	2837.4	2292.6	2150.5	2797.8
牛	Cattle and Buffaloes	万头	10 000 heads	56.7	61.8	64.6	70.6
羊	Sheep and Goats	万只	10 000 heads	1197.2	1314.1	1439.8	1536.2
家禽	Poultry	万只	10 000 heads	89361.0	103151.2	107793.0	109086.5
畜禽产品产量	**Output of Livestock or Poultry**						
猪肉	Pork	万吨	10 000 tons	243.9	197.8	183.4	238.7
牛肉	Beef	万吨	10 000 tons	8.7	9.5	9.9	11.2
羊肉	Mutton	万吨	10 000 tons	17.1	18.8	20.7	21.9
禽肉	Poultry	万吨	10 000 tons	150.7	174.6	181.1	183.4
禽蛋	Poultry Eggs	万吨	10 000 tons	158.3	168.7	184.2	177.1
牛奶	Cow Milk	万吨	10 000 tons	30.8	33.8	37.6	47.6

2-12 生猪调出大县年末生猪存栏
Number of Hogs in Stock of Major Large Hog-Contributed Counties at Year-end

单位：万头 (10 000 heads)

地 区	Region	2018	2019	2020	2021
长丰县	Changfeng	33.81	6.48	35.08	32.20
肥东县	Feidong	37.54	9.90	15.98	24.50
怀远县	Huaiyuan	28.50	33.53	32.89	32.50
固镇县	Guzhen	37.40	19.20	31.03	34.50
太湖县	Taihu	24.48	3.98	16.37	22.36
定远县	Dingyuan	53.78	11.02	56.75	66.55
临泉县	Linquan	48.98	33.96	44.23	48.50
太和县	Taihe	40.23	48.77	43.00	43.10
阜南县	Funan	37.80	24.74	39.12	40.81
颍上县	Yingshang	39.00	17.87	50.50	50.20
埇桥区	Yongqiao District	52.91	44.96	60.00	68.65
萧 县	Xiaoxian	46.90	42.13	32.00	42.10
灵璧县	Lingbi	50.79	13.81	41.20	45.20
泗 县	Sixian	45.02	13.48	60.00	73.20
寿 县	Shouxian	35.72	14.96	34.00	36.80
霍邱县	Huoqiu	44.31	15.90	48.30	62.50
蒙城县	Mengcheng	35.46	30.68	40.10	56.20
利辛县	Lixin	32.82	24.26	38.35	49.71

2-13 生猪调出大县能繁殖母猪年末存栏
Number of Sows in Stock of Major Large Hog-Contributed Counties at Year-end

单位：万头 (10 000 heads)

地 区	Region	2017	2018	2019	2020	2021
长丰县	Changfeng	4.53	3.66	0.96	2.16	2.83
肥东县	Feidong	4.25	4.06	0.61	1.90	2.23
怀远县	Huaiyuan	3.94	3.11	3.67	3.62	4.19
固镇县	Guzhen	3.83	3.45	1.78	2.82	3.35
太湖县	Taihu	2.68	1.78	0.52	1.68	3.00
定远县	Dingyuan	6.07	4.87	1.05	4.91	5.77
临泉县	Linquan	5.44	4.62	3.85	4.81	6.00
太和县	Taihe	4.63	4.03	4.99	4.71	4.16
阜南县	Funan	5.52	3.89	2.65	5.25	4.69
颍上县	Yingshang	5.54	4.38	2.02	6.60	5.35
埇桥区	Yongqiao District	6.13	5.92	4.93	6.55	7.69
萧 县	Xiaoxian	5.05	3.85	4.63	3.59	4.47
灵璧县	Lingbi	5.20	3.61	1.97	3.93	4.74
泗 县	Sixian	5.57	4.20	1.74	6.64	6.69
寿 县	Shouxian	5.29	4.06	4.49	3.50	3.23
霍邱县	Huoqiu	4.17	3.61	0.97	4.60	4.34
蒙城县	Mengcheng	5.01	3.61	4.13	4.39	4.10
利辛县	Lixin	4.83	4.22	3.53	4.30	5.51

2-14 生猪调出大县生猪出栏
Number of Slaughtered Hogs in Major Large Hog-Contributed Counties

单位：万头 (10 000 heads)

地 区	Region	2017	2018	2019	2020	2021
长丰县	Changfeng	74.09	74.31	52.31	39.33	48.14
肥东县	Feidong	76.00	79.57	60.18	39.09	47.44
怀远县	Huaiyuan	66.20	59.23	37.43	37.97	55.41
固镇县	Guzhen	61.34	69.70	51.30	46.86	59.17
太湖县	Taihu	51.63	51.93	36.76	33.19	40.78
定远县	Dingyuan	98.65	102.00	88.39	91.78	121.28
临泉县	Linquan	87.29	86.60	90.12	74.07	89.65
太和县	Taihe	82.49	76.55	106.19	74.63	90.42
阜南县	Funan	80.05	71.59	54.06	59.80	72.70
颍上县	Yingshang	81.39	77.73	57.12	67.60	88.46
埇桥区	Yongqiao District	99.32	100.52	95.64	90.57	119.73
萧　县	Xiaoxian	65.66	65.24	62.67	58.49	67.30
灵璧县	Lingbi	86.51	80.81	50.85	56.28	81.00
泗　县	Sixian	75.28	78.73	72.36	67.15	110.29
寿　县	Shouxian	78.95	76.29	63.88	63.64	76.56
霍邱县	Huoqiu	97.61	91.64	54.92	77.02	111.42
蒙城县	Mengcheng	70.16	65.43	72.79	68.58	92.77
利辛县	Lixin	82.38	66.55	58.64	58.28	80.41

2-15 生猪调出大县猪肉产量
Output of Pork in Major Large Hog-Contributed Counties

单位：万吨 (10 000 tons)

地 区	Region	2017	2018	2019	2020	2021
长丰县	Changfeng	6.42	6.46	4.52	3.17	4.17
肥东县	Feidong	6.42	6.78	5.19	3.25	4.13
怀远县	Huaiyuan	5.25	4.95	3.29	3.25	4.85
固镇县	Guzhen	4.84	5.60	4.40	4.03	5.07
太湖县	Taihu	4.29	4.55	3.14	2.85	3.48
定远县	Dingyuan	8.29	8.58	7.63	7.35	10.50
临泉县	Linquan	7.18	7.47	7.75	6.52	7.84
太和县	Taihe	6.65	6.37	8.97	6.57	7.78
阜南县	Funan	6.65	6.11	4.66	5.26	6.35
颍上县	Yingshang	6.70	6.56	4.90	5.98	7.65
埇桥区	Yongqiao District	8.34	8.39	8.17	8.60	10.70
萧　县	Xiaoxian	5.40	5.42	5.48	5.77	5.78
灵璧县	Lingbi	7.19	7.23	4.38	4.42	6.96
泗　县	Sixian	5.97	6.00	6.25	6.86	9.44
寿　县	Shouxian	6.54	6.35	5.48	5.20	6.59
霍邱县	Huoqiu	8.32	7.94	4.75	6.08	9.44
蒙城县	Mengcheng	5.97	5.52	6.27	5.63	7.99
利辛县	Lixin	6.89	5.56	5.04	4.96	6.88

2-16 各市牲畜饲养情况(2021年)
Number of Livestock by Region (2021)

单位：万头(万只) (10 000 heads)

地 区	Region	大牲畜年末头数 Large Animals (year-end)	牛 Cattle and Buffaloes	肉猪出栏头数 Slaughtered Fattened Hogs	猪年末头数 Hogs (year-end)	羊年末只数 Sheep and Goats (year-end)	活家禽年末只数 Poultry (year-end)
总　计	**Total**	**100.0**	**99.4**	**2797.8**	**1582.5**	**612.8**	**30285.4**
合肥市	Hefei	4.0	4.0	158.0	84.8	9.9	3538.8
淮北市	Huaibei	3.2	3.1	97.2	61.4	16.2	394.0
亳州市	Bozhou	8.7	8.6	342.6	188.5	96.4	1689.1
宿州市	Suzhou	13.5	13.3	411.1	261.7	188.5	2970.2
蚌埠市	Bengbu	14.1	14.1	183.0	102.8	53.8	2132.1
阜阳市	Fuyang	26.3	26.0	447.7	242.6	145.9	2688.2
淮南市	Huainan	4.3	4.3	117.4	63.8	17.9	1204.1
滁州市	Chuzhou	6.5	6.5	259.1	141.3	32.2	2605.7
六安市	Lu'an	4.4	4.4	242.3	147.5	20.4	2771.4
马鞍山市	Maanshan	1.0	1.0	43.3	19.8	6.7	702.4
芜湖市	Wuhu	1.0	1.0	59.4	34.1	3.6	1873.9
宣城市	Xuancheng	3.0	3.0	87.2	44.2	5.3	2926.9
铜陵市	Tongling	0.4	0.4	26.8	17.2	1.0	931.5
池州市	Chizhou	0.4	0.4	56.1	27.8	1.8	1011.0
安庆市	Anqing	7.5	7.5	193.8	102.9	10.8	2448.4
黄山市	Huangshan	1.6	1.6	72.8	42.1	2.4	397.7

2-17 各市畜产品产量(2021年)

Output of Livestock Products by Region (2021)

地 区 Region	肉类总产量(万吨) Output of Meat (10000 tons)	猪肉(万吨) Pork (10000 tons)	牛肉(万吨) Beef (10000 tons)	羊肉(万吨) Mutton (10000 tons)	禽肉(万吨) Poultry (10000 tons)	生牛奶(万吨) Cow Milk (10000 tons)	禽蛋(万吨) Poultry Eggs (10000 tons)	天然蜂蜜(吨) Honey (ton)	蚕茧(吨) Silkworm Cocoons (ton)
总 计 Total	**456.31**	**238.73**	**11.15**	**21.88**	**183.41**	**47.55**	**177.10**	**18995.13**	**7968.12**
合肥市 Hefei	34.10	13.13	0.36	0.28	20.28	8.83	20.73	186.41	1129.35
淮北市 Huaibei	10.67	7.84	0.46	0.42	1.92	2.41	3.81	139.93	
亳州市 Bozhou	41.20	28.58	1.11	2.84	8.44	1.11	8.05	221.60	7.10
宿州市 Suzhou	59.53	36.69	1.44	6.72	14.50	1.39	30.28	39.59	1.00
蚌埠市 Bengbu	41.40	15.56	1.96	2.69	21.14	22.42	9.09	27.07	
阜阳市 Fuyang	64.60	39.80	2.67	5.25	16.63	1.67	17.94	797.72	903.48
淮南市 Huainan	18.94	10.82	0.59	1.02	6.52	1.25	11.05	23.67	
滁州市 Chuzhou	39.17	21.17	0.71	0.97	16.30	0.82	13.06	65.50	
六安市 Lu'an	35.99	20.12	0.42	0.87	14.26	1.04	11.13	839.85	1282.40
马鞍山市 Maanshan	9.06	3.69	0.06	0.18	5.13	5.49	3.32	3558.00	
芜湖市 Wuhu	17.72	4.67	0.17	0.12	12.75	0.00	8.75	232.10	
宣城市 Xuancheng	31.55	7.04	0.23	0.16	24.11	0.00	5.50	5113.44	1894.44
铜陵市 Tongling	4.54	2.49	0.03	0.03	1.99	0.00	3.13	21.02	
池州市 Chizhou	9.03	4.99	0.07	0.04	3.93	0.01	5.26	287.76	90.24
安庆市 Anqing	31.57	15.94	0.74	0.23	14.65	0.00	22.30	243.78	2213.85
黄山市 Huangshan	7.24	6.21	0.13	0.04	0.86	1.11	3.69	7197.70	446.26

2-18 各县(市)畜牧业生产情况(2021年)
Production of Animal Husbandry by County or City (2021)

县(市)	County (City)	出栏猪(万头) Slaughtered Fattened Hogs (10000 heads)	猪肉产量(万吨) Pork Production (10000 tons)	牛肉产量(万吨) Beef Production (10000 tons)	羊肉产量(万吨) Mutton Production (10000 tons)	禽肉产量(万吨) Poultry Production (10000 tons)	禽蛋产量(万吨) Egg Production (10000 tons)
合肥市辖区	Hefei Region of City	0.50	0.04	0.02	0.00	0.17	0.30
巢 湖 市	Chaohu	8.34	0.62	0.03	0.07	1.87	2.35
长 丰 县	Changfeng	48.14	4.17	0.08	0.10	4.83	4.68
肥 东 县	Feidong	47.44	4.13	0.14	0.03	4.09	5.34
肥 西 县	Feixi	42.53	3.34	0.05	0.03	7.06	5.47
庐 江 县	Lujiang	11.05	0.83	0.05	0.05	2.26	2.60
淮北市辖区	Huaibei Region of City	21.50	1.84	0.25	0.13	0.41	0.89
濉 溪 县	Suixi	75.70	6.01	0.22	0.28	1.51	2.93
亳州市辖区	Bozhou Region of City	85.08	6.96	0.34	0.53	1.51	2.71
涡 阳 县	Guoyang	84.35	6.74	0.08	0.64	2.41	1.59
蒙 城 县	Mengcheng	92.77	7.99	0.31	0.61	2.44	1.55
利 辛 县	Lixin	80.41	6.88	0.38	1.06	2.09	2.20
宿州市辖区	Suzhou Region of City	119.73	10.70	0.29	1.11	4.26	7.92
砀 山 县	Dangshan	32.74	3.81	0.05	1.50	1.42	3.51
萧 县	Xiaoxian	67.30	5.78	0.29	2.18	2.54	8.78
灵 璧 县	Lingbi	81.00	6.96	0.40	0.89	1.98	4.26
泗 县	Sixian	110.29	9.44	0.42	1.05	4.29	5.80
蚌埠市辖区	Bengbu Region of City	19.22	1.58	0.14	0.08	2.54	1.23
怀 远 县	Huaiyuan	55.41	4.85	0.47	1.15	4.14	1.68
五 河 县	Wuhe	49.20	4.06	0.93	0.53	2.11	1.97
固 镇 县	Guzhen	59.17	5.07	0.43	0.93	12.35	4.21
阜阳市辖区	Fuyang Region of City	77.16	7.42	0.40	1.13	6.17	4.73
界 首 市	Jieshou	29.32	2.77	0.16	0.59	1.11	1.66
临 泉 县	Linquan	89.65	7.84	0.74	1.25	2.99	3.14
太 和 县	Taihe	90.42	7.78	0.27	0.93	2.15	2.53
阜 南 县	Funan	72.70	6.35	0.52	0.72	2.05	2.72
颍 上 县	Yingshang	88.46	7.65	0.58	0.63	2.16	3.15
淮南市辖区	Huainan Region of City	14.56	1.58	0.17	0.23	2.08	3.61
凤 台 县	Fengtai	26.28	2.65	0.18	0.15	0.75	3.35
寿 县	Shouxian	76.56	6.59	0.23	0.64	3.68	4.09
滁州市辖区	Chuzhou Region of City	15.16	1.14	0.02	0.13	1.12	0.48
天 长 市	Tianchang	9.64	0.75	0.03	0.24	0.91	3.33
明 光 市	Mingguang	32.82	2.41	0.20	0.12	2.75	2.24
来 安 县	Laian	14.40	1.11	0.03	0.06	5.40	0.91
全 椒 县	Quanjiao	32.60	2.57	0.07	0.09	2.49	1.10
定 远 县	Dingyuan	121.28	10.50	0.11	0.15	1.69	2.41
凤 阳 县	Fengyang	33.20	2.69	0.24	0.18	1.95	2.60

2-18 续表 continued

县(市)	County (City)	出栏猪(万头) Slaughtered Fattened Hogs (10000 heads)	猪肉产量(万吨) Pork Production (10000 tons)	牛肉产量(万吨) Beef Production (10000 tons)	羊肉产量(万吨) Mutton Production (10000 tons)	禽肉产量(万吨) Poultry Production (10000 tons)	禽蛋产量(万吨) Egg Production (10000 tons)
六安市辖区	Luan Region of City	84.86	6.87	0.09	0.28	6.61	2.02
霍 邱 县	Huoqiu	111.42	9.44	0.10	0.42	3.06	5.89
舒 城 县	Shucheng	17.25	1.50	0.04	0.01	3.33	2.64
金 寨 县	Jinzhai	16.65	1.38	0.18	0.14	0.59	0.42
霍 山 县	Huoshan	12.12	0.94	0.01	0.02	0.67	0.16
马鞍山市辖区	Maanshan Region of City	2.57	0.20	0.03	0.03	0.79	0.42
当 涂 县	Dangtu	9.37	0.80	0.00	0.07	1.11	1.24
含 山 县	Hanshan	14.53	1.22	0.01	0.06	0.82	0.99
和 县	Hexian	16.83	1.47	0.01	0.03	2.41	0.65
芜湖市辖区	Wuhu Region of City	20.44	1.62	0.04	0.05	5.00	3.44
无 为 市	Wuwei	18.64	1.44	0.10	0.05	1.89	2.00
南 陵 县	Nanling	20.32	1.61	0.03	0.02	5.86	3.31
宣城市辖区	Xuancheng Region of City	10.89	0.83	0.01	0.02	8.84	1.01
宁 国 市	Ningguo	19.51	1.47	0.00	0.05	5.83	0.38
广 德 市	Guangde	27.16	2.27	0.00	0.04	5.82	2.06
郎 溪 县	Langxi	7.16	0.63	0.01	0.03	1.32	1.25
泾 县	Jingxian	9.57	0.79	0.04	0.01	2.09	0.47
绩 溪 县	Jixi	7.10	0.59	0.11	0.01	0.03	0.10
旌 德 县	Jingde	5.81	0.45	0.06	0.01	0.19	0.24
铜陵市辖区	Tongling Region of City	8.20	0.83	0.01	0.01	1.32	1.53
枞 阳 县	Zongyang	18.60	1.65	0.03	0.02	0.67	1.60
池州市辖区	Chizhou Region of City	27.15	2.38	0.04	0.01	1.40	1.71
东 至 县	Dongzhi	18.80	1.70	0.01	0.02	1.21	1.45
石 台 县	Shitai	1.57	0.14	0.00	0.00	0.05	0.13
青 阳 县	Qingyang	8.57	0.76	0.02	0.00	1.27	1.97
安庆市辖区	Anqing Region of City	4.06	0.35	0.02	0.01	0.46	0.81
桐 城 市	Tongcheng	26.32	2.22	0.04	0.02	0.76	7.24
潜 山 市	Qianshan	24.05	1.94	0.04	0.05	1.32	1.92
怀 宁 县	Huaining	27.36	2.15	0.02	0.02	2.21	3.33
太 湖 县	Taihu	40.78	3.48	0.32	0.06	4.16	1.15
宿 松 县	Susong	33.88	2.92	0.25	0.04	2.47	2.44
望 江 县	Wangjiang	28.32	2.15	0.03	0.02	3.06	3.64
岳 西 县	Yuexi	9.03	0.73	0.02	0.02	0.21	1.77
黄山市辖区	Huangshan Region of City	12.82	1.08	0.04	0.02	0.35	0.50
歙 县	Shexian	27.79	2.38	0.05	0.02	0.20	2.04
休 宁 县	Xiuning	24.18	2.06	0.02	0.00	0.18	0.82
黟 县	Yixian	4.51	0.38	0.01	0.00	0.07	0.13
祁 门 县	Qimen	3.50	0.30	0.00	0.00	0.06	0.20

主要指标解释

粮食产量 指农业生产经营者日历年度内生产的全部粮食数量。按收获季节包括夏收粮食、早稻和秋收粮食，按作物品种包括谷物、薯类和豆类。其中谷物包括小麦、玉米、早稻、中稻和一季晚稻、双季晚稻、大麦、高粱、谷子、荞麦等禾本科和蓼科粮食作物；薯类只包括马铃薯、甘薯，木薯统计在其他农作物，芋头等其他薯统计在其他蔬菜；豆类包括大豆、绿豆、红小豆、杂豆等。谷物产量按脱粒后的原粮计算，薯类按鲜薯重量的5∶1折算，豆类按去豆荚后的干豆计算。

猪、牛、羊肉产量 指当年出栏并已屠宰、除去头蹄下水后带骨肉（即胴体重）的重量。包括全社会范围内的产量。

期初（末）畜禽存栏头（只）数 指报告期初（末）养殖户（单位）饲养的大牲畜、猪、羊、家禽等畜禽的存栏数。

当年出栏头（只）数 指养殖户（单位）饲养的，供屠宰并已出栏的全部牲畜头（只）数。

常用耕地 是指耕地总资源中专门种植农作物并经常进行耕种、能够正常收获的土地。包括当年实际耕种的熟地；弃耕、休闲不满三年，随时可以复耕的地；开荒利用三年以上的土地。在统计口径上包括南方小于1米、北方小于2米宽的沟、渠、路和田埂。不包括临时种植农作物的坡度在25度以上的陡坡地；在河套、湖畔、库区临时开发的成片或零星土地；也不包括已列为国家和省（区、市）退耕计划但临时耕种的土地。常用耕地是国家需要重点保护的耕地，是反映我国农业综合生产能力的一个重要指标。

农作物播种面积 指实际播种或移植有农作物的面积。凡是实际种植有农作物的面积，不论种植在耕地上还是种植在非耕地上，均包括在农作物播种面积中。在播种季节基本结束后，因遭灾而重新改种和补种的农作物面积，也包括在内。它是反映我国耕地面积利用情况的一个重要指标。目前，农作物播种面积主要包括粮食、棉花、油料、糖料、麻类、烟叶、蔬菜和瓜类、药材和其他农作物九大类。

农林牧渔业中间消耗 指在一定时期内农林牧渔业生产过程中所消耗的物质产品和劳务价值。中间消耗包括物质产品消耗和生产服务支出两个部分。

物质消耗 指在一定时期内农林牧渔业生产过程中消耗的各种农业生产资料和发生的各项支出的市场价值。主要包括用种、饲料饲草、肥料、燃料、农药、农膜、小农具、养殖用药、水费、电费、棚架材料费、办公费用以及其他物质消耗。

生产服务支出 指在一定时期内农林牧渔业生产过程中各部门对农林牧渔业生产提供的劳动服务的价值。包括修理费、外雇运输费、生产性邮电费、外雇排灌费、外雇机械作业费、配种费、防疫费、技术服务费、上缴管理费、保险费、职工教育费、差旅费、会议费和其他服务费用等。

3

人民生活

Chapter 3 People's Living Conditions

简要说明

一、本篇资料内容主要反映城乡居民收支和生活状况，包括居民家庭基本情况、居民收支、消费水平、居住状况及主要消费品拥有量等。

二、本篇资料来源于城乡一体化住户调查，自 2013 年以来，城乡一体化住户调查整合城乡住户调查资源，统一调查指标、统一抽样方法、统一调查过程、统一数据处理和统一数据发布，更加全面准确地反映居民收入分配格局，根据国家统计局《住户收支与生活状况调查方案》，由安徽调查总队组织实施，调查目的是为全面了解全省和分市、县（区）城乡常住居民收入、生活现状及变化情况，满足各级政府制定政策计划和进行宏观管理的需要，以及社会各界的信息需求，为国民经济核算提供基础数据。

本版责任编辑：冉　地、汪　汛、彭　吟

3-1 全体居民家庭基本情况
Basic Conditions of Households Surveyed

指标名称	Item	单位 Unit	2019	2020	2021
一、基本情况	**Basic Conditions**				
户均常住人口	Permanent Residents per Household	人/户(person/household)	3.0	3.0	3.1
户均常住从业人口	Permanent Employees per Household	人/户(person/household)	1.7	1.6	2.1
平均每户家庭从业人口比重	Proportion of Employees per Household	%	54.4	51.5	69.6
平均每一从业人口负担人数（包括从业者本人）	Number of Dependents per Employee Including Oneself	人(person)	1.8	1.9	1.4
恩格尔系数	Engel's Coefficient of Households	(%)	31.8	33.3	32.6
现住房建筑面积	Floor Space of Buildings	平方米/人(m^2/person)	47.7	48.3	48.4
二、户主文化程度	**Education Level of Householder**				
1.未上过学	Not Been to School	%	3.4	3.5	2.4
2.小学	Primary School	%	20.9	21.0	19.2
3.初中	Junior Secondary School	%	47.0	46.7	47.3
4.高中	Senior Secondary School	%	13.8	14.0	14.8
5.大学专科	Junior College	%	8.1	8.3	9.1
6.大学本科	Undergraduate College	%	6.0	6.0	6.4
7.研究生	Postgraduate	%	0.6	0.6	0.8
三、常住从业人员就业类型	**Job Situation**				
1.雇主	Employer	%	1.0	0.7	0.9
2.公职人员	Public Officer	%	2.1	1.6	1.8
3.事业单位人员	Institution Worker	%	5.6	5.3	5.1
4.国有企业雇员	State-owned Enterprise Employee	%	3.9	3.5	3.3
5.其他雇员	Other Employee	%	47.4	49.6	50.3
6.农业自营	Agricultural Self-employed	%	25.5	23.6	23.4
7.非农自营	Non-agricultural Self-employed	%	14.5	15.7	15.3
四、常住从业人员从事主要行业	**Industries Engaged**				
1.第一产业	Primary Industry	%	27.7	26.5	25.2
2.第二产业	Secondary Industry	%	23.9	24.5	25.0
3.第三产业	Tertiary Industry	%	48.4	49.0	49.8
五、居民收入与支出情况	**Income and Expenditure of Households**				
居民人均总收入	Per Capita Total Income	元/人(yuan/person)	31005.3	32571.7	36934.5
居民人均可支配收入	Per Capita Disposable Income	元/人(yuan/person)	26415.1	28103.2	30904.3
居民人均现金可支配收入	Per Capita Disposable Income in Cash	元/人(yuan/person)	24844.9	25952.4	28143.9
现金可支配收入占可支配收入比重	Proportion of Cash Disposable Income in Disposable Income	%	94.1	92.3	91.1
居民人均消费支出	Per Capita Consumption Expenditure	元/人(yuan/person)	19137.4	18877.3	21910.9
居民人均现金消费支出	Per Capita Consumption Expenditure in Cash	元/人(yuan/person)	15499.4	15233.3	17808.9
现金消费支出占消费支出比重	Proportion of Cash Consumption Expenditure in Consumption Expenditure	%	81.0	80.7	81.3

3-2 全体居民可支配收入及构成

Per Capita Disposable Income and Its Composition of Total Residents

指　　标	Item	2019	2020	2021
可支配收入(元/人)	**Disposable Income (yuan/person)**	**26415.1**	**28103.2**	**30904.3**
一、工资性收入	Income of Wages and Salaries	13956.5	14793.3	16125.7
二、经营净收入	Net Business Income	5967.5	6205.7	6716.2
1.第一产业经营净收入	Net Business Income of Primary Industry	2217.7	2173.7	2336.5
2.第二产业经营净收入	Net Business Income of Secondary Industry	746.0	777.3	818.2
3.第三产业经营净收入	Net Business Income of Tertiary Industry	3003.8	3254.7	3561.6
三、财产净收入	Net Income from Property	1729.4	1929.4	2167.6
四、转移净收入	Net Income from Transfer	4761.7	5174.8	5894.8
1.转移性收入	Income from Transfer	5907.2	6307.1	7246.2
2.转移性支出	Expenditure from Transfer	1145.5	1132.3	1351.4
可支配收入构成(%)	**Composition of Disposable Income (%)**	**100.0**	**100.0**	**100.0**
一、工资性收入	Income of Wages and Salaries	52.8	52.6	52.2
二、经营净收入	Net Business Income	22.6	22.1	21.7
1.第一产业经营净收入	Net Business Income of Primary Industry	8.4	7.7	7.6
2.第二产业经营净收入	Net Business Income of Secondary Industry	2.8	2.8	2.6
3.第三产业经营净收入	Net Business Income of Tertiary Industry	11.4	11.6	11.5
三、财产净收入	Net Income from Property	6.5	6.9	7.0
四、转移净收入	Net Income from Transfer	18.0	18.4	19.1
1.转移性收入	Income from Transfer	22.4	22.4	23.4
2.转移性支出	Expenditure from Transfer	4.3	4.0	4.4

3-3 全体居民现金可支配收入及构成
Disposable Income in Cash and Its Composition of Total Residents

指　　标	Item	2019	2020	2021
现金可支配收入(元/人)	**Disposable Income in Cash (yuan/person)**	**24844.9**	**25952.4**	**28143.9**
一、现金工资性收入	Income of Wages and Salaries in Cash	13859.5	14702.2	15992.0
二、现金经营净收入	Net Business Income in Cash	5966.0	5645.6	5895.7
1.第一产业经营净收入	Net Business Income of Primary Industry	1883.7	1313.0	1151.6
2.第二产业经营净收入	Net Business Income of Secondary Industry	809.9	860.6	895.4
3.第三产业经营净收入	Net Business Income of Tertiary Industry	3272.3	3472.0	3848.7
三、现金财产净收入	Net Income from Property in Cash	572.4	679.7	804.8
四、现金转移净收入	Net Income from Transfer in Cash	4447.1	4924.9	5451.5
1.现金转移性收入	Income from Transfer in Cash	5592.6	6057.2	6802.9
2.现金转移性支出	Expenditure from Transfer in Cash	1145.5	1132.3	1351.4
现金可支配收入构成(%)	**Composition of Disposable Income in Cash (%)**			
一、现金工资性收入	Income of Wages and Salaries in Cash	55.8	56.7	56.8
二、现金经营净收入	Net Business Income in Cash	24.0	21.8	20.9
1.第一产业经营净收入	Net Business Income of Primary Industry	7.6	5.1	4.1
2.第二产业经营净收入	Net Business Income of Secondary Industry	3.3	3.3	3.2
3.第三产业经营净收入	Net Business Income of Tertiary Industry	13.2	13.4	13.7
三、现金财产净收入	Net Income from Property in Cash	2.3	2.6	2.9
四、现金转移净收入	Net Income from Transfer in Cash	17.9	19.0	19.4
1.现金转移性收入	Income from Transfer in Cash	22.5	23.3	24.2
2.现金转移性支出	Expenditure from Transfer in Cash	4.6	4.4	4.8

3-4 全体居民按收入五等份分组的人均可支配收入
Per Capita Disposable Income of Total Residents by Income Quintile

单位：元/人 (yuan/person)

组　　别	Item	2019	2020	2021
20%低收入组家庭人均可支配收入	Lowest 20% Households	5467.3	5778.3	6194.7
20%中间偏下收入组家庭人均可支配收入	Lower Middle 20% Households	14419.4	15146.2	15953.9
20%中间收入组家庭人均可支配收入	Middle 20% Households	22584.1	23616.1	24699.7
20%中间偏上收入组家庭人均可支配收入	Upper Middle 20% Households	34327.4	35790.5	37918.6
20%高收入组家庭人均可支配收入	Highest 20% Households	66996.8	72629.4	78737.1

注：全体居民按收入五等份分组是指将所有调查户按人均可支配收入水平从低到高顺序排列，平均分为五个等份，处于最低20%的收入群体为低收入组，依此类推依次为中间偏下收入组、中间收入组、中间偏上收入组、高收入组。本表数据为不同分组家庭的人均可支配收入。

3-4-1 全体居民按收入五等份分组的人均消费支出
Per Capita Expenditures of Total Residents by Income Quintile

单位：元/人 (yuan/person)

组　　别	Item	2019	2020	2021
20%低收入组家庭人均消费支出	Lowest 20% Households	12868.2	12668.5	15149.7
20%中间偏下收入组家庭人均消费支出	Lower Middle 20% Households	13714.8	14065.8	16740.2
20%中间收入组家庭人均消费支出	Middle 20% Households	17010.9	16986.3	19511.3
20%中间偏上收入组家庭消费支出	Upper Middle 20% Households	21559.2	21245.7	24634.5
20%高收入组家庭人均消费支出	Highest 20% Households	34814.1	33368.3	37456.8

注：全体居民按收入五等份分组是指将所有调查户按人均可支配收入水平从低到高顺序排列，平均分为五个等份，处于最低20%的收入群体为低收入组，依此类推依次为中间偏下收入组、中间收入组、中间偏上收入组、高收入组。本表数据为不同分组家庭的人均消费支出。

3-5 全体居民消费支出
Consumption Expenditure of Total Residents

指　　标	Item	2019	2020	2021
消费支出(元/人)	**Consumption Expenditure (yuan/person)**	**19137.4**	**18877.3**	**21910.9**
(一)食品烟酒	Food, Tobacco and Liquor	6080.8	6280.4	7142.6
1.食品	Food	3776.5	4230.7	4519.8
2.烟酒	Tobacco and Liquor	922.5	864.5	999.0
3.饮料	Drinks	155.4	155.9	189.3
4.饮食服务	Diet Service	1226.4	1029.3	1434.5
(二)衣着	Clothing	1300.6	1210.4	1430.8
1.衣类	Clothing	1049.8	969.0	1157.8
2.鞋类	Footwear	250.8	241.3	273.0
(三)居住	Residence	4281.3	4375.9	4664.7
1.租赁房房租	Rent of Rentable Housing	155.2	129.2	102.7
2.住房维修及管理	Management and Maintenance of Housing	486.7	495.6	527.8
3.水、电、燃料及其他	Water, Electricity, Fuels and Others	676.2	639.1	737.5
4.自有住房折算租金	Converted Rent for Private Housing	2963.2	3112.0	3296.8
(四)生活用品及服务	Household Facilities, Articles and Service	1154.3	1108.4	1343.0
1.家具及室内装饰品	Furniture and Interior Decorations	157.0	147.6	188.2
2.家用器具	Household Facilities	322.1	288.9	341.3
3.家用纺织品	Home Textiles	86.4	80.4	98.8
4.家庭日用杂品	Daily-use Household Groceries	281.7	293.9	323.7
5.个人护理用品	Personal Products	260.3	257.0	323.7
6.家庭服务	Household Service	46.7	40.6	67.3
(五)交通通信	Transportation and Communications	2286.6	2172.1	2479.5
1.交通	Transportation	1691.6	1551.1	1789.0
2.通信	Communications	595.1	621.0	690.5
(六)教育文化娱乐	Education, Culture and Recreation	2132.8	1855.3	2584.8
1.教育	Education	1526.7	1399.1	2053.6
2.文化和娱乐	Culture and Recreation	606.1	456.2	531.2
(七)医疗保健	Medicine and Medical Service	1489.9	1548.0	1783.6
1.医疗器具及药品	Medical Instrument and Articles	267.2	333.0	381.2
2.医疗服务	Medical Service	1222.7	1215.0	1402.3
(八)其他用品和服务	Miscellaneous Commodities and Services	411.2	326.8	482.0
1.其他用品	Miscellaneous Commodities	224.7	170.9	253.0
2.其他服务	Miscellaneous Services	186.5	155.9	229.0

3-6 全体居民消费支出构成
Composition of the Consumption Expenditure of Total Residents

指　　标	Item	2019	2020	2021
消费支出构成(%)	**Composition of the Consumption Expenditure (%)**	**100.0**	**100.0**	**100.0**
(一)食品烟酒	Food, Tobacco and Liquor	31.8	33.3	32.6
1.食品	Food	19.7	22.4	20.6
2.烟酒	Tobacco and Liquor	4.8	4.6	4.6
3.饮料	Drinks	0.8	0.8	0.9
4.饮食服务	Diet Service	6.4	5.5	6.5
(二)衣着	Clothing	6.8	6.4	6.5
1.衣类	Clothing	5.5	5.1	5.3
2.鞋类	Footwear	1.3	1.3	1.2
(三)居住	Residence	22.4	23.2	21.3
1.租赁房房租	Rent of Rentable Housing	0.8	0.7	0.5
2.住房维修及管理	Management and Maintenance of Housing	2.5	2.6	2.4
3.水、电、燃料及其他	Water, Electricity, Fuels and Others	3.5	3.4	3.4
4.自有住房折算租金	Converted Rent for Private Housing	15.5	16.5	15.0
(四)生活用品及服务	Household Facilities, Articles and Service	6.0	5.9	6.1
1.家具及室内装饰品	Furniture and Interior Decorations	0.8	0.8	0.9
2.家用器具	Household Facilities	1.7	1.5	1.6
3.家用纺织品	Home Textiles	0.5	0.4	0.5
4.家庭日用杂品	Daily-use Household Groceries	1.5	1.6	1.5
5.个人护理用品	Personal Products	1.4	1.4	1.5
6.家庭服务	Household Service	0.2	0.2	0.3
(五)交通通信	Transportation and Communications	11.9	11.5	11.3
1.交通	Transportation	8.8	8.2	8.2
2.通信	Communications	3.1	3.3	3.2
(六)教育文化娱乐	Education, Culture and Recreation	11.1	9.8	11.8
1.教育	Education	8.0	7.4	9.4
2.文化和娱乐	Culture and Recreation	3.2	2.4	2.4
(七)医疗保健	Medicine and Medical Service	7.8	8.2	8.1
1.医疗器具及药品	Medical Instrument and Articles	1.4	1.8	1.7
2.医疗服务	Medical Service	6.4	6.4	6.4
(八)其他用品和服务	Miscellaneous Commodities and Services	2.1	1.7	2.2
1.其他用品	Miscellaneous Commodities	1.2	0.9	1.2
2.其他服务	Miscellaneous Services	1.0	0.8	1.0

3-7 全体居民现金消费支出
Consumption Expenditure of Total Residents in Cash

指　　标	Item	2019	2020	2021
现金消费支出(元/人)	**Consumption Expenditure in Cash (yuan/person)**	**15499.4**	**15233.3**	**17808.9**
(一)食品烟酒	Food, Tobacco and Liquor	5850.1	6050.5	6836.7
1.食品	Food	3605.9	4062.8	4306.4
2.烟酒	Tobacco and Liquor	922.5	864.5	998.9
3.饮料	Drinks	154.4	154.2	188.2
4.饮食服务	Diet Service	1167.3	969.0	1343.1
(二)衣着	Clothing	1299.6	1209.1	1430.0
1.衣类	Clothing	1048.8	967.8	1157.0
2.鞋类	Footwear	250.8	241.3	273.0
(三)居住	Residence	1252.2	1238.3	1322.0
1.租赁房房租	Rent of Rentable Housing	155.2	129.2	102.7
2.住房维修及管理	Management and Maintenance of Housing	486.7	495.6	527.8
3.水、电、燃料及其他	Water, Electricity, Fuels and Others	610.3	613.5	691.6
(四)生活用品及服务	Household Facilities, Articles and Service	1145.3	1098.4	1334.1
1.家具及室内装饰品	Furniture and Interior Decorations	155.5	146.2	188.2
2.家用器具	Household Facilities	322.1	288.9	341.3
3.家用纺织品	Home Textiles	86.4	80.4	98.8
4.家庭日用杂品	Daily-use Household Groceries	274.2	285.3	314.8
5.个人护理用品	Personal Products	260.3	257.0	323.7
6.家庭服务	Household Service	46.7	40.6	67.3
(五)交通通信	Transportation and Communications	2276.2	2167.7	2459.7
1.交通	Transportation	1681.1	1546.7	1769.2
2.通信	Communications	595.1	621.0	690.5
(六)教育文化娱乐	Education, Culture and Recreation	2132.3	1853.1	2584.3
1.教育	Education	1526.7	1399.1	2053.6
2.文化和娱乐	Culture and Recreation	605.6	454.0	530.7
(七)医疗保健	Medicine and Medical Service	1137.3	1294.5	1366.3
1.医疗器具及药品	Medical Instrument and Articles	267.0	332.1	368.8
2.医疗服务	Medical Service	870.3	962.4	997.5
(八)其他用品和服务	Miscellaneous Commodities and Services	406.4	321.8	475.9
1.其他用品	Miscellaneous Commodities	221.8	168.6	250.4
2.其他服务	Miscellaneous Services	184.6	153.2	225.4

3-8 全体居民现金消费支出构成

Composition of the Consumption Expenditure of Total Residents in Cash

指　　标	Item	2019	2020	2021
现金消费支出构成(%)	**Composition of the Consumption Expenditure in Cash (%)**	**100.0**	**100.0**	**100.0**
(一)食品烟酒	Food, Tobacco and Liquor	37.7	39.7	38.4
1.食品	Food	23.3	26.7	24.2
2.烟酒	Tobacco and Liquor	6.0	5.7	5.6
3.饮料	Drinks	1.0	1.0	1.1
4.饮食服务	Diet Service	7.5	6.4	7.5
(二)衣着	Clothing	8.4	7.9	8.0
1.衣类	Clothing	6.8	6.4	6.5
2.鞋类	Footwear	1.6	1.6	1.5
(三)居住	Residence	8.1	8.1	7.4
1.租赁房房租	Rent of Rentable Housing	1.0	0.8	0.6
2.住房维修及管理	Management and Maintenance of Housing	3.1	3.3	3.0
3.水、电、燃料及其他	Water, Electricity, Fuels and Others	3.9	4.0	3.9
(四)生活用品及服务	Household Facilities, Articles and Service	7.4	7.2	7.5
1.家具及室内装饰品	Furniture and Interior Decorations	1.0	1.0	1.1
2.家用器具	Household Facilities	2.1	1.9	1.9
3.家用纺织品	Home Textiles	0.6	0.5	0.6
4.家庭日用杂品	Daily-use Household Groceries	1.8	1.9	1.8
5.个人护理用品	Personal Products	1.7	1.7	1.8
6.家庭服务	Household Service	0.3	0.3	0.4
(五)交通通信	Transportation and Communications	14.7	14.2	13.8
1.交通	Transportation	10.8	10.2	9.9
2.通信	Communications	3.8	4.1	3.9
(六)教育文化娱乐	Education, Culture and Recreation	13.8	12.2	14.5
1.教育	Education	9.8	9.2	11.5
2.文化和娱乐	Culture and Recreation	3.9	3.0	3.0
(七)医疗保健	Medicine and Medical Service	7.3	8.5	7.7
1.医疗器具及药品	Medical Instrument and Articles	1.7	2.2	2.1
2.医疗服务	Medical Service	5.6	6.3	5.6
(八)其他用品和服务	Miscellaneous Commodities and Services	2.6	2.1	2.7
1.其他用品	Miscellaneous Commodities	1.4	1.1	1.4
2.其他服务	Miscellaneous Services	1.2	1.0	1.3

3-9 全体居民主要食品消费量
Per Capita Main Food Consumption of Total Residents

单位：公斤/人 (kg/person)

指　标	Item	2019	2020	2021
一、粮食	Grain	147.3	148.3	151.6
(一)谷物	Cereals	131.5	132.4	135.6
(二)薯类	Tubers	2.7	2.9	2.7
(三)豆类	Beans	13.0	13.0	13.4
二、油脂	Oil and Fats	8.8	9.0	10.0
#食用植物油	Edible Vegetable Oil	8.1	8.3	9.2
三、蔬菜及菜制品消费量	Vegetables and Processed Products	102.7	104.8	112.6
#鲜菜	Fresh Vegetables	98.9	101.2	108.9
四、肉类	Meat and Processed Products	27.1	24.1	31.6
#猪肉	Pork	20.6	18.1	24.0
牛肉	Beef	2.3	2.3	2.6
羊肉	Mutton	0.9	0.9	1.1
五、禽类	Poultry and Processed Products	14.7	15.7	15.5
六、水产品	Aquatic Products	15.2	14.6	15.1
七、蛋类	Eggs and Processed Products	12.5	14.2	13.9
八、奶类	Milk and Dairy Products	12.0	11.3	13.3
九、干鲜瓜果类	Dried and Fresh Melons and Fruits	63.7	55.9	57.3
#鲜瓜果	Fresh Melons and Fruits	58.6	51.2	52.5
坚果类	Nuts and Grain Products	3.8	3.6	3.6
十、食糖	Sugar	1.0	0.9	0.9

3-10 全体居民年末主要耐用消费品拥有量
Main Durable Goods Owned per 100 Households

单位：辆(台)/百户 (unit/100 households)

指　　标	Item	2019	2020	2021
家用汽车	Household Automobile	29.9	31.5	35.6
摩托车	Motorcycle	22.0	20.5	16.8
助力车	Man-drawn Vehicle	107.4	110.8	115.1
洗衣机	Washing Machine	94.8	95.9	96.4
电冰箱(柜)	Refrigerator	103.1	104.0	104.3
微波炉	Microwave Oven	45.2	46.9	48.4
彩色电视机	Color TV	135.4	136.7	133.3
空　调	Air Conditioner	152.3	156.2	169.3
热水器	Water Heater	97.4	101.1	97.4
排油烟机	Kitchen Ventilator	57.6	60.1	61.7
固定电话	Telephone	12.8	10.5	6.9
移动电话	Mobile Telephone	261.4	262.5	267.6
计算机	Computer	45.6	46.6	41.3
照相机	Camera	9.1	9.1	6.8

3-11 城镇居民家庭基本情况
Basic Conditions of Urban Households Surveyed

指标名称	Item	单位 Unit	2019	2020	2021
一、基本情况	**Basic Conditions**				
户均常住人口	Permanent Residents per Household	人/户(persons/household)	3.0	3.0	3.0
户均常住从业人口	Permanent Employees per Household	人/户(persons/household)	1.6	1.5	2.2
平均每户家庭从业人口比重	Proportion of Employees per Household	%	53.8	51.4	72.3
平均每一从业人口负担人数（包括从业者本人）	Number of Dependents per Employee Including Oneself	人(person)	1.9	2.0	1.4
恩格尔系数	Engel's Coefficient of Households	(%)	31.2	32.6	32.0
现住房建筑面积	Floor Space of Buildings	平方米/人(m^2/person)	41.8	42.1	42.3
二、户主文化程度	**Education Level of Householder**				
1.未上过学	Not Been to School	%	2.5	2.5	1.3
2.小学	Primary School	%	11.9	12.1	10.5
3.初中	Junior Secondary School	%	39.5	39.3	37.5
4.高中	Senior Secondary School	%	19.4	19.5	21.3
5.大学专科	Junior College	%	13.7	13.9	15.6
6.大学本科	Undergraduate College	%	11.7	11.5	12.2
7.研究生	Postgraduate	%	1.3	1.2	1.5
三、常住从业人员就业类型	**Job Situation**				
1.雇主	Employer	%	1.5	1.0	1.4
2.公职人员	Public Officer	%	3.6	3.0	3.5
3.事业单位人员	Institution Worker	%	9.7	9.4	9.5
4.国有企业雇员	State-owned Enterprise Employee	%	7.5	6.5	6.3
5.其他雇员	Other Employee	%	52.5	54.2	55.1
6.农业自营	Agricultural Self-employed	%	8.6	8.2	7.1
7.非农自营	Non-agricultural Self-employed	%	16.5	17.7	17.2
四、常住从业人员从事主要行业	**Industries Engaged**				
1.第一产业	Primary Industry	%	9.9	9.7	8.0
2.第二产业	Secondary Industry	%	22.9	24.0	22.8
3.第三产业	Tertiary Industry	%	67.2	66.3	69.1
五、居民收入与支出情况	**Income and Expenditure of Households**				
居民人均总收入	Per Capita Total Income	元/人(yuan/person)	42103.1	44083.7	48026.7
居民人均可支配收入	Per Capita Disposable Income	元/人(yuan/person)	37540.0	39442.1	43008.7
居民人均现金可支配收入	Per Capita Disposable Income in Cash	元/人(yuan/person)	35231.1	36811.0	39884.1
现金可支配收入占可支配收入比重	Proportion of Cash Disposable Income in Disposable Income	%	93.8	93.3	92.7
居民人均消费支出	Per Capita Consumption Expenditure	元/人(yuan/person)	23781.5	22682.7	26495.1
居民人均现金消费支出	Per Capita Consumption Expenditure in Cash	元/人(yuan/person)	19326.0	18203.0	21429.7
现金消费支出占消费支出比重	Proportion of Cash Consumption Expenditure in Consumption Expenditure	%	81.3	80.3	80.9

3-12 城镇居民可支配收入及构成
Disposable Income and Its Composition of Urban Residents

指　　标	Item	2019	2020	2021
可支配收入(元/人)	**Disposable Income (yuan/person)**	**37540.0**	**39442.1**	**43008.7**
一、工资性收入	Income of Wages and Salaries	22547.6	23635.6	25545.5
二、经营净收入	Net Business Income	5982.5	6189.1	6639.8
1.第一产业经营净收入	Net Business Income of Primary Industry	519.0	530.2	563.9
2.第二产业经营净收入	Net Business Income of Secondary Industry	1031.2	1069.9	1107.3
3.第三产业经营净收入	Net Business Income of Tertiary Industry	4432.4	4589.0	4968.7
三、财产净收入	Net Income from Property	3192.4	3504.5	3882.7
四、转移净收入	Net Income from Transfer	5817.5	6112.9	6940.7
1.转移性收入	Income from Transfer	7608.5	7897.2	9013.9
2.转移性支出	Expenditure from Transfer	1791.1	1784.3	2073.2
可支配收入构成(%)	**Composition of Disposable Income (%)**	**100.0**	**100.0**	**100.0**
一、工资性收入	Income of Wages and Salaries	60.1	59.9	59.4
二、经营净收入	Net Business Income	15.9	15.7	15.4
1.第一产业经营净收入	Net Business Income of Primary Industry	1.4	1.3	1.3
2.第二产业经营净收入	Net Business Income of Secondary Industry	2.7	2.7	2.6
3.第三产业经营净收入	Net Business Income of Tertiary Industry	11.8	11.6	11.6
三、财产净收入	Net Income from Property	8.5	8.9	9.0
四、转移净收入	Net Income from Transfer	15.5	15.5	16.1
1.转移性收入	Income from Transfer	20.3	20.0	21.0
2.转移性支出	Expenditure from Transfer	4.8	4.5	4.8

3-13 城镇居民现金可支配收入及构成
Disposable Income in Cash and Its Composition of Urban Residents

指　　标	Item	2019	2020	2021
现金可支配收入(元/人)	**Disposable Income in Cash (yuan/person)**	**35231.1**	**36811.0**	**39884.1**
一、现金工资性收入	Income of Wages and Salaries in Cash	22415.7	23516.8	25363.4
二、现金经营净收入	Net Business Income in Cash	6530.2	6497.9	6941.6
1.第一产业经营净收入	Net Business Income of Primary Industry	653.5	498.7	421.4
2.第二产业经营净收入	Net Business Income of Secondary Industry	1124.5	1166.7	1190.2
3.第三产业经营净收入	Net Business Income of Tertiary Industry	4752.2	4832.6	5330.1
三、现金财产净收入	Net Income from Property in Cash	865.1	1020.7	1203.7
四、现金转移净收入	Net Income from Transfer in Cash	5420.1	5775.6	6375.4
1.现金转移性收入	Income from Transfer in Cash	7211.1	7559.9	8448.6
2.现金转移性支出	Expenditure from Transfer in Cash	1791.1	1784.3	2073.2
现金可支配收入构成(%)	**Composition of Disposable Income in Cash (%)**	**100.0**	**100.0**	**100.0**
一、现金工资性收入	Income of Wages and Salaries in Cash	63.6	63.9	63.6
二、现金经营净收入	Net Business Income in Cash	18.5	17.7	17.4
1.第一产业经营净收入	Net Business Income of Primary Industry	1.9	1.4	1.1
2.第二产业经营净收入	Net Business Income of Secondary Industry	3.2	3.2	3.0
3.第三产业经营净收入	Net Business Income of Tertiary Industry	13.5	13.1	13.4
三、现金财产净收入	Net Income from Property in Cash	2.5	2.8	3.0
四、现金转移净收入	Net Income from Transfer in Cash	15.4	15.7	16.0
1.现金转移性收入	Income from Transfer in Cash	20.5	20.5	21.2
2.现金转移性支出	Expenditure from Transfer in Cash	5.1	4.8	5.2

3-14 城镇居民按收入五等份分组的人均可支配收入
Per Capita Disposable Income of Urban Residents by Income Quintile

单位：元/人 (yuan/person)

组　　别	Group	2019	2020	2021
20%低收入组家庭人均可支配收入	Lowest 20% Households	13056.5	13752.8	15160.4
20%中间偏下收入组家庭人均可支配收入	Lower Middle 20% Households	25509.6	26471.5	27687.4
20%中间收入组家庭人均可支配收入	Middle 20% Households	34766.1	35864.5	37386.5
20%中间偏上收入组家庭人均可支配收入	Upper Middle 20% Households	46569.5	48376.7	51399.5
20%高收入组家庭人均可支配收入	Highest 20% Households	83039.2	89458.0	96161.9

注：城镇居民按收入五等份分组是指将所有调查户按人均可支配收入水平从低到高顺序排列，平均分为五个等份，处于最低20%的收入群体为低收入组，依此类推依次为中间偏下收入组、中间收入组、中间偏上收入组、高收入组。本表数据为不同分组家庭的人均可支配收入。

3-14-1 城镇居民按收入五等份分组的人均消费支出
Per Capita Expenditures of Urban Residents by Income Quintile

单位：元/人 (yuan/person)

组　　别	Item	2019	2020	2021
20%低收入组家庭人均消费支出	Lowest 20% Households	14521.9	13446.4	15965.8
20%中间偏下收入组家庭人均消费支出	Lower Middle 20% Households	18302.3	17846.9	20348.4
20%中间收入组家庭人均消费支出	Middle 20% Households	22240.6	21295.4	24899.1
20%中间偏上收入组家庭消费支出	Upper Middle 20% Households	27314.8	27303.1	31264.9
20%高收入组家庭人均消费支出	Highest 20% Households	42743.4	39434.4	43351.1

注：全体居民按收入五等份分组是指将所有调查户按人均可支配收入水平从低到高顺序排列，平均分为五个等份，处于最低20%的收入群体为低收入组，依此类推依次为中间偏下收入组、中间收入组、中间偏上收入组、高收入组。本表数据为不同分组家庭的人均消费支出。

3-15 城镇居民消费支出
Consumption Expenditure of Urban Residents

指　　标	Item	2019	2020	2021
消费支出(元/人)	**Consumption Expenditure (yuan/person)**	**23781.5**	**22682.7**	**26495.1**
(一)食品烟酒	Food, Tobacco and Liquor	7421.0	7400.8	8468.6
1.食品	Food	4489.1	4927.2	5248.0
2.烟酒	Tobacco and Liquor	1002.7	889.3	1070.4
3.饮料	Drinks	169.0	169.1	213.5
4.饮食服务	Diet Service	1760.2	1415.2	1936.7
(二)衣着	Clothing	1763.5	1548.9	1794.9
1.衣类	Clothing	1446.7	1259.8	1475.5
2.鞋类	Footwear	316.8	289.1	319.5
(三)居住	Residence	5262.3	5348.9	5822.9
1.租赁房房租	Rent of Rentable Housing	193.6	168.6	115.2
2.住房维修及管理	Management and Maintenance of Housing	550.5	514.5	647.4
3.水、电、燃料及其他	Water, Electricity, Fuels and Others	750.2	737.6	826.9
4.自有住房折算租金	Converted Rent for Private Housing	3768.0	3928.3	4233.4
(四)生活用品及服务	Household Facilities, Articles and Service	1465.8	1358.6	1671.2
1.家具及室内装饰品	Furniture and Interior Decorations	194.5	175.2	242.8
2.家用器具	Household Facilities	405.4	351.1	426.7
3.家用纺织品	Home Textiles	118.7	105.9	120.1
4.家庭日用杂品	Daily-use Household Groceries	327.1	336.2	362.6
5.个人护理用品	Personal Products	352.9	330.1	413.4
6.家庭服务	Household Service	67.3	60.0	105.6
(五)交通通信	Transportation and Communications	2870.5	2674.1	3039.9
1.交通	Transportation	2160.5	1953.0	2261.6
2.通信	Communications	709.9	721.2	778.4
(六)教育文化娱乐	Education, Culture and Recreation	2802.4	2283.1	3170.2
1.教育	Education	1883.6	1665.4	2426.3
2.文化和娱乐	Culture and Recreation	918.8	617.7	743.9
(七)医疗保健	Medicine and Medical Service	1658.2	1637.6	1891.2
1.医疗器具及药品	Medical Instrument and Articles	255.3	403.4	441.3
2.医疗服务	Medical Service	1402.9	1234.2	1449.9
(八)其他用品和服务	Miscellaneous Commodities and Services	537.8	430.6	636.2
1.其他用品	Miscellaneous Commodities	276.9	217.1	317.9
2.其他服务	Miscellaneous Services	261.0	213.5	318.3

3-16 城镇居民消费支出构成
Composition of the Consumption Expenditure of Urban Residents

指　　标	Item	2019	2020	2021
消费支出构成(%)	**Composition of the Consumption Expenditure (%)**	**100.0**	**100.0**	**100.0**
(一)食品烟酒	Food, Tobacco and Liquor	31.2	32.6	32.0
1.食品	Food	18.9	21.7	19.8
2.烟酒	Tobacco and Liquor	4.2	3.9	4.0
3.饮料	Drinks	0.7	0.7	0.8
4.饮食服务	Diet Service	7.4	6.2	7.3
(二)衣着	Clothing	7.4	6.8	6.8
1.衣类	Clothing	6.1	5.6	5.6
2.鞋类	Footwear	1.3	1.3	1.2
(三)居住	Residence	22.1	23.6	22.0
1.租赁房房租	Rent of Rentable Housing	0.8	0.7	0.4
2.住房维修及管理	Management and Maintenance of Housing	2.3	2.3	2.4
3.水、电、燃料及其他	Water, Electricity, Fuels and Others	3.2	3.3	3.1
4.自有住房折算租金	Converted Rent for Private Housing	15.8	17.3	16.0
(四)生活用品及服务	Household Facilities, Articles and Service	6.2	6.0	6.3
1.家具及室内装饰品	Furniture and Interior Decorations	0.8	0.8	0.9
2.家用器具	Household Facilities	1.7	1.5	1.6
3.家用纺织品	Home Textiles	0.5	0.5	0.5
4.家庭日用杂品	Daily-use Household Groceries	1.4	1.5	1.4
5.个人护理用品	Personal Products	1.5	1.5	1.6
6.家庭服务	Household Service	0.3	0.3	0.4
(五)交通通信	Transportation and Communications	12.1	11.8	11.5
1.交通	Transportation	9.1	8.6	8.5
2.通信	Communications	3.0	3.2	2.9
(六)教育文化娱乐	Education, Culture and Recreation	11.8	10.1	12.0
1.教育	Education	7.9	7.3	9.2
2.文化和娱乐	Culture and Recreation	3.9	2.7	2.8
(七)医疗保健	Medicine and Medical Service	7.0	7.2	7.1
1.医疗器具及药品	Medical Instrument and Articles	1.1	1.8	1.7
2.医疗服务	Medical Service	5.9	5.4	5.5
(八)其他用品和服务	Miscellaneous Commodities and Services	2.3	1.9	2.4
1.其他用品	Miscellaneous Commodities	1.2	1.0	1.2
2.其他服务	Miscellaneous Services	1.1	0.9	1.2

3-17 城镇居民现金消费支出

Consumption Expenditure of Urban Residents in Cash

指 标	Item	2019	2020	2021
现金消费支出(元/人)	**Consumption Expenditure in Cash (yuan/person)**	**19326.0**	**18203.0**	**21429.7**
(一)食品烟酒	Food, Tobacco and Liquor	7261.3	7241.0	8236.7
1.食品	Food	4410.0	4848.6	5138.0
2.烟酒	Tobacco and Liquor	1002.7	889.3	1070.4
3.饮料	Drinks	168.8	168.7	213.3
4.饮食服务	Diet Service	1679.8	1334.5	1815.0
(二)衣着	Clothing	1762.0	1546.6	1793.4
1.衣类	Clothing	1445.3	1257.5	1474.0
2.鞋类	Footwear	316.8	289.1	319.5
(三)居住	Residence	1481.2	1415.5	1571.5
1.租赁房房租	Rent of Rentable Housing	193.6	168.6	115.2
2.住房维修及管理	Management and Maintenance of Housing	550.5	514.5	647.4
3.水、电、燃料及其他	Water, Electricity, Fuels and Others	737.0	732.4	809.0
(四)生活用品及服务	Household Facilities, Articles and Service	1456.3	1351.4	1662.8
1.家具及室内装饰品	Furniture and Interior Decorations	192.1	175.2	242.8
2.家用器具	Household Facilities	405.4	351.1	426.7
3.家用纺织品	Home Textiles	118.7	105.9	120.1
4.家庭日用杂品	Daily-use Household Groceries	319.9	329.0	354.2
5.个人护理用品	Personal Products	352.9	330.1	413.4
6.家庭服务	Household Service	67.3	60.0	105.6
(五)交通通信	Transportation and Communications	2853.1	2668.3	3021.8
1.交通	Transportation	2143.1	1947.1	2243.4
2.通信	Communications	709.9	721.2	778.4
(六)教育文化娱乐	Education, Culture and Recreation	2802.3	2281.5	3169.4
1.教育	Education	1883.6	1665.4	2426.3
2.文化和娱乐	Culture and Recreation	918.7	616.1	743.2
(七)医疗保健	Medicine and Medical Service	1180.1	1275.4	1348.4
1.医疗器具及药品	Medical Instrument and Articles	255.2	403.0	424.8
2.医疗服务	Medical Service	924.9	872.4	923.6
(八)其他用品和服务	Miscellaneous Commodities and Services	529.7	423.3	625.6
1.其他用品	Miscellaneous Commodities	272.3	214.7	314.0
2.其他服务	Miscellaneous Services	257.5	208.6	311.7

3-18 城镇居民现金消费支出构成
Composition of the Consumption Expenditure of Urban Residents in Cash

指　　标	Item	2019	2020	2021
现金消费支出构成(%)	**Composition of the Consumption Expenditure in Cash (%)**	**100.0**	**100.0**	**100.0**
(一)食品烟酒	Food, Tobacco and Liquor	37.6	39.8	38.4
1.食品	Food	22.8	26.6	24.0
2.烟酒	Tobacco and Liquor	5.2	4.9	5.0
3.饮料	Drinks	0.9	0.9	1.0
4.饮食服务	Diet Service	8.7	7.3	8.5
(二)衣着	Clothing	9.1	8.5	8.4
1.衣类	Clothing	7.5	6.9	6.9
2.鞋类	Footwear	1.6	1.6	1.5
(三)居住	Residence	7.7	7.8	7.3
1.租赁房房租	Rent of Rentable Housing	1.0	0.9	0.5
2.住房维修及管理	Management and Maintenance of Housing	2.8	2.8	3.0
3.水、电、燃料及其他	Water, Electricity, Fuels and Others	3.8	4.0	3.8
(四)生活用品及服务	Household Facilities, Articles and Service	7.5	7.4	7.8
1.家具及室内装饰品	Furniture and Interior Decorations	1.0	1.0	1.1
2.家用器具	Household Facilities	2.1	1.9	2.0
3.家用纺织品	Home Textiles	0.6	0.6	0.6
4.家庭日用杂品	Daily-use Household Groceries	1.7	1.8	1.7
5.个人护理用品	Personal Products	1.8	1.8	1.9
6.家庭服务	Household Service	0.3	0.3	0.5
(五)交通通信	Transportation and Communications	14.8	14.7	14.1
1.交通	Transportation	11.1	10.7	10.5
2.通信	Communications	3.7	4.0	3.6
(六)教育文化娱乐	Education, Culture and Recreation	14.5	12.5	14.8
1.教育	Education	9.7	9.1	11.3
2.文化和娱乐	Culture and Recreation	4.8	3.4	3.5
(七)医疗保健	Medicine and Medical Service	6.1	7.0	6.3
1.医疗器具及药品	Medical Instrument and Articles	1.3	2.2	2.0
2.医疗服务	Medical Service	4.8	4.8	4.3
(八)其他用品和服务	Miscellaneous Commodities and Services	2.7	2.3	2.9
1.其他用品	Miscellaneous Commodities	1.4	1.2	1.5
2.其他服务	Miscellaneous Services	1.3	1.1	1.5

3-19 城镇居民主要食品消费量
Per Capita Main Food Consumption of Urban Residents

单位：公斤/人 (kg/person)

指　　标	Item	2019	2020	2021
一、粮食	Grain	125.0	126.5	131.5
(一)谷物	Cereals	109.6	110.8	115.6
(二)薯类	Tubers	2.6	2.7	2.5
(三)豆类	Beans	12.9	13.0	13.3
二、油脂	Oil and Fats	8.2	8.5	9.1
#食用植物油	Edible Vegetable Oil	7.7	8.0	8.5
三、蔬菜及菜制品消费量	Vegetables and Processed Products	106.2	107.5	111.8
#鲜菜	Fresh Vegetables	101.8	103.2	107.4
四、肉类	Meat and Processed Products	29.3	26.8	35.4
#猪肉	Pork	21.5	19.4	26.1
牛肉	Beef	3.0	3.0	3.6
羊肉	Mutton	1.1	1.1	1.3
五、禽类	Poultry and Processed Products	15.0	15.8	15.2
六、水产品	Aquatic Products	16.6	16.2	16.3
七、蛋类	Eggs and Processed Products	12.8	14.2	13.2
八、奶类	Milk and Dairy Products	14.3	13.4	15.8
九、干鲜瓜果类	Dried and Fresh Melons and Fruits	70.6	61.5	60.7
#鲜瓜果	Fresh Melons and Fruits	64.8	56.2	55.6
坚果类	Nuts and Grain Products	4.2	3.9	3.8
十、食糖	Sugar	0.9	0.9	0.8

3-20 城镇居民年末主要耐用消费品拥有量
Main Durable Goods Owned per 100 Urban Households

单位：辆(台)/百户 (unit/100 households)

指　　标	Item	2019	2020	2021
家用汽车	Household Automobile	34.9	36.6	41.4
摩托车	Motorcycle	13.8	13.1	9.6
助力车	Man-drawn Vehicle	97.8	101.7	107.0
洗衣机	Washing Machine	99.8	100.8	99.2
电冰箱(柜)	Refrigerator	102.7	103.7	102.6
微波炉	Microwave Oven	63.7	65.7	65.5
彩色电视机	Color TV	137.2	138.6	132.7
空　调	Air Conditioner	185.4	188.0	199.3
热水器	Water Heater	104.1	106.6	101.2
排油烟机	Kitchen Ventilator	80.2	82.1	81.2
固定电话	Telephone	13.9	11.9	8.4
移动电话	Mobile Telephone	251.4	252.7	257.0
计算机	Computer	65.3	65.7	58.2
照相机	Camera	15.6	15.5	10.9

3-21 农村居民家庭基本情况
Basic Conditions of Rural Households Surveyed

指标名称	Item	单位 Unit	2019	2020	2021
一、基本情况	**Basic Conditions**				
户均常住人口	Permanent Residents per Household	人/户(person/household)	3.1	3.1	3.1
户均常住从业人口	Permanent Employees per Household	人/户(person/household)	1.7	1.6	2.1
平均每户家庭从业人口比重	Proportion of Employees per Household	%	54.9	52.1	66.8
平均每一从业人口负担人数(包括从业者本人)	Number of Dependents per Employee Including Oneself	人(person)	1.8	1.9	1.5
恩格尔系数	Engel's Coefficient of Households	(%)	32.7	34.3	33.6
现住房建筑面积	Floor Space of Buildings	平方米/人(m^2/person)	53.5	54.6	54.7
二、户主文化程度	**Education Level of Householder**				
1.未上过学	Not Been to School	%	4.3	4.5	3.5
2.小学	Primary School	%	30.1	30.3	28.5
3.初中	Junior Secondary School	%	54.8	54.4	57.6
4.高中	Senior Secondary School	%	8.2	8.2	7.9
5.大学专科	Junior College	%	2.4	2.3	2.1
6.大学本科	Undergraduate College	%	0.2	0.2	0.2
7.研究生	Postgraduate	%			0.1
三、常住从业人员就业类型	**Job Situation**				
1.雇主	Employer	%	0.5	0.4	0.4
2.公职人员	Public Officer	%	0.6	0.3	0.1
3.事业单位人员	Institution Worker	%	1.6	1.1	0.7
4.国有企业雇员	State-owned Enterprise Employee	%	0.5	0.4	0.3
5.其他雇员	Other Employee	%	42.4	45.0	45.4
6.农业自营	Agricultural Self-employed	%	41.9	39.2	39.8
7.非农自营	Non-agricultural Self-employed	%	12.6	13.7	13.4
四、常住从业人员从事主要行业	**Industries Engaged**				
1.第一产业	Primary Industry	%	44.9	43.4	42.5
2.第二产业	Secondary Industry	%	24.8	25.0	27.2
3.第三产业	Tertiary Industry	%	30.2	31.6	30.3
五、居民收入与支出情况	**Income and Expenditure of Households**				
居民人均总收入	Per Capita Total Income	元/人(yuan/person)	20033.1	20913.5	25449.9
居民人均可支配收入	Per Capita Disposable Income	元/人(yuan/person)	15416.0	16620.2	18371.7
居民人均现金可支配收入	Per Capita Disposable Income in Cash	元/人(yuan/person)	14576.2	14955.8	15988.4
现金可支配收入占可支配收入比重	Proportion of Cash Disposable Income in Disposable Income	%	94.6	90.0	87.0
居民人均消费支出	Per Capita Consumption Expenditure	元/人(yuan/person)	14545.8	15023.5	17163.3
居民人均现金消费支出	Per Capita Consumption Expenditure in Cash	元/人(yuan/person)	11716.0	12225.8	14059.0
现金消费支出占消费支出比重	Proportion of Cash Consumption Expenditure in Consumption Expenditure	%	80.5	81.4	81.9

3-22 农村居民可支配收入及构成
Disposable Income and Its Composition of Rural Residents

指　　标	Item	2019	2020	2021
可支配收入（元/人）	**Disposable Income (yuan/person)**	**15416.0**	**16620.2**	**18371.7**
一、工资性收入	Income of Wages and Salaries	5462.5	5838.6	6372.7
二、经营净收入	Net Business Income	5952.6	6222.6	6795.3
1.第一产业经营净收入	Net Business Income of Primary Industry	3897.1	3838.0	4171.7
2.第二产业经营净收入	Net Business Income of Secondary Industry	464.0	481.0	518.8
3.第三产业经营净收入	Net Business Income of Tertiary Industry	1591.5	1903.5	2104.8
三、财产净收入	Net Income from Property	283.0	334.3	391.7
四、转移净收入	Net Income from Transfer	3717.9	4224.7	4812.0
1.转移性收入	Income from Transfer	4225.2	4696.8	5416.0
2.转移性支出	Expenditure from Transfer	507.3	472.1	604.0
可支配收入构成（%）	**Composition of Disposable Income (%)**	**100.0**	**100.0**	**100.0**
一、工资性收入	Income of Wages and Salaries	35.4	35.1	34.7
二、经营净收入	Net Business Income	38.6	37.4	37.0
1.第一产业经营净收入	Net Business Income of Primary Industry	25.3	23.1	22.7
2.第二产业经营净收入	Net Business Income of Secondary Industry	3.0	2.9	2.8
3.第三产业经营净收入	Net Business Income of Tertiary Industry	10.3	11.5	11.5
三、财产净收入	Net Income from Property	1.8	2.0	2.1
四、转移净收入	Net Income from Transfer	24.1	25.4	26.2
1.转移性收入	Income from Transfer	27.4	28.3	29.5
2.转移性支出	Expenditure from Transfer	3.3	2.8	3.3

3-23 农村居民现金可支配收入及构成

Disposable Income in Cash and Its Composition of Rural Residents

指　　标	Item	2019	2020	2021
现金可支配收入(元/人)	**Disposable Income in Cash (yuan/person)**	**14576**	**14956**	**15988.4**
一、现金工资性收入	Income of Wages and Salaries in Cash	5400	5776	6289.0
二、现金经营净收入	Net Business Income in Cash	5408	4783	4812.8
1.第一产业经营净收入	Net Business Income of Primary Industry	3100	2138	1907.7
2.第二产业经营净收入	Net Business Income of Secondary Industry	499	551	590.2
3.第三产业经营净收入	Net Business Income of Tertiary Industry	1809	2094	2314.8
三、现金财产净收入	Net Income from Property in Cash	283	334	391.7
四、现金转移净收入	Net Income from Transfer in Cash	3485	4063	4494.9
1.现金转移性收入	Income from Transfer in Cash	3992	4536	5098.9
2.现金转移性支出	Expenditure from Transfer in Cash	507	472	604.0
现金可支配收入构成(%)	**Composition of Disposable Income in Cash (%)**	**100.0**	**100.0**	**100.0**
一、现金工资性收入	Income of Wages and Salaries in Cash	37.0	38.6	39.3
二、现金经营净收入	Net Business Income in Cash	37.1	32.0	30.1
1.第一产业经营净收入	Net Business Income of Primary Industry	21.3	14.3	11.9
2.第二产业经营净收入	Net Business Income of Secondary Industry	3.4	3.7	3.7
3.第三产业经营净收入	Net Business Income of Tertiary Industry	12.4	14.0	14.5
三、现金财产净收入	Net Income from Property in Cash	1.9	2.2	2.4
四、现金转移净收入	Net Income from Transfer in Cash	23.9	27.2	28.1
1.现金转移性收入	Income from Transfer in Cash	27.4	30.3	31.9
2.现金转移性支出	Expenditure from Transfer in Cash	3.5	3.2	3.8

3-24 农村居民按收入五等份分组的人均可支配收入
Per Capita Disposable Income of Rural Residents by Income Quintile

单位：元/人 (yuan/person)

组　　别	Item	2019	2020	2021
20%低收入组家庭人均可支配收入	Lowest 20% Households	3422	5209	5554.6
20%中间偏下收入组家庭人均可支配收入	Lower Middle 20% Households	9908	10435	11073.1
20%中间收入组家庭人均可支配收入	Middle 20% Households	13902	14533	15291.7
20%中间偏上收入组家庭人均可支配收入	Upper Middle 20% Households	19392	20326	21355.0
20%高收入组家庭人均可支配收入	Highest 20% Households	37740	37800	42673.6

注：农村居民按收入五等份分组是指将所有调查户按人均可支配收入水平从低到高顺序排列，平均分为五个等份，处于最低20%的收入群体为低收入组，依此类推依次为中间偏下收入组、中间收入组、中间偏上收入组、高收入组。本表数据为不同分组家庭的人均可支配收入。

3-24-1 农村居民按收入五等份分组的人均消费支出
Per Capita Expenditures of Rural Residents by Income Quintile

单位：元/人 (yuan/person)

组　　别	Item	2019	2020	2021
20%低收入组家庭人均消费支出	Lowest 20% Households	12667.8	12606.5	14918.7
20%中间偏下收入组家庭人均消费支出	Lower Middle 20% Households	12977.5	12939.8	14284.1
20%中间收入组家庭人均消费支出	Middle 20% Households	13197.4	14350.1	16642.9
20%中间偏上收入组家庭消费支出	Upper Middle 20% Households	15686.7	15624.7	18282.7
20%高收入组家庭人均消费支出	Highest 20% Households	19866.7	20979.3	22914.4

注：全体居民按收入五等份分组是指将所有调查户按人均可支配收入水平从低到高顺序排列，平均分为五个等份，处于最低20%的收入群体为低收入组，依此类推依次为中间偏下收入组、中间收入组、中间偏上收入组、高收入组。本表数据为不同分组家庭的人均消费支出。

3-25 农村居民消费支出
Consumption Expenditure of Rural Residents

指　　标	Item	2019	2020	2021
消费支出(元/人)	**Consumption Expenditure (yuan/person)**	**14545.8**	**15023.5**	**17163.3**
(一)食品烟酒	Food, Tobacco and Liquor	4755.8	5145.8	5769.3
1.食品	Food	3072.0	3525.4	3765.7
2.烟酒	Tobacco and Liquor	843.2	839.4	924.9
3.饮料	Drinks	141.9	142.5	164.4
4.饮食服务	Diet Service	698.6	638.5	914.3
(二)衣着	Clothing	842.9	867.5	1053.7
1.衣类	Clothing	657.4	674.6	828.9
2.鞋类	Footwear	185.5	192.9	224.8
(三)居住	Residence	3311.5	3390.5	3465.3
1.租赁房房租	Rent of Rentable Housing	117.2	89.3	89.8
2.住房维修及管理	Management and Maintenance of Housing	423.5	476.4	403.9
3.水、电、燃料及其他	Water, Electricity, Fuels and Others	603.1	539.5	645.0
4.自有住房折算租金	Converted Rent for Private Housing	2167.6	2285.3	2326.7
(四)生活用品及服务	Household Facilities, Articles and Service	846.3	855.0	1003.1
1.家具及室内装饰品	Furniture and Interior Decorations	120.0	119.5	131.7
2.家用器具	Household Facilities	239.7	225.9	252.9
3.家用纺织品	Home Textiles	54.5	54.6	76.8
4.家庭日用杂品	Daily-use Household Groceries	236.8	251.2	283.3
5.个人护理用品	Personal Products	168.8	182.8	230.7
6.家庭服务	Household Service	26.4	21.0	27.7
(五)交通通信	Transportation and Communications	1709.4	1663.7	1899.1
1.交通	Transportation	1227.9	1144.2	1299.6
2.通信	Communications	481.5	519.5	599.5
(六)教育文化娱乐	Education, Culture and Recreation	1470.7	1422.0	1978.5
1.教育	Education	1173.8	1129.3	1667.7
2.文化和娱乐	Culture and Recreation	296.9	292.6	310.8
(七)医疗保健	Medicine and Medical Service	1323.5	1457.4	1672.1
1.医疗器具及药品	Medical Instrument and Articles	278.9	261.8	319.0
2.医疗服务	Medical Service	1044.5	1195.6	1353.1
(八)其他用品和服务	Miscellaneous Commodities and Services	285.9	221.7	322.2
1.其他用品	Miscellaneous Commodities	173.1	124.2	185.7
2.其他服务	Miscellaneous Services	112.8	97.5	136.5

3-26 农村居民消费支出构成
Composition of the Consumption Expenditure of Rural Residents

指　　标	Item	2019	2020	2021
消费支出构成(%)	**Composition of the Consumption Expenditure (%)**	**100.0**	**100.0**	**100.0**
(一)食品烟酒	Food, Tobacco and Liquor	32.7	34.3	33.6
1.食品	Food	21.1	23.5	21.9
2.烟酒	Tobacco and Liquor	5.8	5.6	5.4
3.饮料	Drinks	1.0	0.9	1.0
4.饮食服务	Diet Service	4.8	4.3	5.3
(二)衣着	Clothing	5.8	5.8	6.1
1.衣类	Clothing	4.5	4.5	4.8
2.鞋类	Footwear	1.3	1.3	1.3
(三)居住	Residence	22.8	22.6	20.2
1.租赁房房租	Rent of Rentable Housing	0.8	0.6	0.5
2.住房维修及管理	Management and Maintenance of Housing	2.9	3.2	2.4
3.水、电、燃料及其他	Water, Electricity, Fuels and Others	4.1	3.6	3.8
4.自有住房折算租金	Converted Rent for Private Housing	14.9	15.2	13.6
(四)生活用品及服务	Household Facilities, Articles and Service	5.8	5.7	5.8
1.家具及室内装饰品	Furniture and Interior Decorations	0.8	0.8	0.8
2.家用器具	Household Facilities	1.6	1.5	1.5
3.家用纺织品	Home Textiles	0.4	0.4	0.4
4.家庭日用杂品	Daily-use Household Groceries	1.6	1.7	1.7
5.个人护理用品	Personal Products	1.2	1.2	1.3
6.家庭服务	Household Service	0.2	0.1	0.2
(五)交通通信	Transportation and Communications	11.8	11.1	11.1
1.交通	Transportation	8.4	7.6	7.6
2.通信	Communications	3.3	3.5	3.5
(六)教育文化娱乐	Education, Culture and Recreation	10.1	9.5	11.5
1.教育	Education	8.1	7.5	9.7
2.文化和娱乐	Culture and Recreation	2.0	1.9	1.8
(七)医疗保健	Medicine and Medical Service	9.1	9.7	9.7
1.医疗器具及药品	Medical Instrument and Articles	1.9	1.7	1.9
2.医疗服务	Medical Service	7.2	8.0	7.9
(八)其他用品和服务	Miscellaneous Commodities and Services	2.0	1.5	1.9
1.其他用品	Miscellaneous Commodities	1.2	0.8	1.1
2.其他服务	Miscellaneous Services	0.8	0.6	0.8

3-27 农村居民现金消费支出
Consumption Expenditure of Rural Residents in Cash

指　　标	Item	2019	2020	2021
现金消费支出(元/人)	**Consumption Expenditure in Cash (yuan/person)**	**11716.0**	**12225.8**	**14059.0**
(一)食品烟酒	Food, Tobacco and Liquor	4454.9	4844.8	5386.7
1.食品	Food	2811.0	3267.1	3445.2
2.烟酒	Tobacco and Liquor	843.2	839.4	924.9
3.饮料	Drinks	140.1	139.5	162.2
4.饮食服务	Diet Service	660.6	598.9	854.5
(二)衣着	Clothing	842.4	867.3	1053.6
1.衣类	Clothing	656.9	674.4	828.8
2.鞋类	Footwear	185.5	192.9	224.8
(三)居住	Residence	1025.9	1058.8	1063.6
1.租赁房房租	Rent of Rentable Housing	117.2	89.3	89.8
2.住房维修及管理	Management and Maintenance of Housing	423.5	476.4	403.9
3.水、电、燃料及其他	Water, Electricity, Fuels and Others	485.1	493.1	570.0
(四)生活用品及服务	Household Facilities, Articles and Service	837.8	842.1	993.7
1.家具及室内装饰品	Furniture and Interior Decorations	119.3	116.8	131.5
2.家用器具	Household Facilities	239.7	225.9	252.9
3.家用纺织品	Home Textiles	54.5	54.6	76.8
4.家庭日用杂品	Daily-use Household Groceries	229.0	241.0	274.0
5.个人护理用品	Personal Products	168.8	182.8	230.7
6.家庭服务	Household Service	26.4	21.0	27.7
(五)交通通信	Transportation and Communications	1705.8	1660.8	1877.6
1.交通	Transportation	1224.3	1141.3	1278.1
2.通信	Communications	481.5	519.5	599.5
(六)教育文化娱乐	Education, Culture and Recreation	1469.8	1419.2	1978.4
1.教育	Education	1173.8	1129.3	1667.7
2.文化和娱乐	Culture and Recreation	296.0	289.9	310.7
(七)医疗保健	Medicine and Medical Service	1095.0	1313.9	1384.7
1.医疗器具及药品	Medical Instrument and Articles	278.6	260.3	310.7
2.医疗服务	Medical Service	816.4	1053.6	1074.1
(八)其他用品和服务	Miscellaneous Commodities and Services	284.5	219.0	320.7
1.其他用品	Miscellaneous Commodities	172.0	121.9	184.6
2.其他服务	Miscellaneous Services	112.5	97.1	136.1

3-28 农村居民现金消费支出构成

Composition of the Consumption Expenditure of Rural Residents in Cash

指　　标	Item	2019	2020	2021
现金消费支出构成(%)	**Composition of the Consumption Expenditure in Cash (%)**	**100.0**	**100.0**	**100.0**
(一)食品烟酒	Food, Tobacco and Liquor	38.0	39.6	38.3
1.食品	Food	24.0	26.7	24.5
2.烟酒	Tobacco and Liquor	7.2	6.9	6.6
3.饮料	Drinks	1.2	1.1	1.2
4.饮食服务	Diet Service	5.6	4.9	6.1
(二)衣着	Clothing	7.2	7.1	7.5
1.衣类	Clothing	5.6	5.5	5.9
2.鞋类	Footwear	1.6	1.6	1.6
(三)居住	Residence	8.8	8.7	7.6
1.租赁房房租	Rent of Rentable Housing	1.0	0.7	0.6
2.住房维修及管理	Management and Maintenance of Housing	3.6	3.9	2.9
3.水、电、燃料及其他	Water, Electricity, Fuels and Others	4.1	4.0	4.1
(四)生活用品及服务	Household Facilities, Articles and Service	7.2	6.9	7.1
1.家具及室内装饰品	Furniture and Interior Decorations	1.0	1.0	0.9
2.家用器具	Household Facilities	2.0	1.8	1.8
3.家用纺织品	Home Textiles	0.5	0.4	0.5
4.家庭日用杂品	Daily-use Household Groceries	2.0	2.0	1.9
5.个人护理用品	Personal Products	1.4	1.5	1.6
6.家庭服务	Household Service	0.2	0.2	0.2
(五)交通通信	Transportation and Communications	14.6	13.6	13.4
1.交通	Transportation	10.4	9.3	9.1
2.通信	Communications	4.1	4.2	4.3
(六)教育文化娱乐	Education, Culture and Recreation	12.5	11.6	14.1
1.教育	Education	10.0	9.2	11.9
2.文化和娱乐	Culture and Recreation	2.5	2.4	2.2
(七)医疗保健	Medicine and Medical Service	9.3	10.7	9.8
1.医疗器具及药品	Medical Instrument and Articles	2.4	2.1	2.2
2.医疗服务	Medical Service	7.0	8.6	7.6
(八)其他用品和服务	Miscellaneous Commodities and Services	2.4	1.8	2.3
1.其他用品	Miscellaneous Commodities	1.5	1.0	1.3
2.其他服务	Miscellaneous Services	1.0	0.8	1.0

3-29 农村居民主要食品消费量

Per Capita Main Food Consumption of Rural Residents

单位：公斤/人 (kg/person)

指　　标	Item	2019	2020	2021
一、粮食	Grain	169.2	170.4	172.5
(一)谷物	Cereals	153.2	154.3	156.2
(二)薯类	Tubers	2.8	3.0	2.9
(三)豆类	Beans	13.2	13.0	13.4
二、油脂	Oil and Fats	9.4	9.5	10.9
#食用植物油	Edible Vegetable Oil	8.4	8.6	9.8
三、蔬菜及菜制品消费量	Vegetables and Processed Products	99.3	102.0	113.5
#鲜菜	Fresh Vegetables	96.2	99.0	110.4
四、肉类	Meat and Processed Products	24.9	21.4	27.6
#猪肉	Pork	19.8	16.8	21.8
牛肉	Beef	1.6	1.6	1.6
羊肉	Mutton	0.7	0.7	0.9
五、禽类	Poultry and Processed Products	14.5	15.5	15.8
六、水产品	Aquatic Products	13.8	13.1	13.9
七、蛋类	Eggs and Processed Products	12.1	14.2	14.5
八、奶类	Milk and Dairy Products	9.7	9.1	10.8
九、干鲜瓜果类	Dried and Fresh Melons and Fruits	56.9	50.2	53.6
#鲜瓜果	Fresh Melons and Fruits	52.4	46.1	49.3
坚果类	Nuts and Grain Products	3.4	3.2	3.4
十、食糖	Sugar	1.1	1.0	1.0

3-30 农村居民年末主要耐用消费品拥有量
Main Durable Goods Owned per 100 Rural Households

单位：辆(台)/百户 (unit/100 households)

指　　标	Item	2019	2020	2021
家用汽车	Household Automobile	24.7	26.1	29.5
摩托车	Motorcycle	30.5	28.1	24.3
助力车	Man-drawn Vehicle	117.2	120.2	123.8
洗衣机	Washing Machine	89.7	90.7	93.5
电冰箱(柜)	Refrigerator	103.5	104.4	106.1
微波炉	Microwave Oven	26.2	27.2	30.4
彩色电视机	Color TV	133.6	134.8	133.8
空　调	Air Conditioner	118.3	122.8	137.5
热水器	Water Heater	90.6	95.2	93.4
排油烟机	Kitchen Ventilator	34.3	37.0	41.0
固定电话	Telephone	11.6	9.1	5.3
移动电话	Mobile Telephone	271.7	272.7	278.9
计算机	Computer	25.3	26.5	23.5
照相机	Camera	2.4	2.4	2.5

3-31 全国及分省(区、市)居民人均可支配收入
Per Capita Disposable Income by Province

单位：元 (yuan)

地 区	Region	全体居民 Total Residents			城镇常住居民 Urban Residents			农村常住居民 Rural Residents		
		2021	2020	增速(%) Growth Rate (%)	2021	2020	增速(%) Growth Rate (%)	2021	2020	增速(%) Growth Rate (%)
全 国	**National**	**35128.1**	**32188.8**	**9.1**	**47411.8**	**43833.8**	**8.2**	**18931.1**	**17131.5**	**10.5**
北 京	Beijing	75002.2	69433.5	8.0	81517.5	75601.5	7.8	33302.7	30125.7	10.5
天 津	Tianjin	47449.4	43854.1	8.2	51485.7	47658.5	8.0	27954.5	25690.6	8.8
河 北	Hebei	29383.0	27135.9	8.3	39791.0	37285.7	6.7	18178.9	16467.0	10.4
山 西	Shanxi	27425.9	25213.7	8.8	37433.1	34792.7	7.6	15308.3	13878.0	10.3
内蒙古	Inner Mongolia	34108.4	31497.3	8.3	44376.9	41353.1	7.3	18336.8	16566.9	10.7
辽 宁	Liaoning	35111.7	32738.3	7.2	43050.8	40375.9	6.6	19216.6	17450.3	10.1
吉 林	Jilin	27769.8	25751.0	7.8	35645.8	33395.7	6.7	17641.7	16067.0	9.8
黑龙江	Heilongjiang	27159.0	24902.0	9.1	33646.1	31114.7	8.1	17888.3	16168.4	10.6
上 海	Shanghai	78026.6	72232.4	8.0	82428.9	76437.3	7.8	38520.7	34911.3	10.3
江 苏	Jiangsu	47498.3	43390.4	9.5	57743.5	53101.7	8.7	26790.8	24198.5	10.7
浙 江	Zhejiang	57540.5	52397.4	9.8	68486.8	62699.3	9.2	35247.4	31930.5	10.4
安 徽	**Anhui**	**30904.3**	**28103.2**	**10.0**	**43008.7**	**39442.1**	**9.0**	**18371.7**	**16620.2**	**10.5**
福 建	Fujian	40659.3	37202.4	9.3	51140.5	47160.3	8.4	23228.9	20880.3	11.2
江 西	Jiangxi	30609.9	28016.5	9.3	41684.4	38555.8	8.1	18684.2	16980.8	10.0
山 东	Shandong	35705.1	32885.7	8.6	47066.4	43726.3	7.6	20793.9	18753.2	10.9
河 南	Henan	26811.2	24810.1	8.1	37094.8	34750.3	6.7	17533.3	16107.9	8.8
湖 北	Hubei	30829.3	27880.6	10.6	40277.8	36705.7	9.7	18259.0	16305.9	12.0
湖 南	Hunan	31992.7	29379.9	8.9	44866.1	41697.5	7.6	18295.2	16584.6	10.3
广 东	Guangdong	44993.3	41028.6	9.7	54853.6	50257.0	9.1	22306.0	20143.4	10.7
广 西	Guangxi	26726.7	24562.3	8.8	38529.9	35859.3	7.4	16362.9	14814.9	10.4
海 南	Hainan	30456.8	27904.1	9.1	40213.2	37097.0	8.4	18076.3	16278.8	11.0
重 庆	Chongqing	33802.6	30823.9	9.7	43502.5	40006.2	8.7	18099.6	16361.4	10.6
四 川	Sichuan	29080.1	26522.1	9.6	41443.8	38253.1	8.3	17575.3	15929.1	10.3
贵 州	Guizhou	23996.2	21795.4	10.1	39211.2	36096.2	8.6	12856.1	11642.3	10.4
云 南	Yunnan	25666.2	23294.9	10.2	40904.9	37499.5	9.1	14197.3	12841.9	10.6
西 藏	Tibet	24949.9	21744.1	14.7	46503.3	41156.4	13.0	16935.3	14598.4	16.0
陕 西	Shaanxi	28568.0	26226.0	8.9	40713.1	37868.2	7.5	14744.8	13316.5	10.7
甘 肃	Gansu	22066.0	20335.1	8.5	36187.3	33821.8	7.0	11432.8	10344.3	10.5
青 海	Qinghai	25919.5	24037.4	7.8	37745.3	35505.8	6.3	13604.2	12342.5	10.2
宁 夏	Ningxia	27904.5	25734.9	8.4	38290.7	35719.6	7.2	15336.6	13889.4	10.4
新 疆	Xinjiang	26075.0	23844.7	9.4	37642.4	34838.4	8.0	15575.3	14056.1	10.8

3-32 各市、县(区)居民人均可支配收入(2021年)

Per Capita Disposable Income by Region (2021)

单位：元 (yuan)

地 区	Region	全体居民 Total Residents		城镇常住居民 Urban Residents		农村常住居民 Rural Residents	
		2021	增速(%) Growth Rate (%)	2021	增速(%) Growth Rate (%)	2021	增速(%) Growth Rate (%)
安徽省	**Anhui**	**30904.3**	**10.0**	**43008.7**	**9.0**	**18371.7**	**10.5**
合肥市	**Hefei**	**46009.0**	**10.5**	**53208.0**	**10.2**	**26856.0**	**10.6**
瑶海区	Yaohai District	54992.0	10.0	54992.0	10.0	-	-
庐阳区	Luyang District	60746.0	10.3	60746.0	10.3	-	-
蜀山区	Shushan District	61826.0	10.2	61826.0	10.2	-	-
包河区	Baohe District	62736.0	10.1	62736.0	10.1	-	-
合肥高新区	Hefei New and High-tech Zone	49710.0	11.0	49710.0	11.0	-	-
合肥经开区	Hefei Economic-technology Development Zone	49850.0	10.7	49850.0	10.7	-	-
合肥新站区	Hefei New Station District	46872.0	11.0	46872.0	11.0	-	-
长丰县	Changfeng	33322.0	10.8	43043.0	10.3	25746.0	10.7
肥东县	Feidong	35737.0	10.7	45082.0	10.4	28208.0	10.6
肥西县	Feixi	37279.0	10.7	47595.0	10.2	28864.0	10.8
庐江县	Lujiang	32155.0	10.6	40334.0	10.1	25064.0	10.6
巢湖市	Chaohu	36283.0	10.5	42984.0	10.2	26394.0	10.5
芜湖市	**Wuhu**	**40501.0**	**10.0**	**48668.0**	**9.2**	**27202.0**	**11.2**
镜湖区	Jinghu District	54303.0	9.1	54698.0	9.1	33344.0	11.2
弋江区	Yijiang District	50932.0	8.9	50932.0	8.9	-	-
鸠江区	Jiujiang District	42831.0	9.9	49002.0	9.2	29191.0	11.3
三山经开区	Sanshan District	35026.0	10.5	44266.0	9.0	29363.0	11.5
湾沚区	Wanzhi District	36838.0	10.5	45802.0	9.4	29503.0	11.3
繁昌区	Fanchang	37276.0	10.6	45661.0	9.6	29361.0	11.4
南陵县	Nanling	35737.0	10.2	43832.0	9.0	29508.0	11.0
无为市	Wuwei	33097.0	10.4	44368.0	9.3	24142.0	11.0
芜湖经开区	Wuhu Economic-technology Development Zone	48663.0	9.5	48663.0	9.5	-	-
蚌埠市	**Bengbu**	**31972.0**	**9.3**	**42656.0**	**9.1**	**19538.0**	**8.5**
龙子湖区	Longzihu District	51072.0	9.0	53078.0	9.0	18530.0	8.2
蚌山区	Bengshan District	45700.0	8.8	47247.0	8.8	19289.0	8.4
禹会区	Yuhui District	37256.0	9.5	42357.0	9.3	18150.0	8.9
淮上区	Huaishang District	30461.0	9.2	43312.0	8.7	18388.0	8.8
怀远县	Huaiyuan	26525.0	9.1	37700.0	9.2	19781.0	8.3
五河县	Wuhe	27136.0	9.2	37431.0	9.1	19660.0	8.5
固镇县	Guzhen	27011.0	9.2	38297.0	9.0	19768.0	8.6
蚌埠高新区	Bengbu New and High-tech Zone	36481.0	8.8	40944.0	8.6	18156.0	8.7
蚌埠经开区	Bengbu Economic-technology Development Zone	47148.0	9.4	49788.0	9.4	18554.0	8.1
淮南市	**Huainan**	**31632.0**	**9.9**	**41375.0**	**9.8**	**16706.0**	**8.4**
大通区	Datong District	38007.0	9.9	43682.0	9.4	19584.0	10.8
田家庵区	Tianjiaan District	48560.0	9.4	49157.0	9.3	20734.0	10.7
谢家集区	Xiejiaji District	40573.0	9.9	42783.0	9.7	19778.0	10.6
八公山区	Bagongshan District	38813.0	10.3	39077.0	10.2	19942.0	10.5
潘集区	Panji District	30261.0	9.7	42145.0	9.7	18421.0	8.0
凤台县	Fengtai	26362.0	9.8	40301.0	10.5	18708.0	7.9
寿 县	Shouxian	21646.0	9.8	31647.0	10.0	14247.0	8.1
毛集实验区	Maoji Experimental District	24800.0	10.4	33669.0	9.7	18338.0	10.5

3-32 续表 1 continued

单位：元 (yuan)

地区	Region	全体居民 Total Residents 2021	增速(%) Growth Rate (%)	城镇常住居民 Urban Residents 2021	增速(%) Growth Rate (%)	农村常住居民 Rural Residents 2021	增速(%) Growth Rate (%)
马鞍山市	**Maanshan**	**46557.0**	**9.8**	**56440.0**	**9.0**	**28331.0**	**11.5**
花山区	Huashan District	67192.0	9.1	67415.0	9.1	38215.0	11.4
雨山区	Yushan District	69607.0	8.7	70397.0	8.7	37513.0	11.5
博望区	Bowang District	42157.0	10.2	52352.0	8.9	31201.0	11.7
当涂县	Dangtu	40594.0	10.3	47507.0	9.2	32292.0	11.5
含山县	Hanshan	31656.0	10.4	40138.0	9.0	25050.0	11.5
和　县	Hexian	33787.0	10.2	41489.0	9.0	25250.0	11.6
郑蒲港新区	Zhengpu Harbour New District	30985.0	10.9	-	-	30985.0	10.9
淮北市	**Huaibei**	**30738.0**	**9.3**	**39688.0**	**9.0**	**16504.0**	**8.5**
杜集区	Duji District	35656.0	8.9	38333.0	8.8	17401.0	8.3
相山区	Xiangshan District	43318.0	9.1	45004.0	9.0	16976.0	10.6
烈山区	Lieshan District	30582.0	9.4	37090.0	8.8	16735.0	10.5
濉溪县	Suixi	23533.0	9.1	35990.0	9.2	16391.0	8.1
铜陵市	**Tongling**	**32317.0**	**9.3**	**44454.0**	**8.0**	**18992.0**	**11.1**
铜官区	Tongguan District	53579.0	8.1	53610.0	8.1	35086.0	10.5
义安区	Yi'an District	35448.0	9.6	42628.0	8.0	29403.0	11.1
郊　区	Suburban District	29763.0	9.5	41695.0	8.0	17761.0	11.4
枞阳县	Congyang	21333.0	9.8	32353.0	7.7	16230.0	11.0
安庆市	**Anqing**	**27098.0**	**9.9**	**39416.0**	**9.7**	**16975.0**	**9.1**
迎江区	Yingjiang District	43691.0	10.0	49781.0	9.9	21176.0	9.1
大观区	Daguan District	43358.0	10.1	48822.0	10.0	20545.0	8.6
宜秀区	Yixiu District	27447.0	9.8	35157.0	10.1	21402.0	8.8
怀宁县	Huaining	28416.0	9.9	39917.0	9.7	19292.0	9.2
潜山市	Qianshan	24288.0	9.8	38183.0	9.3	15756.0	9.3
太湖县	Taihu	21595.0	9.9	33597.0	9.5	15109.0	9.4
宿松县	Susong	21370.0	9.8	32711.0	9.6	15188.0	9.0
望江县	Wangjiang	22606.0	9.5	34679.0	9.2	15382.0	8.9
岳西县	Yuexi	20885.0	9.5	32724.0	9.4	15135.0	8.7
安庆开发区	Anqing Development Zone	47698.0	9.7	47698.0	9.7	-	-
桐城市	Tongcheng	28503.0	9.9	38684.0	9.8	20011.0	9.2
黄山市	**Huangshan**	**30574.0**	**9.5**	**41882.0**	**8.2**	**20298.0**	**10.9**
屯溪区	Tunxi District	44079.0	8.4	45965.0	8.2	21574.0	11.1
黄山区	Huangshan District	33396.0	9.3	44430.0	8.2	20945.0	10.6
徽州区	Huizhou District	33626.0	9.6	45468.0	8.3	21280.0	11.2
歙　县	Shexian	26569.0	9.8	38272.0	8.0	20114.0	11.0
休宁县	Xiuning	26221.0	9.9	38295.0	8.1	20052.0	10.9
黟　县	Yixian	26993.0	9.7	37231.0	8.4	20429.0	10.5
祁门县	Qimen	26695.0	9.9	38262.0	8.5	20028.0	10.8
滁州市	**Chuzhou**	**28142.0**	**9.5**	**39025.0**	**8.3**	**17400.0**	**10.6**
琅琊区	Langya District	48099.0	8.0	49714.0	7.9	18528.0	10.5
南谯区	Nanqiao District	31050.0	9.6	44203.0	8.6	17947.0	10.5
来安县	Laian	27686.0	9.8	40588.0	8.5	17338.0	10.9
全椒县	Quanjiao	27506.0	9.4	36533.0	8.1	17779.0	10.8
定远县	Dingyuan	23268.0	9.7	34916.0	8.3	16206.0	10.5
凤阳县	Fengyang	21750.0	9.7	32035.0	8.2	15352.0	10.7
滁州经开区	Chuzhou Economic-technology Development Zone	40126.0	8.0	40126.0	8.0	-	-

3-32 续表 2 continued

单位：元 (yuan)

地 区	Region	全体居民 Total Residents 2021	增速(%) Growth Rate (%)	城镇常住居民 Urban Residents 2021	增速(%) Growth Rate (%)	农村常住居民 Rural Residents 2021	增速(%) Growth Rate (%)
天长市	Tianchang	34404.0	9.3	41279.0	8.4	24228.0	10.7
明光市	Mingguang	25295.0	9.5	35446.0	8.3	16110.0	10.4
阜阳市	**Fuyang**	**24443.0**	**9.9**	**37379.0**	**8.2**	**15874.0**	**11.4**
颍州区	Yingzhou District	34365.0	9.1	42341.0	8.1	18325.0	11.2
颍东区	Yingdong District	24129.0	9.8	35345.0	8.3	14949.0	11.4
颍泉区	Yingquan District	27564.0	9.4	38041.0	8.0	16088.0	11.5
临泉县	Linquan	20544.0	10.4	34304.0	8.2	15308.0	11.6
太和县	Taihe	24722.0	9.8	37256.0	8.2	16188.0	11.0
阜南县	Funan	21054.0	10.2	34192.0	8.0	15119.0	11.5
颍上县	Yingshang	23584.0	10.1	37050.0	8.3	16030.0	11.4
界首市	Jieshou	27108.0	9.9	39169.0	8.4	17315.0	11.4
宿州市	**Suzhou**	**24290.0**	**9.9**	**37278.0**	**8.5**	**15913.0**	**10.8**
埇桥区	Yongqiao District	29217.0	9.5	40971.0	8.4	16247.0	10.7
砀山县	Dangshan	24934.0	9.7	35908.0	8.3	16288.0	10.9
萧 县	Xiaoxian	21717.0	10.1	35329.0	8.6	15820.0	10.6
灵璧县	Lingbi	21732.0	10.1	33631.0	8.5	15973.0	10.8
泗 县	Sixian	20605.0	10.2	33864.0	8.7	15244.0	10.6
六安市	**Lu'an**	**24788.0**	**10.4**	**36793.0**	**9.4**	**16003.0**	**10.8**
金安区	Jinan District	29637.0	10.4	41014.0	9.6	17102.0	10.7
裕安区	Yuan District	27992.0	10.3	41719.0	9.2	17190.0	10.8
叶集区	Yeji District	22621.0	10.6	33939.0	9.8	15680.0	10.7
霍邱县	Huoqiu	19981.0	10.5	32361.0	9.5	14985.0	10.7
舒城县	Shucheng	24691.0	10.2	34287.0	9.2	16059.0	10.9
金寨县	Jinzhai	21040.0	10.5	31671.0	9.2	15018.0	11.1
霍山县	Huoshan	29467.0	9.9	36264.0	9.2	17753.0	10.8
亳州市	**Bozhou**	**24481.0**	**9.9**	**37319.0**	**9.3**	**16769.0**	**9.7**
谯城区	Qiaocheng District	28261.0	10.0	40641.0	9.4	18592.0	9.6
涡阳县	Guoyang	21717.0	9.8	33124.0	9.0	15731.0	9.6
蒙城县	Mengcheng	24344.0	10.1	37555.0	9.3	17221.0	9.9
利辛县	Lixin	22962.0	9.7	36438.0	9.1	15549.0	9.5
池州市	**Chizhou**	**28973.0**	**9.7**	**38756.0**	**8.7**	**19168.0**	**10.7**
贵池区	Guichi District	31371.0	9.5	40248.0	8.6	19924.0	10.4
东至县	Dongzhi	27707.0	9.6	36865.0	8.7	19177.0	10.3
石台县	Shitai	20960.0	10.0	33683.0	8.5	13869.0	10.9
青阳县	Qingyang	29027.0	9.7	39668.0	8.8	20121.0	10.2
九华山风景区	Jiuhuashan Mountain Scenic Area	19755.0	8.5	-	-	19755.0	8.5
宣城市	**Xuancheng**	**33720.0**	**9.7**	**46115.0**	**9.5**	**20565.0**	**8.7**
宣州区	Xuanzhou District	34429.0	9.5	46562.0	9.2	20851.0	8.5
郎溪县	Langxi	30046.0	9.6	44990.0	9.6	19856.0	8.3
广德县	Guangde	37173.0	10.1	50249.0	10.0	23312.0	9.0
泾 县	Jingxian	26947.0	9.9	37748.0	10.1	18429.0	8.4
绩溪县	Jixi	28663.0	9.8	41013.0	9.5	17055.0	8.9
旌德县	Jingde	23818.0	9.2	32909.0	9.1	16492.0	8.4
宁国市	Ningguo	41876.0	9.4	50723.0	9.0	23162.0	9.1

主要指标解释

一、收入

可支配收入 指调查户在调查期内获得的、可用于最终消费支出和储蓄的总和，即调查户可以用来自由支配的收入。可支配收入既包括现金，也包括实物收入。按照收入的来源，可支配收入包含四项，分别为：工资性收入、经营净收入、财产净收入和转移净收入。按居民类型划分,有居民可支配收入、城镇常住居民可支配收入、农村常住居民可支配收入，计算公式为：

可支配收入 = 工资性收入 + 经营净收入 + 财产净收入 + 转移净收入

其中：经营净收入 = 经营收入 - 经营费用 - 生产性固定资产折旧 - 生产税

财产净收入 = 财产性收入 - 财产性支出

转移净收入 = 转移性收入 - 转移性支出

工资性收入 指就业人员通过各种途径得到的全部劳动报酬和各种福利，包括受雇于单位或个人、从事各种自由职业、兼职和零星劳动得到的全部劳动报酬和福利。

经营净收入 指住户或住户成员从事生产经营活动所获得的净收入，是全部经营收入中扣除经营费用、生产性固定资产折旧和生产税之后得到的净收入。

财产净收入 指住户或住户成员将其所拥有的金融资产、住房等非金融资产和自然资源交由其他机构单位、住户或个人支配而获得的回报并扣除相关的费用之后得到的净收入。财产净收入包括利息净收入、红利收入、储蓄性保险净收益和转让承包土地经营权租金净收入、出租房屋净收入、出租其它资产净收入和自有住房折算净租金等。

转移性收入 指国家、单位、社会团体对住户的各种经常性转移支付和住户之间的经常性收入转移。包括养老金或退休金、社会救济和补助、政策性生活补贴、救灾款、经常性捐赠和赔偿以及报销医疗费等；住户之间的赡养收入、经常性捐赠和赔偿以及农村地区（村委会）在外（含国外）工作的本住户非常住成员寄回带回的收入等。

二、消费

消费支出 指住户用于满足家庭日常生活消费需要的全部支出，包括用于消费品的支出和用于服务性消费的支出。根据用途不同，消费支出可划分为食品烟酒、衣着、居住、生活用品及服务、交通通信、教育文化娱乐、医疗保健、其他用品及服务八大类。根据来源不同，消费支出可划分为现金消费支出、实物消费支出（含自产自用、来自单位、来自政府和其他社会组织）。

4

价格调查

Chapter 4 Price Survey

简要说明

一、本篇资料内容主要反映生产、流通、消费等环节的价格变动趋势和变动幅度。内容主要包括各种价格总指数、居民消费价格指数、商品零售价格指数、农业生产资料价格指数、工业生产者出厂价格指数、工业生产者购进价格指数、新建商品住宅销售价格指数和二手住宅销售价格指数。

二、价格统计调查根据国家统计局《价格统计报表制度》，由安徽调查总队组织实施。

三、消费、零售价格指数采用分层抽样调查方法编制，以样本推断总体，调查实行月报，被抽选的调查市县 19 个。

四、农产品生产者价格调查采用抽样调查和重点调查相结合的方法，调查采用月报和季报相结合的方式，目前抽选的调查县（区）为 31 个。

五、工业生产者出厂价格及工业生产者购进价格调查采用重点调查和典型调查相结合的方法，调查实行月报，调查对象包括全省 16 个市的 2200 家工业企业。

六、新建商品住宅销售价格调查为全面调查，二手住宅销售价格调查采用重点调查与典型调查相结合的方法，调查实行月报，全省调查城市为 9 个。

本版责任编辑：周玉华、高亚奇、刘玉如、赵颐轩

4-1 各种价格指数
Price Indices

(上年=100) (preceding year=100)

年 份 Year	居民消费价格指数 Consumer Price Index	城市居民消费价格指数 Urban Household	农村居民消费价格指数 Rural Household	商品零售价格指数 Retail Price Index	工业生产者出厂价格指数 Producer Price Index for Industrial Products	工业生产者购进价格指数 Purchasing Price Index for Industrial Producers
1978				100.0		
1979		102.6		102.1		
1980		104.1		103.4		
1981		103.2		101.7		
1982		100.1		101.0		
1983		102.2		101.1		
1984	102.1	102.1	102.0	102.0		
1985	107.1	107.8	106.4	106.4		
1986	106.2	105.8	106.5	105.2		
1987	109.1	109.9	108.3	109.7		
1988	120.9	121.4	119.1	121.8		
1989	117.2	115.7	118.8	117.1		
1990	102.7	102.6	102.8	101.9		
1991	106.1	107.4	104.1	105.7		
1992	108.2	108.8	108.0	106.6		
1993	114.7	114.4	115.4	112.9	125.3	128.7
1994	126.9	127.4	126.3	123.2	120.9	122.3
1995	114.8	115.9	113.7	112.7	117.2	117.9
1996	109.9	110.1	109.7	107.1	101.5	110.0
1997	101.3	101.9	100.7	99.4	99.3	101.7
1998	100.0	100.3	99.9	98.1	96.4	96.0
1999	97.8	97.6	98.0	96.6	95.9	94.5
2000	100.7	100.9	100.5	98.0	98.9	102.6
2001	100.5	100.0	101.3	99.6	98.6	100.2
2002	99.0	99.1	98.7	99.2	99.8	98.2
2003	101.7	101.8	101.7	101.3	103.5	106.7
2004	104.5	104.3	104.8	102.7	108.2	115.0
2005	101.4	101.0	101.9	100.6	103.3	107.2
2006	101.2	101.4	100.9	100.8	103.1	103.9
2007	105.3	105.3	105.2	104.5	103.6	105.1
2008	106.2	106.0	106.4	106.3	108.4	112.4
2009	99.1	98.9	99.4	99.0	92.8	95.3
2010	103.1	103.0	103.4	103.2	109.0	111.8
2011	105.6	105.4	105.9	105.3	108.3	110.8
2012	102.3	102.2	102.4	102.1	98.3	98.2
2013	102.4	102.4	102.5	101.2	98.2	96.9
2014	101.6	101.7	101.5	100.4	97.4	97.2
2015	101.3	101.3	101.3	99.7	93.9	93.5
2016	101.8	101.8	101.6	100.8	98.5	98.4
2017	101.2	101.3	101.1	101.7	108.0	109.2
2018	102.0	102.0	102.0	101.9	103.0	105.3
2019	102.7	102.7	102.8	101.9	100.3	99.9
2020	102.7	102.5	102.9	101.6	99.1	98.5
2021	100.9	101.1	100.7	101.6	107.7	111.5

4-2 各种价格定基指数

Fixed-base Price Indices

年份 Year	居民消费价格指数 Consumer Price Index (1983=100)	城市居民消费价格指数 Urban Household (1978=100)	农村居民消费价格指数 Rural Household (1983=100)	商品零售价格指数 Retail Price Index (1978=100)	工业生产者出厂价格指数 Producer Price Index for Industrial Products (1992=100)	工业生产者购进价格指数 Purchasing Price Index for Industrial Producers (1992=100)
1979		102.6		102.1		
1980		106.8		105.6		
1981		110.2		107.4		
1982		110.3		108.4		
1983		112.8		109.6		
1984	102.1	115.1	102.0	111.8		
1985	109.3	124.1	108.5	119.0		
1986	116.1	131.3	115.6	125.2		
1987	126.7	144.3	125.2	137.3		
1988	153.2	175.2	149.1	167.2		
1989	179.5	202.7	177.1	195.8		
1990	184.4	208.0	182.1	199.6		
1991	195.6	223.4	189.5	210.9		
1992	211.7	243.0	204.7	224.9		
1993	242.8	278.0	236.2	253.9	125.3	128.7
1994	308.1	354.2	298.3	312.8	151.5	157.4
1995	353.7	410.5	339.2	352.5	177.5	185.6
1996	388.7	451.9	372.1	377.5	180.3	204.2
1997	393.7	460.5	374.7	375.2	179.0	207.6
1998	393.7	461.9	374.4	368.1	172.5	199.2
1999	385.1	450.8	366.9	355.6	165.4	188.2
2000	387.8	454.9	368.7	348.5	163.5	193.1
2001	389.7	454.9	373.5	347.1	161.3	193.4
2002	385.8	450.8	368.6	344.3	161.0	190.0
2003	392.4	458.9	374.9	348.8	166.6	202.8
2004	410.0	478.6	392.9	358.2	180.2	233.2
2005	415.8	483.4	400.4	360.4	186.2	250.0
2006	420.8	490.2	404.0	363.2	192.0	259.7
2007	443.1	516.2	425.0	379.6	199.0	273.0
2008	470.5	547.1	452.2	403.5	215.7	306.8
2009	466.3	541.1	449.5	399.5	200.2	292.3
2010	480.7	557.4	464.7	412.3	218.2	326.6
2011	507.7	587.5	492.2	434.1	236.3	361.9
2012	519.3	600.4	504.0	443.2	232.3	355.4
2013	531.8	614.8	516.6	448.5	228.1	344.4
2014	540.3	625.3	524.3	450.3	222.2	334.8
2015	547.3	633.4	531.1	448.9	208.6	313.0
2016	557.2	644.8	539.6	452.5	205.5	308.0
2017	563.9	653.2	545.5	460.2	221.9	336.3
2018	575.2	666.3	556.4	468.9	228.6	354.0
2019	590.7	684.3	572.0	477.8	229.4	353.7
2020	606.6	701.4	588.6	485.4	227.4	348.3
2021	612.1	709.1	592.7	493.2	244.9	388.4

4-3 居民消费价格分类指数(2021年)

Consumer Price Indices by Category (2021)

(上年＝100) (preceding year=100)

指　　标	Item	全省 Provincial Indices	城市 Urban Indices	农村 Rural Indices
居民消费价格指数	**Consumer Price Index**	**100.9**	**101.1**	**100.7**
非食品烟酒价格指数	Non-food Price Index	101.5	101.5	101.5
服务价格指数	Items of Service Price Index	101.0	101.0	101.0
工业品价格指数	Industrial Products Price Index	102.1	102.1	102.2
消费品价格指数	Consumable Price Index	100.9	101.1	100.5
扣除食品和能源价格指数	Deduction Food and Energy Price Index	101.0	101.0	101.0
扣除鲜菜鲜果价格指数	Deduction Fresh Vegetables and Fruits Price Index	100.8	100.9	100.6
一、食品烟酒	**Food, Tobacco and Liquor**	**99.5**	**99.9**	**98.8**
1.食品	Food	98.5	99.1	97.3
(1)粮食	Grain	100.7	100.8	100.7
大米	Rice	100.5	100.6	100.3
面粉	Flour	100.6	100.2	100.9
(2)薯类	Tubers	100.5	98.3	103.8
(3)豆类	Beans	107.7	108.0	107.3
(4)食用油	Edible Oil	104.2	105.0	102.9
(5)菜及食用菌	Vegetables and Edible Fungi	103.6	104.1	102.3
鲜菜	Fresh Vegetables	104.1	104.6	102.8
(6)畜肉类	Edible Livestock Meat	81.2	82.3	79.1
猪肉	Pork	68.9	69.2	68.3
牛肉	Beef	102.6	102.9	101.8
羊肉	Mutton	106.0	106.4	105.0
(7)禽肉类	Poultry	97.2	98.3	95.2
(8)水产品	Aquatic Products	114.3	114.3	114.3
(9)蛋类	Eggs	112.3	113.4	110.2
(10)奶类	Diary Products	101.8	101.5	102.4
(11)干鲜瓜果类	Dried and Fresh Melons and Fruits	103.7	104.1	102.8
鲜果	Fresh Melons and Fruits	104.6	105.0	103.8
(12)糖果糕点类	Confectionery	101.7	102.0	101.0
(13)调味品	Flavoring	101.6	101.4	101.8
(14)其他食品类	Other Foods	100.4	100.4	100.4
2.茶及饮料	Tea and Beverages	104.1	103.0	105.8
3.烟酒	Tobacco and Liquor	100.6	100.4	100.9
(1)卷烟	Cigarette	101.4	101.3	101.6
(2)酒类	Liquor	99.4	99.1	99.9
4.在外餐饮	Dinning Out	102.0	102.0	102.1
二、衣着	**Clothing**	**101.1**	**100.9**	**101.3**
1.服装	Garments	101.1	101.0	101.5
(1)男式服装	Men's Clothing	101.4	101.4	101.2
(2)女式服装	Women's Clothing	100.7	100.4	101.6
(3)儿童服装	Children's Clothing	101.4	101.2	101.9

4-3 续表 1 continued

(上年＝100) (preceding year=100)

指　　标	Item	全省 Provincial Indices	城市 Urban Indices	农村 Rural Indices
(4)衣着材料及配件	Clothing Materials and Accessories	100.8	101.0	100.5
(5)衣着服务费	Clothing Service Fee	104.4	105.3	102.0
2.鞋类	Footwear	100.7	100.7	100.7
(1)鞋	Shoes	100.7	100.7	100.7
(2)鞋类服务	Footwear Services	101.3	101.4	101.2
三、居住	**Residence**	**100.7**	**100.6**	**100.8**
1.租赁房房租	Tenancy	100.1	100.3	99.3
2.住房保养维修及管理	Housing Maintenance	102.2	102.5	101.7
(1)住房装潢材料	Housing Decoration Materials	101.8	101.7	101.9
(2)住房维修管理费用	Housing Maintenance and Management Expenses	102.7	103.3	101.5
物业管理费	Property Management Fee	101.1	101.5	100.0
装潢维修费	Housing Decoration Maintenance	103.3	103.9	102.3
其他住房费用	Others	102.3	103.8	100.0
3.水电燃料	Water, Electricity and Fuels	101.4	100.9	102.2
(1)水	Water	100.0	100.0	100.1
(2)电	Electricity	100.0	100.0	100.0
(3)燃气	Gas	106.2	104.1	110.5
(4)其他水电燃料类	Others	101.4	100.9	102.5
4.自有住房	Housing	100.1	100.2	100.0
四、生活用品及服务	**Daily Necessities and Services**	**100.1**	**100.2**	**100.0**
1.家具及室内装饰品	Furniture and Interior Decorations	100.2	100.3	100.0
(1)家具	Furniture	100.1	100.3	99.9
(2)室内装饰品	Interior Decorations	100.5	100.6	100.2
2.家用器具	Household Appliances	100.8	101.2	99.9
(1)大型家用器具	Large Household Appliances	100.5	100.9	99.6
(2)小家电	Small Home Appliances	102.5	102.9	101.6
3.家用纺织品	Household Textiles	100.4	100.7	99.4
(1)床上用品	Bed Articles	100.4	100.9	99.2
(2)窗帘门帘	Curtain	100.0	99.9	100.3
(3)其他家用纺织品	Other Household Textiles	100.4	100.6	100.0
4.家庭日用杂品	Daily-Use Household Articles	99.8	99.6	100.2
(1)洗涤卫生用品	Sanitary Articles	100.4	100.3	100.5
(2)厨具餐具茶具	Kitchenware, Tableware, Tea set	97.9	98.1	97.6
(3)其他家庭日用杂品	Other Daily-Use Household Articles	99.8	99.2	100.8
5.个人护理用品	Personal Care Products	98.7	98.6	98.8
(1)化妆品	Cosmetics	97.6	97.7	97.2
(2)其他护理用品类	Other Care Products	99.9	99.8	100.1
6.家庭服务	Household Service	103.1	103.1	103.2

4-3 续表 2 continued

(上年＝100) (preceding year=100)

指　　标	Item	全省 Provincial Indices	城市 Urban Indices	农村 Rural Indices
五、交通通信	**Transportation and Communication**	**104.8**	**104.9**	**104.4**
1.交通	Transportation	105.8	105.9	105.6
(1)交通工具	Transportation Facility	101.8	101.8	101.8
(2)交通工具用燃料	Fuels	117.0	117.0	117.1
(3)交通工具使用和维修	Fees for Vehicles Use and Maintenance	99.9	99.9	100.0
(4)交通费	Traffic Fare	101.8	101.9	101.7
2.通信	Communication	101.9	101.9	101.7
(1)通信工具	Communication Facility	105.7	105.8	105.7
(2)通信服务	Communication Services	100.0	100.0	100.0
(3)邮递服务	Postal Service	99.4	99.3	99.7
六、教育文化娱乐	**Education, Culture and Recreation**	**102.8**	**102.6**	**103.3**
1.教育	Education	103.7	103.6	104.0
(1)教育用品	Teaching Materials and Reference Books	99.8	99.7	100.0
(2)教育服务	Education Services	103.9	103.8	104.2
2.文化娱乐	Cultural and Recreational Articles	100.8	100.5	101.5
(1)文娱耐用消费品	Cultural Articles	100.5	100.8	99.8
(2)其他文娱用品	Expenditure on Culture and Recreation	99.5	99.2	100.0
(3)文化娱乐服务	Culture and Recreation Services	101.3	101.3	101.4
(4)旅游	Tourism	101.6	100.7	105.2
七、医疗保健	**Medical Care and Health**	**100.5**	**100.7**	**100.3**
1.药品及医疗器具	Medical Instrument and Articles	99.3	99.3	99.3
(1)中药	Traditional Chinese Medicine	101.7	101.0	102.8
(2)西药	Western Medicine	98.7	99.1	98.0
(3)滋补保健品	Nourishing Health Products	99.8	100.1	99.2
(4)医疗卫生器具	Medical Appliance	96.9	95.5	99.6
(5)保健器具	Health Care Appliance	99.7	99.5	100.1
2.医疗服务	Health Care Services	101.0	101.2	100.7
(1)综合医疗类	General Medical	102.4	102.1	103.0
(2)诊断类	Diagnosis	99.8	100.2	99.2
(3)治疗类	Treatment	101.7	101.9	101.3
(4)康复类	Rehabilitation	100.3	100.5	100.0
(5)中医医疗服务类	Traditional Chinese Medical Services	101.4	102.2	100.0
(6)其他医疗保健服务	Other Health Care Services	100.1	100.6	99.3
八、其他用品及服务	**Other Articles and Services**	**96.1**	**96.1**	**96.1**
1.其他用品	Other Articles	99.3	99.3	99.3
(1)首饰手表	Jewelry and Watches	99.4	99.7	98.8
(2)母婴用品	Maternal and Infant Supplies	98.4	98.2	98.8
(3)其他杂项用品	Other Sundry Articles	100.4	100.2	100.7
2.其他服务	Other Services	92.2	92.5	91.3
(1)在外住宿	Accommodation Outside	100.9	101.2	99.7
(2)美容美发洗浴	Hairdressing Bath	102.5	102.7	101.8
(3)养老服务	Aged Services	101.6	102.3	99.9
(4)金融及保险服务	Financial and Insurance	80.8	81.4	79.1
(5)中介法律及其他服务	Intermediary Legal and Other Services	100.8	101.7	99.0

4-4 分月居民消费价格指数(2021年)

(上年同月=100)

指 标	Item	1 月 January	2 月 February	3 月 March
居民消费价格指数	**Consumer Price Index**	**99.8**	**99.8**	**100.6**
非食品烟酒价格指数	Non-food Price Index	99.0	99.7	100.8
服务价格指数	Items of Service Price Index	99.4	100.2	100.4
工业品价格指数	Industrial Products Price Index	98.5	99.2	101.2
消费品价格指数	Consumable Price Index	100.0	99.6	100.7
扣除食品和能源价格指数	Deduction Food and Energy Price Index	99.6	100.0	100.4
扣除鲜菜鲜果价格指数	Deduction Fresh Vegetables and Fruits Price Index	99.3	99.7	100.6
一、食品烟酒	**Food, Tobacco and Liquor**	**101.8**	**100.1**	**100.1**
1.食品	Food	102.4	99.8	99.7
(1)粮食	Grain	100.8	100.5	100.7
大米	Rice	100.0	99.9	101.0
面粉	Flour	100.7	99.1	99.7
(2)薯类	Tubers	103.5	95.7	97.6
(3)豆类	Beans	111.7	111.0	111.6
(4)食用油	Edible Oil	105.3	105.2	105.3
(5)菜及食用菌	Vegetables and Edible Fungi	117.3	104.2	95.6
鲜菜	Fresh Vegetables	119.3	105.0	95.6
(6)畜肉类	Edible Livestock Meat	98.1	90.8	91.6
猪肉	Pork	93.5	82.9	82.9
牛肉	Beef	101.1	100.9	100.5
羊肉	Mutton	104.1	105.8	106.6
(7)禽肉类	Poultry	92.6	96.1	95.1
(8)水产品	Aquatic Products	105.6	112.3	117.2
(9)蛋类	Eggs	97.5	100.0	103.3
(10)奶类	Diary Products	102.4	100.7	102.2
(11)干鲜瓜果类	Dried and Fresh Melons and Fruits	102.3	102.2	103.1
鲜果	Fresh Melons and Fruits	102.2	102.6	103.7
(12)糖果糕点类	Confectionery	101.8	101.6	101.3
(13)调味品	Flavoring	102.1	102.2	101.6
(14)其他食品类	Other Foods	100.8	99.9	99.9
2.茶及饮料	Tea and Beverages	100.6	100.4	100.5
3.烟酒	Tobacco and Liquor	100.0	99.1	99.7
(1)卷烟	Cigarette	100.0	99.9	99.9
(2)酒类	Liquor	99.9	97.9	99.4
4.在外餐饮	Dinning Out	100.9	102.1	101.9
二、衣着	**Clothing**	**99.9**	**99.6**	**100.7**
1.服装	Garments	100.0	99.6	100.7
(1)男式服装	Men's Clothing	100.3	100.0	101.3
(2)女式服装	Women's Clothing	99.7	99.1	99.9
(3)儿童服装	Children's Clothing	99.8	99.6	100.7

Consumer Price Indices by Month (2021)

(the same month last year=100)

4 月 April	5 月 May	6 月 June	7 月 July	8 月 August	9 月 September	10 月 October	11 月 November	12 月 December
101.0	**101.4**	**100.9**	**100.5**	**100.6**	**100.7**	**101.7**	**102.6**	**101.7**
101.3	101.4	101.5	101.9	102.0	102.4	102.9	103.0	102.5
100.8	100.8	100.7	101.1	101.2	101.7	101.9	101.8	101.9
101.7	102.1	102.4	102.9	102.9	103.3	104.2	104.4	103.2
101.0	101.8	100.9	100.2	100.3	100.2	101.5	103.1	101.6
100.6	100.8	100.9	101.2	101.3	101.7	101.8	101.7	101.7
101.1	101.3	100.9	100.7	100.6	100.8	101.4	102.0	101.3
100.3	**101.4**	**99.3**	**97.3**	**97.4**	**96.8**	**98.7**	**101.6**	**99.8**
99.9	101.3	97.8	94.8	94.9	94.3	96.9	101.4	98.4
101.1	100.4	100.8	100.4	100.9	100.4	100.7	101.1	101.2
100.6	100.0	100.8	100.5	101.1	100.4	100.6	100.7	100.2
100.9	99.7	100.5	100.4	101.1	100.2	100.2	101.9	102.8
97.5	99.8	100.8	99.7	98.4	99.8	105.4	107.6	102.3
109.2	106.2	105.8	105.8	105.9	106.1	105.9	107.2	107.2
105.4	107.4	104.8	103.0	102.4	102.1	101.9	104.3	102.9
93.7	105.6	95.1	88.7	95.1	96.9	113.6	129.3	109.3
93.3	106.3	94.5	87.6	94.7	96.5	114.6	132.2	110.8
89.5	87.8	76.8	70.6	69.8	69.3	71.8	80.4	76.6
78.4	75.0	59.4	53.6	53.1	52.3	57.0	70.6	64.0
103.3	103.7	104.3	103.8	103.1	102.3	102.4	103.2	102.9
109.5	110.1	108.3	106.1	105.0	105.5	104.4	103.4	103.3
95.9	97.5	99.9	98.2	97.1	97.6	98.0	99.7	99.3
122.0	123.3	119.8	117.0	112.9	111.8	110.9	109.7	108.0
108.6	117.8	123.0	118.6	117.0	116.2	115.0	120.7	114.9
102.5	102.8	102.0	102.0	101.5	101.5	101.3	101.4	101.4
103.0	101.3	105.2	106.6	107.8	100.2	100.3	104.1	109.2
103.9	101.8	106.9	108.8	110.4	100.6	100.2	104.7	111.1
101.5	101.4	101.1	101.0	101.6	102.0	101.9	102.1	102.8
101.8	102.0	101.2	101.7	101.3	101.5	100.9	100.7	101.5
100.2	101.0	100.0	99.0	99.7	100.8	101.4	100.5	101.9
103.7	104.6	104.8	105.0	105.3	105.3	106.1	106.0	106.5
99.9	100.6	101.2	101.0	101.2	100.7	101.1	101.3	101.1
100.0	100.6	102.0	102.2	102.6	102.5	102.4	102.6	102.5
99.8	100.6	100.2	99.4	99.3	98.3	99.4	99.4	99.2
101.5	102.0	102.2	102.4	102.3	102.1	102.3	102.2	102.6
100.6	**100.6**	**100.9**	**101.1**	**101.8**	**101.8**	**101.6**	**101.9**	**102.2**
100.6	100.9	101.1	101.2	101.8	101.8	101.6	102.1	102.4
101.2	101.3	101.1	101.2	102.1	102.2	101.5	101.9	102.3
100.1	100.2	101.0	100.8	101.1	101.4	101.4	101.7	102.0
100.2	101.2	100.9	101.5	102.3	101.5	102.0	103.4	103.7

4-4 续表 1

(上年同月=100)

指　　标	Item	1 月 January	2 月 February	3 月 March
(4)衣着材料及配件	Clothing Materials and Accessories	100.8	100.7	101.4
(5)衣着服务费	Clothing Service Fee	102.6	104.6	104.7
2.鞋类	Footwear	99.3	99.3	100.6
(1)鞋	Shoes	99.2	99.3	100.6
(2)鞋类服务	Footwear Services	101.5	103.4	103.0
三、居住	**Residence**	**99.8**	**100.0**	**100.2**
1.租赁房房租	Tenancy	99.2	99.7	99.7
2.住房保养维修及管理	Housing Maintenance	101.0	101.3	102.0
(1)住房装潢材料	Housing Decoration Materials	100.0	100.2	100.8
(2)住房维修管理费用	Housing Maintenance and Management Expenses	102.1	102.5	103.3
物业管理费	Property Management Fee	101.1	101.2	101.2
装潢维修费	Housing Decoration Maintenance	103.0	103.0	104.2
其他住房费用	Others	99.9	102.0	102.6
3.水电燃料	Water, Electricity and Fuels	99.9	100.1	100.3
(1)水	Water	100.0	100.0	100.0
(2)电	Electricity	100.0	100.0	100.0
(3)燃气	Gas	99.7	100.3	101.3
(4)其他水电燃料类	Others	99.6	100.2	100.2
4.自有住房	Housing	99.5	99.8	99.9
四、生活用品及服务	**Daily Necessities and Services**	**100.0**	**99.8**	**100.3**
1.家具及室内装饰品	Furniture and Interior Decorations	99.7	99.6	100.4
(1)家具	Furniture	99.6	99.6	100.4
(2)室内装饰品	Interior Decorations	100.2	99.6	100.1
2.家用器具	Household Appliances	99.3	99.8	100.5
(1)大型家用器具	Large Household Appliances	98.8	99.2	100.1
(2)小家电	Small Home Appliances	102.3	102.9	102.6
3.家用纺织品	Household Textiles	99.4	99.3	99.9
(1)床上用品	Bed Articles	99.3	99.1	99.7
(2)窗帘门帘	Curtain	99.5	99.5	99.7
(3)其他家用纺织品	Other Household Textiles	100.3	101.2	101.8
4.家庭日用杂品	Daily-Use Household Articles	100.3	100.0	100.1
(1)洗涤卫生用品	Sanitary Articles	100.8	100.9	100.7
(2)厨具餐具茶具	Kitchenware, Tableware, Tea set	97.5	97.2	96.8
(3)其他家庭日用杂品	Other Daily-Use Household Articles	100.7	99.9	100.8
5.个人护理用品	Personal Care Products	100.9	98.4	99.4
(1)化妆品	Cosmetics	100.6	96.5	98.9
(2)其他护理用品类	Other Care Products	101.2	100.5	99.9
6.家庭服务	Household Service	100.5	104.4	102.8
五、交通通信	**Transportation and Communication**	**95.2**	**98.2**	**102.9**
1.交通	Transportation	93.0	96.9	103.2
(1)交通工具	Transportation Facility	96.7	97.7	99.7
(2)交通工具用燃料	Fuels	86.7	95.0	111.3

continued

(the same month last year=100)

4 月 April	5 月 May	6 月 June	7 月 July	8 月 August	9 月 September	10 月 October	11 月 November	12 月 December
101.0	101.3	100.8	101.2	101.2	100.6	100.4	100.5	100.0
103.6	103.9	104.5	104.4	105.1	105.0	105.4	104.7	104.3
100.6	99.4	100.3	100.9	102.0	102.1	101.8	100.8	101.4
100.6	99.4	100.3	100.9	102.0	102.1	101.8	100.8	101.4
101.1	101.0	101.0	101.0	101.0	101.0	101.0	100.6	100.6
100.5	**100.6**	**100.7**	**100.8**	**100.8**	**100.8**	**101.4**	**101.3**	**101.1**
100.0	100.0	100.2	100.5	100.7	100.6	100.5	100.3	100.3
102.2	101.9	102.0	102.0	102.1	102.1	103.0	103.3	103.3
101.0	101.3	101.5	101.5	101.7	102.0	103.4	103.9	103.9
103.4	102.6	102.6	102.6	102.6	102.3	102.6	102.6	102.7
101.1	101.1	101.1	101.1	101.1	101.1	101.1	101.1	101.1
104.4	103.1	103.1	103.1	103.0	102.6	103.2	103.2	103.3
102.6	102.6	102.6	102.6	102.5	102.5	102.5	102.5	102.6
100.8	100.9	101.0	101.2	101.3	101.6	103.5	103.2	102.8
100.0	100.0	100.0	100.0	100.0	100.0	100.0	100.0	100.5
100.0	100.0	100.0	100.0	100.0	100.0	100.0	100.0	100.0
103.9	104.3	104.8	105.4	105.6	107.2	116.3	114.2	112.4
100.6	100.7	100.8	100.9	102.0	101.7	103.4	104.2	102.7
100.1	100.2	100.3	100.3	100.4	100.3	100.3	100.2	100.1
100.5	**100.4**	**100.0**	**99.9**	**100.2**	**100.1**	**100.5**	**99.9**	**100.1**
100.4	100.3	100.0	100.0	99.9	100.5	100.4	100.6	100.5
100.4	100.3	99.9	99.9	99.8	100.4	100.3	100.6	100.5
100.5	100.7	100.7	100.7	100.4	100.9	100.8	100.6	100.4
101.1	101.6	101.5	101.4	101.1	100.9	100.8	100.7	100.7
100.8	101.3	101.3	101.2	101.0	100.7	100.5	100.3	100.5
102.6	103.6	102.0	102.2	101.6	102.3	102.6	103.1	101.8
100.3	100.4	100.5	100.4	101.1	100.8	100.5	100.8	101.0
100.2	100.4	100.5	100.6	101.3	101.1	100.6	100.9	101.1
100.1	100.2	100.2	99.9	99.9	99.9	99.9	100.7	101.0
101.3	100.2	100.9	99.7	100.8	100.0	99.7	99.6	99.4
100.1	99.2	99.3	99.8	99.6	99.6	100.3	99.7	99.6
100.6	99.7	100.1	100.2	100.6	100.5	101.2	99.6	99.6
98.5	97.8	97.0	98.9	97.7	96.7	97.9	99.4	99.8
100.2	99.3	99.2	99.6	98.8	99.5	100.0	100.0	99.6
99.6	99.4	98.0	96.9	98.6	98.1	99.6	97.1	98.0
99.3	99.5	98.0	95.4	97.8	96.3	98.1	94.7	95.8
99.9	99.4	97.9	98.5	99.5	100.2	101.3	99.9	100.7
102.6	102.8	103.3	103.4	103.2	103.3	103.5	103.8	103.8
104.2	**105.3**	**105.9**	**107.4**	**107.3**	**107.6**	**108.6**	**109.4**	**106.2**
105.1	106.6	107.0	109.0	108.8	109.3	111.2	113.2	108.7
98.7	100.3	100.2	102.6	103.8	105.7	105.4	107.0	104.7
119.1	121.1	123.5	124.9	122.2	122.7	131.6	136.0	122.3

4-4 续表 2

(上年同月=100)

指　　标	Item	1 月 January	2 月 February	3 月 March
(3)交通工具使用和维修	Fees for Vehicles Use and Maintenance	97.4	101.4	99.6
(4)交通费	Traffic Fare	91.7	93.9	101.5
2.通信	Communication	101.5	102.0	101.9
(1)通信工具	Communication Facility	105.1	105.7	106.3
(2)通信服务	Communication Services	99.9	99.9	99.9
(3)邮递服务	Postal Service	98.6	103.0	98.9
六、教育文化娱乐	**Education, Culture and Recreation**	**100.4**	**101.4**	**101.8**
1.教育	Education	102.1	102.6	103.5
(1)教育用品	Teaching Materials and Reference Books	98.4	99.4	99.4
(2)教育服务	Education Services	102.3	102.7	103.7
2.文化娱乐	Cultural and Recreational Articles	96.8	98.8	98.0
(1)文娱耐用消费品	Cultural Articles	99.2	99.0	99.5
(2)其他文娱用品	Expenditure on Culture and Recreation	100.3	100.6	100.9
(3)文化娱乐服务	Culture and Recreation Services	99.8	103.4	102.1
(4)旅游	Tourism	91.3	94.8	92.7
七、医疗保健	**Medical Care and Health**	**100.4**	**100.0**	**100.0**
1.药品及医疗器具	Medical Instrument and Articles	99.2	97.8	98.1
(1)中药	Traditional Chinese Medicine	100.7	100.7	101.1
(2)西药	Western Medicine	98.1	98.1	98.0
(3)滋补保健品	Nourishing Health Products	100.3	99.6	99.8
(4)医疗卫生器具	Medical Appliance	101.1	86.0	88.5
(5)保健器具	Health Care Appliance	100.3	100.1	100.2
2.医疗服务	Health Care Services	100.9	100.9	100.8
(1)综合医疗类	General Medical	103.0	102.8	102.7
(2)诊断类	Diagnosis	99.6	99.6	99.6
(3)治疗类	Treatment	101.3	101.3	101.1
(4)康复类	Rehabilitation	100.1	100.1	100.2
(5)中医医疗服务类	Traditional Chinese Medical Services	101.4	101.4	101.4
(6)其他医疗保健服务	Other Health Care Services	100.2	100.3	100.3
八、其他用品及服务	**Other Articles and Services**	**95.7**	**96.6**	**95.6**
1.其他用品	Other Articles	102.3	101.9	101.4
(1)首饰手表	Jewelry and Watches	107.0	105.5	102.6
(2)母婴用品	Maternal and Infant Supplies	97.4	98.4	100.6
(3)其他杂项用品	Other Sundry Articles	100.2	99.8	100.0
2.其他服务	Other Services	88.0	90.4	88.8
(1)在外住宿	Accommodation Outside	98.2	100.0	100.2
(2)美容美发洗浴	Hairdressing Bath	98.7	107.5	101.6
(3)养老服务	Aged Services	103.0	103.4	102.4
(4)金融及保险服务	Financial and Insurance	75.1	75.1	75.0
(5)中介法律及其他服务	Intermediary Legal and Other Services	100.6	100.6	100.6

continued

(the same month last year=100)

4 月 April	5 月 May	6 月 June	7 月 July	8 月 August	9 月 September	10 月 October	11 月 November	12 月 December
98.8	99.8	99.8	99.9	100.4	99.9	100.1	100.9	100.8
105.1	105.8	104.3	106.9	106.2	103.6	101.9	100.7	101.8
101.9	102.0	103.0	103.2	103.4	103.0	101.5	99.5	99.3
106.1	106.4	109.4	110.2	110.7	109.5	104.4	98.6	98.0
100.0	100.0	100.0	100.0	100.0	100.0	100.0	100.0	100.0
98.9	98.8	98.8	98.8	98.8	98.8	100.0	99.8	100.0
102.7	**102.1**	**101.9**	**102.8**	**102.9**	**104.5**	**104.2**	**104.3**	**104.6**
103.4	103.1	103.0	103.3	103.1	105.1	105.0	105.0	105.1
100.0	100.1	99.3	99.4	97.9	100.7	100.5	101.2	101.2
103.6	103.3	103.2	103.5	103.4	105.4	105.3	105.3	105.3
101.2	99.7	99.4	101.9	102.6	102.9	102.4	102.5	103.5
100.5	100.8	100.8	101.0	101.4	101.5	101.2	100.5	100.5
101.1	98.0	99.0	98.1	97.9	98.5	99.6	99.7	100.1
102.3	102.3	101.0	101.7	101.8	100.3	101.1	99.9	100.5
101.1	98.7	98.0	105.2	107.4	108.8	105.8	107.5	109.8
100.2	**100.3**	**100.4**	**100.4**	**100.5**	**101.0**	**101.1**	**101.0**	**101.1**
98.8	99.1	99.2	99.6	99.9	99.9	99.9	100.1	100.3
101.2	101.4	101.6	102.0	102.3	102.2	102.1	102.2	102.8
98.0	98.3	98.4	98.9	99.1	99.1	99.1	99.4	99.9
99.9	99.6	99.7	99.9	99.9	99.9	100.1	100.2	99.3
95.6	98.0	98.5	99.0	100.2	99.7	99.6	100.0	99.9
100.2	99.5	100.6	99.3	99.2	99.6	99.3	99.0	98.9
100.8	100.8	100.8	100.7	100.7	101.4	101.6	101.3	101.4
102.7	102.3	102.3	101.8	101.8	102.1	103.0	102.2	102.5
99.6	99.9	99.9	100.0	100.0	99.9	99.9	99.9	100.0
101.1	100.9	100.9	100.9	100.9	103.2	103.2	102.7	102.7
100.2	100.2	100.2	100.2	100.2	100.5	100.5	100.5	100.5
101.4	101.4	101.4	101.4	101.4	101.3	101.3	101.3	101.3
100.1	100.0	100.0	100.0	100.0	99.9	100.1	100.2	100.2
94.8	**95.2**	**95.1**	**94.7**	**93.1**	**95.6**	**99.3**	**98.9**	**99.3**
99.5	100.3	100.0	99.3	96.5	97.4	98.0	97.3	98.0
101.4	101.9	101.0	97.7	93.5	94.8	95.3	96.7	97.3
97.5	99.6	98.0	100.4	97.8	98.6	99.2	95.9	97.5
98.9	98.1	101.0	101.3	101.2	101.6	102.1	100.5	100.1
89.1	89.1	89.2	89.1	89.1	93.2	101.1	101.1	101.1
102.0	102.4	102.5	101.5	100.6	101.5	101.0	100.6	100.1
102.0	102.1	102.2	102.5	102.7	102.8	102.3	102.4	102.8
102.5	101.7	101.1	101.1	100.9	101.1	101.1	100.8	100.7
75.1	75.1	75.2	75.1	75.2	82.6	100.2	100.2	100.1
100.5	100.5	100.5	100.5	100.5	101.0	101.1	101.4	101.7

4-5 各调查市县居民消费价格指数(1984-2021年)

(上年=100)

年 份 Year	合肥市 Hefei	庐江县 Lujiang	芜湖市 Wuhu	蚌埠市 Bengbu	淮南市 Huainan	马鞍山市 Maanshan	淮北市 Huaibei	铜陵市 Tongling	安庆市 Anqing	桐城市 Tongcheng
1984	102.0		101.7	100.5	101.3		101.0		101.5	98.5
1985	111.0		108.6	108.9	114.2		107.8		109.1	106.1
1986	107.4		106.5	106.8	106.4		104.9		107.1	104.4
1987	110.8		109.0	111.5	108.4		109.7		109.1	110.5
1988	120.5		120.1	119.4	120.9		124.1		117.6	117.9
1989	115.2		117.1	114.6	115.0	115.1	117.5		117.4	115.0
1990	103.6		105.5	101.9	102.5	102.6	103.5		105.2	98.1
1991	109.3		107.8	107.8	109.1	109.0	107.1	108.5	107.6	106.6
1992	109.7		110.1	106.8	109.1	110.6	108.5	108.5	111.0	111.3
1993	116.5		120.5	114.7	111.0	121.3	112.7	115.6	117.7	112.1
1994	127.6		131.4	124.8	126.8	125.7	124.1	132.3	129.9	123.9
1995	117.1		112.7	117.7	115.1	116.8	113.5	116.2	115.3	114.5
1996	111.5		109.6	109.1	108.7	111.0	109.2	108.5	109.9	111.1
1997	102.6		101.0	102.0	103.0	101.2	100.3	103.7	101.1	99.9
1998	99.1		101.5	101.2	101.7	100.3	99.4	99.4	100.1	99.0
1999	97.7		97.8	97.8	97.2	98.0	97.1	99.1	97.3	98.2
2000	101.3		100.8	102.0	101.6	102.5	99.6	99.8	101.1	99.3
2001	99.4		99.6	100.6	99.9	99.5	99.8	103.7	100.0	102.9
2002	99.1		99.9	98.1	99.5	100.2	98.8	99.9	99.3	99.9
2003	101.2		101.2	101.5	103.1	101.3	103.1	100.4	101.4	101.1
2004	102.2		104.5	105.2	105.1	103.8	104.5	105.1	103.6	104.9
2005	100.9		100.4	100.4	100.9	100.6	100.9	101.2	101.6	102.9
2006	100.9		101.2	102.3	100.1	102.7	101.3	100.9	102.0	101.5
2007	105.6		105.3	105.2	105.2	105.2	105.2	104.6	105.8	105.6
2008	106.4		106.6	106.6	105.0	105.2	106.2	106.1	107.2	106.4
2009	99.1		99.2	99.5	98.3	98.3	98.2	98.9	98.6	99.0
2010	102.7		103.8	103.0	102.3	103.0	102.9	103.0	103.6	103.4
2011	105.7		105.7	105.4	105.2	104.8	105.4	105.3	105.5	106.1
2012	102.2		102.4	102.2	102.2	102.0	102.2	102.5	102.1	102.8
2013	102.7		102.5	102.2	102.6	101.8	102.1	101.9	102.6	102.4
2014	102.0		101.9	102.2	101.4	101.6	101.3	101.1	101.3	101.3
2015	101.6		101.1	101.4	100.9	101.0	100.8	101.2	101.5	101.0
2016	102.6	101.5	102.0	101.6	101.2	101.9	101.3	101.1	101.8	101.3
2017	101.4	101.2	101.3	101.0	101.0	101.2	101.0	100.9	101.8	101.0
2018	102.0	101.9	102.3	102.2	101.7	101.6	102.2	102.1	102.0	102.5
2019	102.9	102.8	102.8	102.2	102.8	102.4	102.6	102.4	102.9	103.0
2020	102.3	102.9	102.7	102.6	102.3	102.8	103.0	103.0	102.7	102.4
2021	101.7	100.6	101.3	101.1	100.8	101.3	100.7	100.8	100.8	100.9

Consumer Price Index by Region (1984-2021)

(preceding year=100)

黄山市 Huangshan	歙 县 Shexian	滁州市 Chuzhou	阜阳市 Fuyang	阜南县 Funan	宿州市 Suzhou	六安市 Lu'an	金寨县 Jinzhai	亳州市 Bozhou	宣城市 Xuancheng
	100.8	101.2	102.8		105.4	102.7		99.5	101.2
	107.9	103.7	104.9		104.8	110.7		107.2	106.8
	107.2	107.2	104.5		108.8	107.7		108.1	106.6
	112.4	109.8	110.2		107.3	110.2		111.0	111.8
	121.3	116.4	123.8		119.8	123.0		122.1	122.7
	114.5	119.3	116.7		119.3	116.5		116.5	117.2
	102.8	102.8	103.1		104.4	104.0		98.6	102.6
	101.5	106.5	107.6		105.5	104.6		109.5	102.2
	109.6	110.5	110.0		108.7	109.3		110.2	107.8
	124.4	118.5	111.9		113.1	114.1		113.8	114.8
	125.2	125.4	121.3		124.2	133.5		125.8	126.1
	112.7	116.9	112.4		112.1	112.9		111.8	116.8
108.6	108.3	110.3	110.3		110.7	109.4		107.8	110.4
101.2	99.9	99.8	100.7		99.3	100.9		102.0	102.7
100.8	99.5	99.8	98.9		99.8	99.4		100.3	100.2
99.1	98.0	97.3	95.8		96.6	99.2		96.8	99.4
102.4	100.8	100.9	100.8		104.8			97.6	100.2
99.1	100.9	100.0	100.7					99.8	100.8
97.4	98.6	99.7	100.7		100.9			99.6	99.4
101.6	101.3	101.1	101.3		102.4			103.2	103.1
104.3	105.9	103.3	104.2		104.3			103.4	105.0
101.5	101.8	102.0	102.0		100.6			100.9	102.3
101.2	101.0	101.9	101.6		101.1			102.0	100.2
104.8	104.9	105.3	104.8		105.2			105.6	105.1
105.9	107.2	105.4	106.0		105.7			105.0	105.7
98.4	99.4	100.1	98.8		99.1			98.3	99.7
104.0	104.2	103.3	103.3		102.8			103.0	102.9
105.3	106.5	105.2	105.6		105.4	105.2		104.9	105.4
102.4	102.8	102.1	102.5		102.0	101.5		102.2	102.0
103.0	103.0	102.3	102.2		102.3	102.0		102.6	102.3
102.1	102.3	101.4	101.8		101.4	101.7		101.4	101.3
100.7	101.4	100.8	101.8		100.5	101.1		101.6	101.6
102.0	102.0	101.7	101.5	101.8	101.4	102.1	101.7	101.6	101.5
101.4	101.1	101.2	101.4	101.0	101.3	101.5	101.2	101.5	101.1
102.4	101.9	102.0	101.9	102.1	101.9	101.8	101.6	102.0	102.0
102.7	103.1	102.8	102.8	102.3	102.4	102.9	102.9	102.7	102.6
102.1	103.8	102.4	102.5	103.0	102.3	102.4	102.7	102.5	102.4
101.0	101.0	101.0	100.7	100.5	100.9	100.4	100.5	100.5	100.7

4-6 各市居民消费价格分类指数(2021年)

(上年=100)

指　标	Item	合肥市 Hefei	庐江县 Lujiang	芜湖市 Wuhu
居民消费价格指数	**Consumer Price Index**	**101.7**	**100.6**	**101.3**
非食品烟酒价格指数	Non-food Price Index	102.3	101.4	102.1
服务价格指数	Items of Service Price Index	102.1	100.5	101.6
工业品价格指数	Industrial Products Price Index	102.5	102.3	102.6
消费品价格指数	Consumable Price Index	101.5	100.6	101.1
扣除食品和能源价格指数	Deduction Food and Energy Price Index	101.6	100.8	101.3
扣除鲜菜鲜果价格指数	Deduction Fresh Vegetables and Fruits Price Index	101.7	100.4	101.1
一、食品烟酒	**Food, Tobacco and Liquor**	**100.4**	**98.8**	**99.4**
1.食品	Food	99.6	97.4	98.9
(1)粮食	Grain	100.6	100.2	101.9
大米	Rice	100.4	100.0	102.3
面粉	Flour	96.7	99.9	99.8
(2)薯类	Tubers	99.9	100.2	92.6
(3)豆类	Beans	109.4	103.6	115.6
(4)食用油	Edible Oil	104.3	105.6	101.4
(5)菜及食用菌	Vegetables and Edible Fungi	104.3	104.4	102.2
鲜菜	Fresh Vegetables	104.3	104.8	102.6
(6)畜肉类	Edible Livestock Meat	83.6	78.7	80.9
猪肉	Pork	70.5	67.4	69.9
牛肉	Beef	105.4	103.3	102.4
羊肉	Mutton	107.2	111.8	105.4
(7)禽肉类	Poultry	97.4	92.3	97.3
(8)水产品	Aquatic Products	113.5	116.0	112.0
(9)蛋类	Eggs	114.2	109.4	110.3
(10)奶类	Diary Products	104.8	102.3	104.8
(11)干鲜瓜果类	Dried and Fresh Melons and Fruits	103.5	103.9	107.7
鲜果	Fresh Melons and Fruits	103.5	106.3	108.8
(12)糖果糕点类	Confectionery	103.9	101.4	101.3
(13)调味品	Flavoring	102.3	103.5	101.0
(14)其他食品类	Other Foods	101.9	98.8	100.9
2.茶及饮料	Tea and Beverages	104.5	106.6	100.5
3.烟酒	Tobacco and Liquor	100.3	98.9	98.9
(1)卷烟	Cigarette	100.5	100.0	99.4
(2)酒类	Liquor	100.0	97.1	98.1
4.在外餐饮	Dinning Out	102.7	103.9	101.3
二、衣着	**Clothing**	**100.5**	**101.3**	**101.5**
1.服装	Garments	100.4	101.5	101.7
(1)男式服装	Men's Clothing	101.3	100.3	102.7
(2)女式服装	Women's Clothing	98.6	102.5	101.2
(3)儿童服装	Children's Clothing	101.8	101.3	101.0

Consumer Price Index by Region and Category (2021)

(preceding year=100)

蚌埠市 Bengbu	淮南市 Huainan	马鞍山市 Maanshan	淮北市 Huaibei	铜陵市 Tongling	安庆市 Anqing	桐城市 Tongcheng
101.1	**100.8**	**101.3**	**100.7**	**100.8**	**100.8**	**100.9**
101.6	101.3	101.4	101.5	101.5	101.1	102.0
101.3	100.4	101.1	100.8	100.8	100.2	102.0
101.9	102.2	101.8	102.2	102.3	102.0	102.0
101.0	101.1	101.4	100.7	100.8	101.1	100.3
101.1	100.8	100.9	100.9	100.9	100.8	101.7
101.0	100.6	101.1	100.6	100.5	100.6	101.0
100.1	**99.8**	**100.9**	**98.9**	**99.1**	**100.2**	**98.5**
99.4	99.2	100.6	97.9	98.0	99.0	96.1
100.8	101.8	102.0	97.5	101.3	101.2	103.9
99.0	101.8	102.2	96.1	101.4	103.6	102.8
103.6	99.5	101.6	96.9	103.1	103.7	109.1
104.1	96.1	95.1	98.2	98.5	93.2	93.4
105.3	110.7	109.3	107.1	104.3	106.6	105.5
103.2	104.2	111.8	110.8	102.7	103.9	100.5
106.3	103.8	108.4	105.0	101.4	102.1	97.9
107.1	105.2	109.9	105.2	101.6	102.1	98.3
84.2	81.8	83.6	82.2	79.6	82.3	76.8
70.2	69.4	72.1	68.1	68.4	70.3	68.0
101.6	102.8	102.7	102.1	101.8	104.3	99.8
100.8	104.6	100.4	106.1	104.1	99.8	102.2
96.7	97.4	98.7	103.6	93.5	95.8	97.4
111.6	113.3	117.6	109.0	114.0	116.0	113.4
116.6	121.8	111.4	108.8	110.4	112.5	111.7
100.6	99.4	101.9	98.0	100.6	97.9	102.0
102.0	108.5	101.5	99.9	111.7	109.2	100.9
102.0	111.1	102.6	100.0	114.9	110.6	100.2
103.7	100.4	103.3	100.3	99.1	106.2	100.8
98.2	101.7	101.9	101.9	101.6	101.6	104.8
99.8	99.4	101.4	103.8	101.1	102.3	100.7
100.0	103.7	104.7	103.5	99.8	101.9	105.5
100.6	101.9	100.9	100.7	100.7	101.0	102.5
101.7	102.0	102.5	101.7	100.5	101.4	103.5
99.3	101.8	98.5	99.4	100.9	100.5	100.9
102.0	100.1	101.6	101.2	101.8	103.4	103.4
101.0	**100.8**	**100.5**	**100.9**	**100.5**	**101.6**	**101.0**
100.0	101.0	100.4	101.2	100.4	101.9	100.7
99.3	101.5	99.6	102.5	99.0	102.9	99.9
99.1	99.9	101.1	100.7	100.8	101.4	100.3
102.1	102.3	99.5	100.9	101.7	101.5	103.0

4-6 续表 1

(上年=100)

指　　标	Item	合肥市 Hefei	庐江县 Lujiang	芜湖市 Wuhu
(4)衣着材料及配件	Clothing Materials and Accessories	102.9	101.0	103.4
(5)衣着服务费	Clothing Service Fee	105.5	102.6	101.6
2.鞋类	Footwear	100.9	100.5	100.6
(1)鞋	Shoes	100.9	100.5	100.6
(2)鞋类服务	Footwear Services	100.4	100.0	100.0
三、居住	**Residence**	**101.3**	**100.2**	**100.6**
1.租赁房房租	Tenancy	100.5	98.1	99.8
2.住房保养维修及管理	Housing Maintenance	106.4	100.5	102.4
(1)住房装潢材料	Housing Decoration Materials	103.1	101.0	101.4
(2)住房维修管理费用	Housing Maintenance and Management Expenses	109.7	100.0	103.5
物业管理费	Property Management Fee	109.2	100.0	100.0
装潢维修费	Housing Decoration Maintenance	109.7	100.0	106.8
其他住房费用	Others	110.6	100.0	98.3
3.水电燃料	Water, Electricity and Fuels	101.2	102.2	101.5
(1)水	Water	100.0	100.0	100.0
(2)电	Electricity	100.0	100.0	100.0
(3)燃气	Gas	104.0	109.2	106.4
(4)其他水电燃料类	Others	103.5	106.0	102.8
4.自有住房	Housing	100.6	99.6	100.0
四、生活用品及服务	**Daily Necessities and Services**	**100.4**	**100.5**	**101.1**
1.家具及室内装饰品	Furniture and Interior Decorations	100.5	100.6	102.1
(1)家具	Furniture	100.4	100.8	102.1
(2)室内装饰品	Interior Decorations	100.6	99.0	101.7
2.家用器具	Household Appliances	101.5	101.8	103.0
(1)大型家用器具	Large Household Appliances	101.1	101.8	103.0
(2)小家电	Small Home Appliances	103.5	102.3	103.1
3.家用纺织品	Household Textiles	103.0	96.5	101.0
(1)床上用品	Bed Articles	103.1	96.0	101.0
(2)窗帘门帘	Curtain	100.4	98.0	101.0
(3)其他家用纺织品	Other Household Textiles	104.2	98.6	100.6
4.家庭日用杂品	Daily-Use Household Articles	99.0	100.2	100.7
(1)洗涤卫生用品	Sanitary Articles	100.0	100.5	100.5
(2)厨具餐具茶具	Kitchenware, Tableware, Tea set	98.6	96.0	99.4
(3)其他家庭日用杂品	Other Daily-Use Household Articles	97.8	101.4	101.8
5.个人护理用品	Personal Care Products	98.2	99.3	98.7
(1)化妆品	Cosmetics	96.9	97.5	98.0
(2)其他护理用品类	Other Care Products	99.7	100.7	99.6
6.家庭服务	Household Service	105.4	103.3	101.2
五、交通通信	**Transportation and Communication**	**105.4**	**104.7**	**105.0**
1.交通	Transportation	106.6	105.8	106.0
(1)交通工具	Transportation Facility	101.9	102.4	101.7

continued

(preceding year=100)

蚌埠市 Bengbu	淮南市 Huainan	马鞍山市 Maanshan	淮北市 Huaibei	铜陵市 Tongling	安庆市 Anqing	桐城市 Tongcheng
102.1	101.7	101.1	97.5	100.4	101.7	100.5
108.2	104.5	104.7	101.8	103.2	100.0	102.1
105.5	99.9	100.8	99.3	100.9	100.5	102.0
105.6	99.9	100.8	99.3	100.9	100.5	102.1
100.0	100.0	100.0	100.0	100.0	101.9	100.0
100.6	**100.5**	**100.7**	**100.4**	**100.2**	**100.0**	**100.7**
99.9	101.3	100.7	100.5	99.0	100.5	102.4
101.7	101.1	105.7	100.7	100.8	101.2	101.8
101.9	101.7	102.5	101.1	101.6	102.3	103.6
101.5	100.5	108.9	100.2	100.0	100.0	100.0
100.0	100.0	100.0	100.0	100.0	100.0	100.0
102.3	101.0	112.4	100.0	100.0	100.0	100.0
100.0	99.9	114.0	102.4	100.0	100.0	100.0
101.5	100.2	100.2	101.5	101.1	99.3	100.2
100.0	100.0	100.0	100.0	100.0	100.0	100.0
100.0	100.0	100.0	100.0	100.0	100.0	100.0
105.8	101.1	101.0	104.0	105.1	96.7	101.0
101.2	100.0	100.4	108.2	100.0	100.0	100.0
99.9	100.3	100.0	100.0	99.9	100.0	100.5
100.3	**101.2**	**99.4**	**100.3**	**100.7**	**100.8**	**100.3**
99.5	101.1	100.9	101.2	100.0	101.5	98.7
99.3	101.2	101.4	101.3	99.8	101.4	98.5
101.4	99.4	98.2	100.3	101.7	101.9	101.4
101.5	102.1	99.3	100.4	100.2	102.6	99.1
101.3	101.8	98.9	100.0	99.5	102.5	99.1
102.8	103.8	101.8	102.1	104.4	103.0	99.0
100.9	100.3	98.6	99.7	102.7	99.8	100.4
100.9	100.4	98.3	100.5	103.9	99.3	100.7
100.0	100.5	99.8	95.1	100.0	101.8	100.0
101.6	99.4	99.5	98.8	96.4	100.2	99.2
100.3	101.2	98.4	99.8	101.7	99.2	101.6
101.7	101.6	98.8	100.5	100.5	99.6	103.0
97.2	99.3	96.9	98.1	99.6	99.1	98.7
99.9	101.5	98.5	99.5	104.2	98.4	100.9
98.8	99.8	98.9	98.6	99.0	98.3	99.9
97.9	98.5	97.9	98.3	98.0	97.2	98.3
99.7	101.5	100.3	99.0	100.5	99.9	100.7
101.2	104.2	102.1	106.1	104.0	104.8	104.7
104.3	**104.9**	**104.6**	**105.2**	**105.3**	**103.8**	**104.9**
105.2	105.8	105.7	106.5	106.3	104.4	106.1
102.2	102.3	101.9	102.5	102.1	101.2	102.7

4-6 续表 2

(上年＝100)

指 标	Item	合肥市 Hefei	庐江县 Lujiang	芜湖市 Wuhu
(2)交通工具用燃料	Fuels	117.1	117.1	117.1
(3)交通工具使用和维修	Fees for Vehicles Use and Maintenance	101.3	100.8	102.5
(4)交通费	Traffic Fare	102.4	100.2	100.7
2.通信	Communication	101.7	102.0	102.3
(1)通信工具	Communication Facility	105.7	105.7	105.9
(2)通信服务	Communication Services	100.0	100.0	100.1
(3)邮递服务	Postal Service	99.6	103.6	99.8
六、教育文化娱乐	**Education, Culture and Recreation**	**104.8**	**102.5**	**104.8**
1.教育	Education	107.2	103.3	104.0
(1)教育用品	Teaching Materials and Reference Books	99.9	100.1	99.4
(2)教育服务	Education Services	107.6	103.5	104.2
2.文化娱乐	Cultural and Recreational Articles	99.7	100.1	106.6
(1)文娱耐用消费品	Cultural Articles	102.8	101.2	99.6
(2)其他文娱用品	Expenditure on Culture and Recreation	99.2	98.8	98.6
(3)文化娱乐服务	Culture and Recreation Services	101.6	100.6	102.8
(4)旅游	Tourism	97.9	100.7	115.3
七、医疗保健	**Medical Care and Health**	**100.6**	**100.3**	**101.1**
1.药品及医疗器具	Medical Instrument and Articles	99.2	98.5	99.1
(1)中药	Traditional Chinese Medicine	100.4	100.4	99.8
(2)西药	Western Medicine	99.7	98.2	96.8
(3)滋补保健品	Nourishing Health Products	100.0	100.7	102.2
(4)医疗卫生器具	Medical Appliance	88.7	91.1	107.9
(5)保健器具	Health Care Appliance	99.7	100.7	102.0
2.医疗服务	Health Care Services	101.3	101.0	101.8
(1)综合医疗类	General Medical	102.3	104.6	102.1
(2)诊断类	Diagnosis	100.0	100.0	100.0
(3)治疗类	Treatment	102.6	100.0	104.6
(4)康复类	Rehabilitation	100.0	100.0	100.0
(5)中医医疗服务类	Traditional Chinese Medical Services	100.0	100.0	100.0
(6)其他医疗保健服务	Other Health Care Services	100.0	100.0	98.5
八、其他用品及服务	**Other Articles and Services**	**96.2**	**95.8**	**96.2**
1.其他用品	Other Articles	99.6	99.7	99.3
(1)首饰手表	Jewelry and Watches	99.5	99.0	98.8
(2)母婴用品	Maternal and Infant Supplies	98.4	97.8	99.4
(3)其他杂项用品	Other Sundry Articles	101.6	102.7	101.2
2.其他服务	Other Services	91.7	90.1	92.3
(1)在外住宿	Accommodation Outside	102.7	96.5	99.8
(2)美容美发洗浴	Hairdressing Bath	102.7	101.1	101.0
(3)养老服务	Aged Services	102.4	97.6	102.3
(4)金融及保险服务	Financial and Insurance	79.6	77.1	82.3
(5)中介法律及其他服务	Intermediary Legal and Other Services	106.3	100.0	100.0

continued

(preceding year=100)

蚌埠市 Bengbu	淮南市 Huainan	马鞍山市 Maanshan	淮北市 Huaibei	铜陵市 Tongling	安庆市 Anqing	桐城市 Tongcheng
116.9	117.2	117.0	117.1	117.0	117.0	117.2
98.5	99.7	99.4	99.9	101.4	90.9	100.1
101.4	104.3	100.5	102.5	101.9	101.7	102.2
101.9	102.2	101.5	102.0	102.3	102.3	101.8
105.8	106.1	105.7	105.9	105.4	105.6	105.7
100.0	100.0	99.6	99.4	100.2	100.9	100.0
100.6	100.0	100.0	100.2	100.0	100.0	100.0
104.3	**101.0**	**102.1**	**102.8**	**102.7**	**101.5**	**106.2**
105.1	102.0	103.0	103.5	103.6	102.1	107.8
98.9	99.8	99.5	99.5	99.0	99.2	100.5
105.4	102.2	103.2	103.8	103.8	102.2	108.3
102.8	98.9	100.6	101.2	100.5	100.1	102.4
99.5	100.5	99.3	100.9	99.8	101.8	99.5
100.0	98.6	99.1	98.4	99.4	98.8	99.9
104.4	100.5	99.6	100.0	101.4	100.3	101.9
105.0	96.9	102.4	104.7	100.7	99.8	110.2
100.0	**100.0**	**101.8**	**100.8**	**100.4**	**100.4**	**99.5**
99.5	99.6	100.5	100.9	101.1	100.5	98.1
100.2	103.4	100.0	97.2	105.3	101.5	99.8
100.4	98.7	100.5	103.2	101.4	100.6	96.8
97.4	100.0	102.2	96.1	99.9	99.5	98.7
97.8	97.0	98.7	99.8	95.8	100.4	102.1
99.6	100.0	100.4	99.9	100.6	99.5	100.0
100.2	100.2	102.3	100.7	100.2	100.4	100.0
100.4	100.1	110.8	100.0	100.9	100.9	107.6
100.2	100.0	100.0	100.1	100.0	100.0	96.1
100.0	100.6	100.0	102.0	100.0	100.0	100.0
100.0	100.0	100.0	100.0	100.0	106.2	100.0
100.0	100.0	100.0	100.0	100.0	100.0	100.0
102.5	100.0	100.0	104.4	100.0	100.0	100.0
96.6	**96.4**	**95.7**	**96.0**	**98.6**	**96.4**	**95.8**
97.8	101.5	98.6	100.2	99.4	98.8	99.4
98.1	102.8	99.8	101.7	98.9	98.7	98.5
95.5	99.6	96.2	98.6	99.1	98.6	100.0
101.4	100.7	98.1	99.7	101.4	99.4	99.9
95.3	90.5	92.4	91.5	97.7	93.7	90.7
102.5	98.4	104.4	101.9	92.6	99.8	101.3
107.5	102.7	101.5	99.9	113.5	103.0	100.5
100.0	100.0	100.0	102.1	100.7	103.0	100.0
82.0	78.8	82.6	81.7	91.8	82.5	78.5
100.0	100.3	100.0	100.0	102.2	100.4	100.0

4-6 续表 3

(上年=100)

指 标	Item	黄山市 Huangshan	歙 县 Shexian	滁州市 Chuzhou
居民消费价格指数	**Consumer Price Index**	**101.0**	**101.0**	**101.0**
非食品烟酒价格指数	Non-food Price Index	101.6	101.8	101.2
服务价格指数	Items of Service Price Index	100.7	101.5	100.8
工业品价格指数	Industrial Products Price Index	102.7	102.1	101.6
消费品价格指数	Consumable Price Index	101.1	100.7	101.1
扣除食品和能源价格指数	Deduction Food and Energy Price Index	100.9	101.3	100.6
扣除鲜菜鲜果价格指数	Deduction Fresh Vegetables and Fruits Price Index	100.9	100.9	100.8
一、食品烟酒	**Food, Tobacco and Liquor**	**99.3**	**99.3**	**100.6**
1.食品	Food	98.1	98.0	100.0
(1)粮食	Grain	101.3	100.4	97.9
大米	Rice	102.0	100.6	97.5
面粉	Flour	99.5	99.5	100.3
(2)薯类	Tubers	90.8	110.0	105.0
(3)豆类	Beans	110.7	116.8	105.3
(4)食用油	Edible Oil	101.0	101.3	100.9
(5)菜及食用菌	Vegetables and Edible Fungi	103.7	102.1	101.1
鲜菜	Fresh Vegetables	104.2	101.8	101.5
(6)畜肉类	Edible Livestock Meat	80.0	78.5	87.2
猪肉	Pork	68.6	68.0	70.8
牛肉	Beef	107.3	99.2	103.7
羊肉	Mutton	96.1	99.5	110.4
(7)禽肉类	Poultry	98.7	97.3	99.4
(8)水产品	Aquatic Products	112.9	115.0	118.9
(9)蛋类	Eggs	109.6	108.1	115.1
(10)奶类	Diary Products	102.2	99.8	99.6
(11)干鲜瓜果类	Dried and Fresh Melons and Fruits	101.6	107.6	108.8
鲜果	Fresh Melons and Fruits	102.5	110.0	110.7
(12)糖果糕点类	Confectionery	103.6	101.5	98.7
(13)调味品	Flavoring	99.4	101.2	102.0
(14)其他食品类	Other Foods	100.9	101.2	101.3
2.茶及饮料	Tea and Beverages	100.8	106.7	104.3
3.烟酒	Tobacco and Liquor	99.5	99.7	99.5
(1)卷烟	Cigarette	100.0	100.0	102.3
(2)酒类	Liquor	98.8	99.2	96.3
4.在外餐饮	Dinning Out	102.2	103.3	102.6
二、衣着	**Clothing**	**102.6**	**102.1**	**99.6**
1.服装	Garments	103.1	103.0	100.0
(1)男式服装	Men's Clothing	106.0	103.6	101.4
(2)女式服装	Women's Clothing	102.9	102.3	99.9
(3)儿童服装	Children's Clothing	99.2	103.7	98.2

continued

(preceding year=100)

阜阳市 Fuyang	阜南县 Funan	宿州市 Suzhou	六安市 Lu'an	金寨县 Jinzhai	亳州市 Bozhou	宣城市 Xuancheng
100.7	**100.5**	**100.9**	**100.4**	**100.5**	**100.5**	**100.7**
100.9	101.5	101.1	100.9	100.8	100.9	101.1
99.8	100.8	100.6	100.2	100.1	100.5	100.1
102.1	102.4	101.7	101.7	101.6	101.4	102.4
101.1	100.4	101.0	100.5	100.7	100.5	101.1
100.3	100.7	100.7	100.5	100.6	100.6	100.8
100.5	100.5	100.7	100.3	100.3	100.4	100.6
100.0	**98.2**	**100.3**	**99.2**	**99.7**	**99.5**	**99.6**
99.2	97.2	99.5	98.3	98.3	98.2	98.0
101.7	99.8	100.4	100.4	98.4	100.4	101.3
100.7	100.0	100.3	101.2	96.6	98.4	100.6
100.9	100.9	101.1	102.3	99.6	100.1	97.0
98.0	109.9	99.7	101.3	106.7	102.8	90.3
105.1	105.4	106.8	107.0	109.0	103.3	108.5
107.5	103.5	105.5	99.2	103.2	113.4	104.8
104.6	102.8	104.6	101.9	104.8	106.7	103.2
105.7	103.6	105.0	101.9	105.7	107.2	103.8
82.4	80.7	83.6	79.7	81.2	80.8	79.3
68.2	69.2	68.3	66.6	68.9	65.1	68.1
100.7	102.2	102.0	102.3	104.0	103.8	99.7
108.1	103.9	110.6	107.1	107.4	107.6	104.2
98.7	94.6	103.3	101.7	96.2	93.8	96.6
116.3	112.3	111.0	119.2	115.6	116.9	112.7
114.1	109.3	119.7	108.2	113.3	107.9	111.0
96.5	104.2	100.2	100.9	103.1	101.8	101.2
104.3	99.6	103.6	102.6	104.0	97.4	101.8
104.5	99.4	105.2	104.6	105.2	96.2	102.9
100.0	100.5	100.7	98.7	100.7	101.5	105.2
100.1	98.5	101.3	99.6	102.7	99.3	105.0
99.3	100.6	100.0	98.5	101.7	98.5	99.0
103.5	108.1	104.7	100.8	101.5	102.7	103.4
99.7	101.2	99.6	100.3	102.2	100.0	101.4
102.3	101.8	100.0	102.3	102.7	101.7	103.4
96.8	100.4	99.2	97.8	101.7	98.0	98.8
101.8	97.7	103.2	101.2	103.5	102.5	103.6
102.1	**101.9**	**100.3**	**100.4**	**100.2**	**101.1**	**102.6**
102.1	102.0	100.1	100.6	100.6	101.4	103.5
102.0	102.0	99.7	101.4	101.2	103.0	103.7
101.9	101.9	99.1	100.9	101.1	101.4	102.5
102.7	102.6	102.0	98.1	98.0	98.5	103.7

4-6 续表 4

(上年＝100)

指　　标	Item	黄山市 Huangshan	歙　县 Shexian	滁州市 Chuzhou
(4)衣着材料及配件	Clothing Materials and Accessories	98.7	100.4	95.9
(5)衣着服务费	Clothing Service Fee	100.6	102.8	101.7
2.鞋类	Footwear	100.4	98.6	97.7
(1)鞋	Shoes	100.4	98.5	97.7
(2)鞋类服务	Footwear Services	100.9	105.4	100.0
三、居住	**Residence**	**100.4**	**101.4**	**100.7**
1.租赁房房租	Tenancy	99.9	100.0	100.5
2.住房保养维修及管理	Housing Maintenance	101.8	105.1	102.0
(1)住房装潢材料	Housing Decoration Materials	101.4	102.9	101.3
(2)住房维修管理费用	Housing Maintenance and Management Expenses	102.3	108.6	102.7
物业管理费	Property Management Fee	100.0	100.0	100.0
装潢维修费	Housing Decoration Maintenance	101.1	110.9	104.5
其他住房费用	Others	111.2	100.0	101.8
3.水电燃料	Water, Electricity and Fuels	101.1	100.5	101.7
(1)水	Water	100.9	100.0	100.0
(2)电	Electricity	100.0	100.0	100.0
(3)燃气	Gas	105.3	101.5	108.5
(4)其他水电燃料类	Others	100.2	103.3	100.0
4.自有住房	Housing	100.0	100.7	100.0
四、生活用品及服务	**Daily Necessities and Services**	**100.1**	**98.9**	**100.8**
1.家具及室内装饰品	Furniture and Interior Decorations	100.1	100.4	102.6
(1)家具	Furniture	100.2	100.4	102.9
(2)室内装饰品	Interior Decorations	98.8	100.2	100.8
2.家用器具	Household Appliances	100.4	98.6	99.5
(1)大型家用器具	Large Household Appliances	100.0	98.1	99.3
(2)小家电	Small Home Appliances	102.5	101.3	100.4
3.家用纺织品	Household Textiles	101.0	100.6	99.1
(1)床上用品	Bed Articles	100.9	100.2	99.2
(2)窗帘门帘	Curtain	100.0	104.1	102.0
(3)其他家用纺织品	Other Household Textiles	103.0	100.0	92.5
4.家庭日用杂品	Daily-Use Household Articles	100.2	98.4	100.9
(1)洗涤卫生用品	Sanitary Articles	100.8	96.7	100.9
(2)厨具餐具茶具	Kitchenware, Tableware, Tea set	97.4	97.3	98.6
(3)其他家庭日用杂品	Other Daily-Use Household Articles	100.9	101.7	101.8
5.个人护理用品	Personal Care Products	98.2	97.1	100.3
(1)化妆品	Cosmetics	97.4	95.0	99.0
(2)其他护理用品类	Other Care Products	99.2	99.1	102.1
6.家庭服务	Household Service	104.0	102.9	105.7
五、交通通信	**Transportation and Communication**	**105.7**	**104.5**	**104.9**
1.交通	Transportation	107.0	105.8	106.0
(1)交通工具	Transportation Facility	102.0	101.4	102.1

continued

(preceding year=100)

阜阳市 Fuyang	阜南县 Funan	宿州市 Suzhou	六安市 Lu'an	金寨县 Jinzhai	亳州市 Bozhou	宣城市 Xuancheng
99.6	98.9	100.1	101.0	101.9	99.5	100.2
106.4	100.0	110.8	100.6	102.7	104.4	116.9
101.9	101.8	101.6	99.4	98.7	100.2	98.6
101.8	101.8	101.6	99.3	98.7	100.2	98.5
108.4	101.6	99.2	102.2	100.0	100.0	104.8
100.5	**101.2**	**100.6**	**100.1**	**100.2**	**100.3**	**100.1**
99.9	98.5	100.2	100.1	97.5	100.9	100.0
100.3	100.4	102.1	100.3	101.7	99.8	102.1
100.7	100.7	102.5	100.5	101.4	99.3	101.4
99.9	100.0	101.7	100.1	102.1	100.3	102.8
100.0	100.0	100.0	100.5	100.0	100.0	100.0
100.0	100.0	103.2	100.0	103.1	100.0	100.0
99.7	100.0	100.0	100.0	100.0	101.6	115.3
102.0	105.1	101.8	100.4	101.4	100.2	100.3
100.0	100.0	100.0	100.0	100.9	100.0	100.0
100.0	100.0	100.0	100.0	100.0	100.0	100.0
111.2	128.5	110.3	101.8	107.3	101.3	100.6
93.5	102.1	98.0	99.5	100.0	100.0	102.4
100.0	100.0	100.0	100.0	99.5	100.3	99.5
99.1	**99.8**	**99.1**	**99.9**	**99.7**	**99.9**	**100.4**
95.8	100.8	101.3	100.3	98.8	99.1	102.1
95.1	100.9	100.7	100.4	98.5	99.1	102.4
99.9	99.9	104.1	100.0	101.2	99.5	100.4
100.9	99.4	99.9	100.7	100.0	101.5	101.6
100.6	98.9	99.4	100.4	99.4	101.3	101.4
102.7	102.7	102.3	102.2	102.8	102.5	103.3
99.5	100.4	99.0	99.7	99.9	100.2	103.0
99.5	100.5	98.8	99.5	99.4	100.3	103.6
100.0	99.9	99.1	100.0	101.1	100.0	100.8
98.9	100.0	101.3	101.5	102.0	99.0	101.1
98.7	100.0	98.5	99.8	100.0	99.4	98.7
99.5	100.6	99.2	100.8	100.5	100.9	100.1
96.3	98.1	97.4	98.3	98.0	98.0	96.8
98.8	100.0	98.0	98.6	99.8	97.0	97.8
98.5	99.0	98.3	97.9	97.4	98.0	98.9
98.0	98.5	97.6	97.2	95.0	96.6	98.5
99.2	99.4	99.3	98.8	99.7	99.7	99.5
101.0	100.8	98.8	102.7	105.3	101.3	100.3
105.1	**104.1**	**104.2**	**104.5**	**103.8**	**103.9**	**104.8**
106.3	105.1	105.1	105.7	104.7	104.8	105.8
101.4	101.7	101.2	101.8	100.1	101.3	101.3

4-6 续表 5

(上年=100)

指　　标	Item	黄山市 Huangshan	歙　县 Shexian	滁州市 Chuzhou
(2)交通工具用燃料	Fuels	116.6	117.1	117.1
(3)交通工具使用和维修	Fees for Vehicles Use and Maintenance	100.2	99.5	101.0
(4)交通费	Traffic Fare	100.8	100.9	99.9
2.通信	Communication	102.5	101.3	102.2
(1)通信工具	Communication Facility	105.7	105.7	105.6
(2)通信服务	Communication Services	100.2	100.0	100.0
(3)邮递服务	Postal Service	99.6	91.1	100.0
六、教育文化娱乐	**Education, Culture and Recreation**	**103.2**	**104.1**	**102.3**
1.教育	Education	103.0	105.3	103.2
(1)教育用品	Teaching Materials and Reference Books	98.8	99.5	101.2
(2)教育服务	Education Services	103.2	105.7	103.3
2.文化娱乐	Cultural and Recreational Articles	103.6	101.2	100.2
(1)文娱耐用消费品	Cultural Articles	106.6	99.5	99.5
(2)其他文娱用品	Expenditure on Culture and Recreation	98.4	98.6	99.1
(3)文化娱乐服务	Culture and Recreation Services	103.2	102.8	99.6
(4)旅游	Tourism	105.0	104.6	101.2
七、医疗保健	**Medical Care and Health**	**99.3**	**100.2**	**99.2**
1.药品及医疗器具	Medical Instrument and Articles	97.7	100.8	95.1
(1)中药	Traditional Chinese Medicine	100.2	101.1	97.0
(2)西药	Western Medicine	96.2	100.5	93.9
(3)滋补保健品	Nourishing Health Products	100.8	99.3	95.9
(4)医疗卫生器具	Medical Appliance	94.3	104.6	93.9
(5)保健器具	Health Care Appliance	98.1	100.0	100.4
2.医疗服务	Health Care Services	100.0	100.0	100.8
(1)综合医疗类	General Medical	100.0	100.0	100.1
(2)诊断类	Diagnosis	100.0	100.0	100.0
(3)治疗类	Treatment	100.0	100.0	102.8
(4)康复类	Rehabilitation	100.0	100.0	100.0
(5)中医医疗服务类	Traditional Chinese Medical Services	100.3	100.0	100.0
(6)其他医疗保健服务	Other Health Care Services	99.5	100.0	99.4
八、其他用品及服务	**Other Articles and Services**	**93.7**	**96.0**	**95.6**
1.其他用品	Other Articles	97.4	98.9	96.7
(1)首饰手表	Jewelry and Watches	96.9	98.3	96.4
(2)母婴用品	Maternal and Infant Supplies	97.7	99.4	96.5
(3)其他杂项用品	Other Sundry Articles	98.8	99.2	97.5
2.其他服务	Other Services	89.5	91.4	94.5
(1)在外住宿	Accommodation Outside	100.7	95.3	104.0
(2)美容美发洗浴	Hairdressing Bath	101.5	100.8	105.1
(3)养老服务	Aged Services	100.0	100.0	115.4
(4)金融及保险服务	Financial and Insurance	79.9	79.9	80.7
(5)中介法律及其他服务	Intermediary Legal and Other Services	100.0	100.0	100.0

continued

(preceding year=100)

阜阳市 Fuyang	阜南县 Funan	宿州市 Suzhou	六安市 Lu'an	金寨县 Jinzhai	亳州市 Bozhou	宣城市 Xuancheng
117.1	116.8	116.8	117.0	117.2	117.1	116.9
99.8	99.4	95.6	100.6	99.5	99.2	99.3
102.7	103.0	100.9	101.7	101.2	100.8	100.9
101.8	101.7	101.9	101.5	101.7	101.8	102.2
105.6	105.7	105.6	105.7	105.8	105.7	105.6
99.7	100.0	100.1	100.0	100.0	100.0	100.0
100.0	100.0	100.0	91.4	99.7	100.0	100.0
100.3	**102.0**	**100.9**	**101.3**	**101.4**	**100.2**	**100.8**
100.9	102.3	100.7	102.8	100.9	100.1	100.7
99.5	99.3	100.1	99.7	100.3	99.8	99.6
101.0	102.4	100.7	103.0	100.9	100.1	100.8
99.0	101.3	101.5	97.9	102.8	100.5	100.9
100.4	99.7	101.6	101.5	98.9	98.8	101.6
98.7	101.5	99.9	98.5	100.9	101.0	100.3
100.1	99.3	103.4	101.7	104.0	100.6	101.0
97.9	104.1	101.9	93.6	108.0	101.2	100.9
100.0	**100.9**	**103.1**	**100.3**	**100.6**	**101.9**	**99.4**
100.1	98.3	97.1	100.6	102.2	97.9	97.1
105.2	105.1	100.0	99.6	108.2	101.4	102.7
97.6	95.4	95.5	102.0	101.7	99.3	95.6
101.3	99.7	101.6	98.5	96.6	99.8	101.7
102.6	100.8	95.5	100.1	101.7	78.8	80.8
96.4	99.7	100.8	99.1	100.0	100.0	99.3
100.0	101.8	105.2	100.1	99.9	103.5	100.2
100.0	101.2	106.6	100.2	100.0	102.9	100.1
100.0	100.0	101.5	100.0	100.0	102.1	100.5
100.0	105.3	107.2	100.0	100.0	105.8	100.0
100.0	100.0	100.1	100.0	100.0	103.1	100.0
100.0	100.0	132.6	100.0	100.0	102.6	100.0
100.0	100.0	98.5	104.2	94.9	103.8	98.5
94.2	**96.6**	**95.2**	**96.6**	**96.0**	**96.1**	**96.9**
98.1	98.8	100.0	99.9	99.3	98.6	99.0
97.0	98.5	101.7	102.0	99.5	99.1	98.8
98.4	98.1	97.6	97.7	99.1	98.8	99.0
100.5	101.1	100.2	97.6	99.4	96.6	99.9
89.9	93.4	89.9	93.1	90.8	93.6	94.4
100.4	103.1	99.6	98.8	101.9	99.7	108.5
100.5	104.2	102.0	100.9	101.2	102.0	102.5
106.8	100.0	100.0	101.6	102.4	107.8	100.0
77.4	80.8	81.0	82.6	79.6	81.5	81.9
100.0	100.0	100.0	100.5	95.1	102.7	100.0

4-7 商品零售价格分类指数(2021年)
Retail Price Indices by Category (2021)

(上年＝100) (preceding year=100)

指　　标	Item	全省 Anhui	城市 Cities	农村 Rural Areas
商品零售价格指数	**Retail General Price Index**	**101.6**	**101.6**	**101.3**
一、食品	Food	99.9	100.1	99.0
1.粮食	Grain	100.6	100.8	100.0
2.薯类	Tubers	100.0	98.6	105.3
3.豆类	Beans	108.5	108.5	108.4
4.食用油	Edible Oil	104.2	104.5	102.9
5.菜及食用菌	Vegetables and Edible Fungi	103.9	104.1	103.1
6.畜肉类	Edible Livestock Meat	82.0	82.7	79.4
7.禽肉类	Poultry	97.4	97.9	95.4
8.水产品	Aquatic Products	114.1	113.9	114.7
9.蛋类	Eggs	112.9	113.5	110.6
10.奶类	Diary Products	102.3	102.2	102.5
11.干鲜瓜果类	Dried and Fresh Melons and Fruits	104.3	104.5	103.4
12.糖果糕点类	Confectionery	102.2	102.5	101.0
13.调味品	Flavoring	101.5	101.4	102.0
14.其他食品类	Other Food	100.8	100.9	100.6
15.在外餐饮	Picnic Food	102.2	102.2	102.5
二、饮料、烟酒	Tobacco, Liquor and Articles	100.7	100.6	101.4
1.茶及饮料	Tea and Drinks	103.4	103.0	105.2
2.卷烟	Cigarette	101.1	101.0	101.3
3.酒类	Liquor	99.3	99.2	99.9
三、服装、鞋帽	Garments, Shoes and Hats	100.9	100.8	101.2
1.服装	Garments	100.9	100.7	101.6
(1)男士服装	Men's Clothing	101.4	101.4	101.6
(2)女士服装	Women's Clothing	100.2	99.9	101.7
(3)儿童服装	Children's Clothing	101.3	101.4	101.3
2.鞋帽袜	Footwear, Socks and Hats	100.9	101.1	100.1
(1)鞋	Shoes	100.8	101.0	100.1
(2)袜子	Socks	100.2	100.1	100.4
(3)帽子	Hats	103.7	104.2	101.1
3.其他衣着配件	Others	101.1	101.2	100.8
四、纺织品	Textiles	100.8	101.2	99.1
1.服装材料	Clothing Material	100.3	100.7	98.8
2.床上用品	Bed Articles	100.9	101.3	99.2

4-7 续表 continued

(上年＝100) (preceding year=100)

指　　标	Item	全省 Anhui	城市 Cities	农村 Rural Areas
五、家用电器及音像器材	Electric Household Appliance and Sound Apparatus	101.9	102.2	100.1
1.家庭设备	Household Facilities	101.2	101.4	100.0
2.文娱用耐用消费品	Durable Consuming Goods for Entertainment	102.9	103.4	100.0
3.专业音像器材	Sound Apparatus	101.6	101.6	101.6
六、文化办公用品	Cultural and Office Goods	100.3	100.3	100.4
七、日用品	Articles for Daily Use	99.7	99.8	99.7
1.日用百货	Merchandises for Daily Use	100.0	100.2	99.5
2.厨具餐具茶具	Kitchenware, Tableware, Tea set	98.1	98.2	97.6
3.清洗用品	Washing and Cleaning Goods	100.4	100.3	100.7
4.其他日用品	Other Daily-use Goods	99.7	99.6	100.2
八、体育娱乐用品	Sports and Entertainment Goods	100.6	100.6	100.5
1.体育户外用品	Sports Goods	100.3	100.5	99.0
2.娱乐用品	Recreational Goods	100.7	100.7	100.7
九、交通、通信用品	Traffic and Telecommunication Goods	101.6	101.7	101.3
1.交通运输机械	Traffic and Transport Machinery	101.4	101.4	101.1
2.通信器材	Telecommunication Apparatus	105.9	105.9	105.8
十、家具	Furniture	100.3	100.4	99.9
十一、化妆品	Cosmetics	97.8	97.9	97.3
十二、金银饰品	Gold and Silver Jewls	98.9	99.0	98.7
十三、中西药品及医疗保健用品	Chinese and Western Medicines and Health Supplies	99.3	99.2	99.9
1.医疗卫生器具	Medical-care Apparatus and Goods	96.3	95.6	99.8
2.中药	Chinese Herbs and Patent Medicine	101.3	100.7	103.6
3.西药	Western Medicine	98.9	98.9	98.8
4.保健器具及用品	Healthy Devices and Goods	100.0	100.1	99.1
十四、书报杂志及电子出版物	Books, Magazines and Electronic Publications	97.7	97.7	97.7
1.教材及参考书	Texts and Reference Books	99.7	99.6	100.0
2.书报杂志及音像制品	Books, Newspapers, Magazines and Audio-visual Products	93.0	93.0	92.7
3.计算机办公软件	Office Software	103.1	103.1	103.1
十五、燃料	Fuels	112.4	112.3	113.2
1.煤炭及制品	Coal and Its Products	118.1	118.6	116.0
2.石油及制品	Oil and Its Products	111.8	111.6	112.9
十六、建筑材料及五金电料	Building Apparatus and Hardware	101.9	102.0	101.5
1.建筑装潢材料	Building Decoration Materials	102.0	102.1	101.7
2.五金水暖	Hardware Plumbing	101.6	101.7	101.0

4-8 各市商品零售价格指数(1984-2021年)

(上年=100)

年 份 Year	合肥市 Hefei	庐江县 Lujiang	芜湖市 Wuhu	蚌埠市 Bengbu	淮南市 Huainan	马鞍山市 Maanshan	淮北市 Huaibei	铜陵市 Tongling	安庆市 Anqing
1984	100.6		101.4	100.3	101.3		101.1		101.3
1985	111.4		108.4	108.8	112.5		108.1		109.5
1986	105.9		106.5	106.2	106.4		105.0		107.2
1987	110.3		108.9	111.0	108.1		109.2		109.2
1988	122.1		121.2	120.7	121.9		125.5		118.9
1989	115.0		115.9	114.8	114.6	115.3	116.2		116.6
1990	101.7		103.6	100.6	102.0	100.6	101.2		102.6
1991	109.5		107.7	108.1	108.8	108.6	107.3	108.1	107.1
1992	108.8		108.5	106.2	108.1	108.6	107.2	106.6	108.7
1993	115.0		118.9	112.3	107.4	118.3	109.5	124.0	114.3
1994	120.5		126.0	119.9	121.3	123.9	117.8	124.0	127.9
1995	113.8		115.5	111.7	112.0	111.4	112.8	112.7	113.7
1996	107.1		106.9	106.7	107.0	106.6	106.5	106.7	107.0
1997	100.9		100.0	100.1	101.1	100.7	99.2	101.0	98.8
1998	98.2		98.9	99.1	97.8	98.3	98.6	98.1	98.3
1999	96.5		96.2	95.8	97.0	97.6	96.8	97.2	96.6
2000	97.2		98.1	98.7	98.3	99.0	98.8	97.9	98.3
2001	97.7		98.9	98.5	99.3	99.9	99.3	98.7	98.3
2002	99.3		98.9	98.8	99.2	100.3	99.6	99.9	99.5
2003	101.4		100.3	100.9	101.1	101.7	103.1	99.4	99.4
2004	100.8		102.3	103.4	102.3	103.0	102.6	102.9	102.5
2005	99.7		99.2	99.8	99.8	100.2	101.4	99.9	100.7
2006	100.6		100.6	101.9	99.8	101.8	101.1	100.2	101.4
2007	104.6		104.1	104.6	104.9	104.9	104.4	103.3	104.2
2008	106.3		106.2	106.4	105.6	106.6	106.3	105.6	106.8
2009	99.8		98.1	98.7	98.1	98.7	99.0	98.5	98.8
2010	102.1		102.7	102.7	101.8	103.1	103.4	102.4	103.2
2011	105.1		105.0	105.4	104.9	103.9	104.9	105.5	105.1
2012	101.9		102.2	102.1	102.2	101.9	102.0	102.2	101.8
2013	101.2		101.3	101.5	101.4	101.2	101.1	101.1	101.5
2014	100.3		100.6	100.9	100.0	100.4	99.9	99.9	100.4
2015	99.5		100.1	99.4	99.5	99.7	99.3	99.9	99.9
2016	100.8	100.6	100.9	101.0	100.8	100.7	100.5	100.9	101.2
2017	102.3	100.8	100.7	101.1	101.8	101.4	101.1	101.2	102.6
2018	101.7	101.8	101.8	102.5	102.0	101.3	102.1	101.5	101.9
2019	101.6	101.8	101.9	101.3	102.4	101.8	102.0	102.3	102.3
2020	101.3	101.5	101.6	101.5	101.4	102.0	102.3	102.2	102.4
2021	103.6	103.2	102.9	102.2	102.6	101.6	103.0	102.9	101.8

Retail Price Index by Region (1984-2021)

(preceding year=100)

桐城市 Tongcheng	黄山市 Huangshan	歙 县 Shexian	滁州市 Chuzhou	阜阳市 Fuyang	阜南县 Funan	宿州市 Suzhou	六安市 Lu'an	金寨县 Jinzhai	亳州市 Bozhou	宣城市 Xuancheng
98.3		100.5	101.3	102.3		104.8	102.5		98.7	100.5
106.2		108.3	103.2	105.2		103.4	109.2		105.0	106.6
104.1		107.4	104.7	104.0		107.6	105.1		108.2	105.7
111.0		113.2	109.4	110.1		111.5	110.7		111.2	112.2
118.1		122.5	117.5	123.8		116.7	123.1		123.3	123.7
115.9		114.7	118.5	115.5		116.8	116.9		115.7	115.6
98.2		101.4	100.5	102.2		103.7	103.0		97.8	102.1
106.6		101.5	106.8	107.5		104.4	104.1		109.9	102.6
109.8		107.3	107.2	110.0		106.1	107.4		109.6	104.4
109.5		115.6	118.8	109.6		112.1	112.2		110.4	115.7
116.4		122.9	122.2	117.9		122.5	127.8		125.3	124.3
113.2		111.4	114.5	111.0		112.6	112.6		108.1	112.1
107.4	106.8	107.8	107.3	107.7		107.7	107.1		106.7	106.9
98.8	98.1	98.4	99.4	99.2		98.5	98.9		97.9	99.8
97.9	99.9	98.2	98.7	97.7		96.8	98.3		99.4	98.7
96.2	96.8	96.1	96.8	95.5		95.1	96.6		97.3	98.4
98.6	99.7	97.0	97.3	97.7		96.5			96.3	98.5
99.6	99.4	98.9	99.1	98.0					100.1	101.9
98.9	98.4	98.3	99.0	98.3					98.3	102.0
101.4	102.5	100.6	100.6	100.2		102.0			103.1	102.2
104.2	103.8	104.6	101.4	102.4		102.4			101.8	103.5
102.3	99.9	101.3	100.7	100.6		99.9			99.4	101.8
101.4	100.4	100.7	101.0	101.3		101.0			101.3	100.7
105.2	103.9	104.7	104.2	103.9		104.9			105.5	104.2
106.3	105.6	106.3	105.2	105.5		106.1			105.0	106.3
97.8	98.9	98.9	99.6	97.9		99.0			98.4	100.0
103.9	104.2	104.5	102.7	103.1		102.6			103.9	103.9
106.4	105.4	107.0	104.6	105.4		105.1	104.8		104.4	105.6
102.5	101.8	102.8	101.9	102.5		101.6	101.0		102.1	101.9
101.4	101.8	101.7	101.3	101.0		101.3	101.1		101.1	101.3
100.5	100.9	101.1	100.4	100.7		100.3	100.8		99.8	100.2
99.4	99.3	100.3	98.9	99.6		99.2	99.4		100.0	100.0
100.7	100.5	101.0	101.0	100.6	100.9	100.5	101.5	100.9	101.2	100.8
102.1	101.4	100.9	100.7	101.3	101.3	101.9	102.1	101.6	102.0	101.1
101.9	102.4	102.3	101.8	101.9	102.6	102.2	102.3	102.1	102.4	102.4
102.3	102.2	101.9	101.7	102.0	101.7	101.7	102.2	102.5	101.7	102.5
101.6	101.3	101.9	101.8	101.8	102.1	101.5	101.6	101.5	101.8	102.0
102.5	101.7	102.8	102.8	102.6	102.8	103.3	102.7	102.2	102.0	102.1

4-9 各市商品零售价格分类指数(2021年)

(上年＝100)

指　　标	Item	合肥市 Hefei	庐江县 Lujiang	芜湖市 Wuhu
商品零售价格指数	**Retail General Price Index**	**101.9**	**101.3**	**101.9**
一、食品	Food	100.5	99.2	99.4
1.粮食	Grain	100.5	100.3	101.8
2.薯类	Tubers	99.9	100.2	92.6
3.豆类	Beans	109.4	103.6	115.6
4.食用油	Edible Oil	104.5	105.4	101.5
5.菜及食用菌	Vegetables and Edible Fungi	104.3	104.4	102.2
6.畜肉类	Edible Livestock Meat	83.6	78.5	79.9
7.禽肉类	Poultry	97.4	92.2	97.4
8.水产品	Aquatic Products	113.5	116.0	112.0
9.蛋类	Eggs	114.1	109.4	110.2
10.奶类	Diary Products	104.8	102.4	104.8
11.干鲜瓜果类	Dried and Fresh Melons and Fruits	103.5	103.9	107.6
12.糖果糕点类	Confectionery	103.9	101.4	101.3
13.调味品	Flavoring	102.3	103.5	101.0
14.其他食品类	Other Food	101.9	98.8	100.9
15.在外餐饮	Picnic Food	102.7	103.9	101.3
二、饮料、烟酒	Tobacco, Liquor and Articles	100.8	99.8	99.0
1.茶及饮料	Tea and Drinks	104.4	106.6	100.5
2.卷烟	Cigarette	100.5	100.0	99.4
3.酒类	Liquor	100.1	97.0	98.1
三、服装、鞋帽	Garments, Shoes and Hats	100.4	101.3	101.6
1.服装	Garments	100.2	101.5	101.7
(1)男士服装	Men's Clothing	101.3	100.3	102.7
(2)女士服装	Women's Clothing	98.6	102.6	101.2
(3)儿童服装	Children's Clothing	101.8	101.3	100.9
2.鞋帽袜	Footwear, Socks and Hats	101.1	100.4	101.0
(1)鞋	Shoes	100.9	100.5	100.6
(2)袜子	Socks	100.3	99.5	101.5
(3)帽子	Hats	106.2	101.0	107.2
3.其他衣着配件	Others	103.1	103.0	102.6
四、纺织品	Textiles	102.3	96.6	101.3
1.服装材料	Clothing Material	99.1	99.1	102.4
2.床上用品	Bed Articles	103.1	96.0	101.0

Retail Price Index by Region and Category (2021)

(preceding year=100)

蚌埠市 Bengbu	淮南市 Huainan	马鞍山市 Maanshan	淮北市 Huaibei	铜陵市 Tongling	安庆市 Anqing	桐城市 Tongcheng
101.5	**101.5**	**101.4**	**101.6**	**101.7**	**101.3**	**101.2**
100.2	99.4	100.9	99.1	99.4	100.3	98.6
100.9	101.7	102.0	97.5	101.3	101.2	103.9
104.1	96.1	95.1	98.2	98.5	93.2	93.4
105.3	110.7	109.4	107.2	104.3	106.5	105.6
103.2	104.4	112.0	110.9	102.9	104.0	100.3
106.3	103.8	108.3	105.0	101.5	102.1	97.9
84.2	81.9	83.7	82.6	79.6	82.4	76.6
96.7	97.4	98.7	103.6	93.5	95.9	97.4
111.6	113.3	117.6	109.0	114.1	116.1	113.4
116.6	121.7	111.4	108.8	110.3	112.5	111.7
100.6	99.4	101.9	98.0	100.7	97.9	102.0
102.0	108.5	101.5	99.9	111.6	109.1	100.9
103.7	100.4	103.3	100.2	99.1	106.2	100.8
98.2	101.7	101.9	101.9	101.6	101.6	104.8
99.8	99.4	101.4	103.8	101.1	102.2	100.7
102.0	100.1	101.6	101.2	101.8	103.4	103.4
100.5	102.1	101.6	101.0	100.6	101.2	103.0
100.1	103.6	104.6	103.4	99.8	101.9	105.5
101.7	102.0	102.5	101.7	100.5	101.4	103.5
99.3	101.8	98.5	99.4	100.9	100.5	101.0
100.9	100.8	100.4	100.8	100.5	101.6	101.0
99.8	101.0	100.2	101.4	100.4	101.9	100.7
99.3	101.5	99.6	102.5	99.0	102.9	99.9
99.1	99.9	101.1	100.7	100.8	101.4	100.3
102.1	102.3	99.4	100.9	101.8	101.5	103.1
105.4	100.1	100.7	99.2	100.8	100.5	102.0
105.6	99.8	100.8	99.3	100.9	100.5	102.1
97.3	102.8	100.1	99.3	102.7	100.8	100.0
110.7	103.5	100.5	97.7	97.2	102.6	102.0
100.7	99.3	102.6	95.4	100.2	101.9	100.0
100.8	100.6	98.7	100.5	103.4	99.9	100.6
100.3	101.9	100.6	100.4	100.0	102.7	100.1
100.9	100.4	98.3	100.5	103.9	99.3	100.7

4-9 续表 1

(上年＝100)

指　　标	Item	合肥市 Hefei	庐江县 Lujiang
五、家用电器及音像器材	Electric Household Appliance and Sound Apparatus	103.8	102.2
1.家庭设备	Household Facilities	101.5	101.9
2.文娱用耐用消费品	Durable Consuming Goods for Entertainment	106.9	102.9
3.专业音像器材	Sound Apparatus	101.6	101.6
六、文化办公用品	Cultural and Office Goods	100.5	100.7
七、日用品	Articles for Daily Use	99.4	100.8
1.日用百货	Merchandises for Daily Use	99.6	102.3
2.厨具餐具茶具	Kitchenware, Tableware, Tea set	98.5	96.0
3.清洗用品	Washing and Cleaning Goods	99.7	100.6
4.其他日用品	Other Daily-use Goods	99.5	100.9
八、体育娱乐用品	Sports and Entertainment Goods	100.6	100.3
1.体育户外用品	Sports Goods	101.1	100.7
2.娱乐用品	Recreational Goods	100.5	100.2
九、交通、通信用品	Traffic and Telecommunication Goods	101.3	101.4
1.交通运输机械	Traffic and Transport Machinery	101.1	101.1
2.通信器材	Telecommunication Apparatus	106.0	105.7
十、家具	Furniture	100.4	100.8
十一、化妆品	Cosmetics	97.4	98.5
十二、金银饰品	Gold and Silver Jewls	99.1	98.5
十三、中西药品及医疗保健用品	Chinese and Western Medicines and Health Supplies	99.1	98.4
1.医疗卫生器具	Medical-care Apparatus and Goods	88.7	91.1
2.中药	Chinese Herbs and Patent Medicine	100.4	100.4
3.西药	Western Medicine	99.7	98.1
4.保健器具及用品	Healthy Devices and Goods	100.0	100.7
十四、书报杂志及电子出版物	Books, Magazines and Electronic Publications	97.8	97.5
1.教材及参考书	Texts and Reference Books	99.8	100.1
2.书报杂志及音像制品	Books, Newspapers, Magazines and Audio-visual Products	92.7	91.4
3.计算机办公软件	Office Software	103.1	103.1
十五、燃料	Fuels	112.6	113.6
1.煤炭及制品	Coal and Its Products	117.7	120.6
2.石油及制品	Oil and Its Products	112.1	112.8
十六、建筑材料及五金电料	Building Apparatus and Hardware	102.8	101.1
1.建筑装潢材料	Building Decoration Materials	103.1	101.0
2.五金水暖	Hardware Plumbing	101.7	101.2

continued

(preceding year=100)

芜湖市 Wuhu	蚌埠市 Bengbu	淮南市 Huainan	马鞍山市 Maanshan	淮北市 Huaibei	铜陵市 Tongling	安庆市 Anqing	桐城市 Tongcheng
101.2	100.4	101.8	99.1	100.6	100.1	102.8	99.2
103.0	101.5	102.1	99.3	100.4	100.1	102.6	99.1
98.8	98.7	101.4	98.7	100.9	100.0	103.6	99.2
101.6	101.6	101.6	101.6	101.6	101.6	101.6	101.6
99.4	100.0	100.6	97.9	100.2	99.5	100.6	101.6
100.5	100.8	100.6	98.9	101.4	101.2	99.3	101.7
100.0	102.5	99.9	98.8	103.5	101.3	99.9	103.4
99.4	97.2	99.3	96.9	98.1	99.6	99.1	98.7
101.2	102.4	102.0	101.2	101.1	101.1	98.3	101.1
101.2	99.9	101.4	98.2	99.9	102.0	99.1	100.5
100.8	101.1	100.3	101.4	101.0	100.6	100.2	100.5
101.6	100.2	100.4	99.9	99.4	102.0	97.1	100.1
100.6	101.2	100.3	101.6	101.3	100.4	100.6	100.5
103.0	101.0	101.6	101.5	101.6	102.0	101.6	101.3
102.8	100.7	101.4	101.3	101.4	101.8	101.4	101.0
105.9	106.0	106.2	105.7	105.8	105.7	105.6	105.9
102.1	99.3	101.2	101.4	101.3	99.8	101.4	98.5
98.3	97.9	98.9	98.3	98.2	98.8	97.9	99.0
98.5	97.2	102.6	99.0	101.2	98.7	98.2	98.2
99.1	99.5	99.6	100.5	100.9	101.1	100.5	98.0
107.9	97.8	97.0	98.7	99.8	95.8	100.4	102.1
99.8	100.2	103.4	100.0	97.2	105.3	101.5	99.8
96.8	100.4	98.7	100.5	103.2	101.4	100.6	96.6
102.1	97.7	100.0	102.0	96.7	100.0	99.5	99.0
97.2	97.8	97.8	96.9	97.3	98.1	98.2	98.0
99.4	98.9	99.8	99.5	99.5	99.0	99.2	100.5
93.2	94.2	93.2	92.7	92.7	94.5	93.1	92.7
103.1	103.1	103.1	103.1	103.1	103.1	103.1	103.1
114.0	112.1	110.2	109.9	112.9	112.8	108.0	109.9
134.7	117.4	119.2	116.4	119.4	116.2	116.7	116.0
111.7	111.5	109.4	108.5	112.3	112.5	107.1	109.1
102.0	102.7	101.7	101.6	101.5	101.6	102.0	103.4
101.4	101.9	101.7	102.5	101.1	101.6	102.3	103.6
103.8	104.1	102.0	99.0	102.0	101.5	101.1	103.0

4-9 续表 2

(上年＝100)

指　　标	Item	黄山市 Huangshan	歙　县 Shexian	滁州市 Chuzhou
商品零售价格指数	**Retail General Price Index**	**101.7**	**101.3**	**101.3**
一、食品	Food	99.3	99.5	101.3
1.粮食	Grain	101.3	100.4	98.0
2.薯类	Tubers	90.8	110.0	105.0
3.豆类	Beans	110.7	116.7	105.3
4.食用油	Edible Oil	101.0	101.0	101.0
5.菜及食用菌	Vegetables and Edible Fungi	103.7	102.1	101.1
6.畜肉类	Edible Livestock Meat	80.0	78.3	87.4
7.禽肉类	Poultry	98.7	97.2	99.5
8.水产品	Aquatic Products	112.9	115.1	118.9
9.蛋类	Eggs	109.6	108.1	115.1
10.奶类	Diary Products	102.2	99.8	99.6
11.干鲜瓜果类	Dried and Fresh Melons and Fruits	101.6	107.6	108.7
12.糖果糕点类	Confectionery	103.6	101.6	98.7
13.调味品	Flavoring	99.4	101.2	102.0
14.其他食品类	Other Food	100.9	101.2	101.2
15.在外餐饮	Picnic Food	102.2	103.3	102.6
二、饮料、烟酒	Tobacco, Liquor and Articles	99.9	100.7	100.2
1.茶及饮料	Tea and Drinks	100.8	106.1	104.2
2.卷烟	Cigarette	100.0	100.0	102.3
3.酒类	Liquor	99.1	99.2	96.3
三、服装、鞋帽	Garments, Shoes and Hats	102.6	102.0	99.6
1.服装	Garments	103.3	103.0	100.1
(1)男士服装	Men's Clothing	106.0	103.6	101.4
(2)女士服装	Women's Clothing	102.9	102.3	99.9
(3)儿童服装	Children's Clothing	99.2	103.7	98.2
2.鞋帽袜	Footwear, Socks and Hats	100.2	98.6	97.6
(1)鞋	Shoes	100.4	98.5	97.7
(2)袜子	Socks	97.9	100.0	93.7
(3)帽子	Hats	99.7	102.1	100.9
3.其他衣着配件	Others	98.8	99.4	96.3
四、纺织品	Textiles	100.5	100.0	99.1
1.服装材料	Clothing Material	99.0	99.3	98.5
2.床上用品	Bed Articles	100.9	100.2	99.2

continued

(preceding year=100)

阜阳市 Fuyang	阜南县 Funan	宿州市 Suzhou	六安市 Lu'an	金寨县 Jinzhai	亳州市 Bozhou	宣城市 Xuancheng
101.4	**101.8**	**101.8**	**101.0**	**101.1**	**100.6**	**101.4**
99.7	97.4	100.7	99.1	99.7	99.3	99.5
101.8	99.8	100.4	100.4	98.3	100.5	101.3
98.0	109.9	99.7	101.3	106.7	102.8	90.3
105.1	105.4	106.8	107.0	109.0	103.3	108.5
107.7	103.4	105.6	99.3	102.9	113.4	106.1
104.6	102.7	104.6	101.9	104.8	106.7	103.3
82.6	80.5	84.5	79.9	80.9	81.3	79.6
98.7	94.5	103.3	101.7	96.2	93.7	96.5
116.3	112.4	110.9	119.2	115.7	116.9	112.3
114.1	109.3	119.7	108.2	113.3	107.9	111.0
96.4	104.2	100.2	100.9	103.1	101.8	101.1
104.3	99.6	103.6	102.6	104.0	97.4	101.8
100.0	100.5	100.7	98.7	100.7	101.5	105.3
100.1	98.5	101.3	99.6	102.7	99.3	105.0
99.3	100.6	100.0	98.4	101.7	98.5	99.1
101.8	97.7	103.2	101.2	103.5	102.5	103.6
100.5	102.0	100.4	100.3	102.1	100.4	101.6
103.3	108.1	104.7	100.8	101.4	102.6	103.3
102.3	101.8	100.0	102.3	102.7	101.7	103.4
96.8	100.4	99.2	97.8	101.7	98.0	98.5
102.0	101.9	100.2	100.3	100.2	101.1	102.1
102.1	102.1	99.9	100.5	100.5	101.4	103.1
102.0	102.0	99.7	101.4	101.2	103.0	103.6
101.9	101.9	99.1	100.9	101.1	101.4	102.5
102.7	102.6	102.0	98.2	98.0	98.6	103.7
101.7	101.7	101.5	99.5	98.9	100.2	98.7
101.8	101.8	101.6	99.3	98.7	100.2	98.5
99.9	100.0	99.7	101.0	101.6	99.9	99.8
98.6	100.0	101.5	102.2	100.9	102.8	102.1
99.9	97.1	99.5	100.0	103.3	96.3	99.4
100.9	100.0	99.2	99.4	99.2	100.3	102.9
108.1	98.3	100.9	98.8	98.2	100.0	100.0
99.5	100.5	98.8	99.5	99.4	100.3	103.6

4-9 续表 3

(上年＝100)

指　　标	Item	黄山市 Huangshan	歙　县 Shexian
五、家用电器及音像器材	Electric Household Appliance and Sound Apparatus	104.8	98.9
1.家庭设备	Household Facilities	100.4	98.5
2.文娱用耐用消费品	Durable Consuming Goods for Entertainment	112.9	99.2
3.专业音像器材	Sound Apparatus	101.6	101.6
六、文化办公用品	Cultural and Office Goods	100.6	99.0
七、日用品	Articles for Daily Use	100.6	98.5
1.日用百货	Merchandises for Daily Use	103.1	97.4
2.厨具餐具茶具	Kitchenware, Tableware, Tea Set	97.4	97.3
3.清洗用品	Washing and Cleaning Goods	100.7	99.8
4.其他日用品	Other Daily-use Goods	98.3	100.1
八、体育娱乐用品	Sports and Entertainment Goods	100.0	99.2
1.体育户外用品	Sports Goods	100.2	100.0
2.娱乐用品	Recreational Goods	100.0	99.1
九、交通、通信用品	Traffic and Telecommunication Goods	101.8	102.1
1.交通运输机械	Traffic and Transport Machinery	101.5	102.0
2.通信器材	Telecommunication Apparatus	106.0	105.8
十、家具	Furniture	100.2	100.4
十一、化妆品	Cosmetics	97.7	95.8
十二、金银饰品	Gold and Silver Jewls	97.1	98.1
十三、中西药品及医疗保健用品	Chinese and Western Medicines and Health Supplies	97.8	100.8
1.医疗卫生器具	Medical-care Apparatus and Goods	94.3	104.6
2.中药	Chinese Herbs and Patent Medicine	100.1	101.1
3.西药	Western Medicine	96.2	100.5
4.保健器具及用品	Healthy Devices and Goods	100.5	99.5
十四、书报杂志及电子出版物	Books, Magazines and Electronic Publications	97.1	97.0
1.教材及参考书	Texts and Reference Books	98.8	99.5
2.书报杂志及音像制品	Books, Newspapers, Magazines and Audio-visual Products	92.7	93.1
3.计算机办公软件	Office Software	103.1	103.1
十五、燃料	Fuels	112.7	110.6
1.煤炭及制品	Coal and Its Products	120.0	119.7
2.石油及制品	Oil and Its Products	111.7	109.6
十六、建筑材料及五金电料	Building Apparatus and Hardware	101.2	102.6
1.建筑装潢材料	Building Decoration Materials	101.4	102.9
2.五金水暖	Hardware Plumbing	100.4	101.9

continued

(preceding year=100)

滁州市 Chuzhou	阜阳市 Fuyang	阜南县 Funan	宿州市 Suzhou	六安市 Lu'an	金寨县 Jinzhai	亳州市 Bozhou	宣城市 Xuancheng
100.1	101.0	99.5	101.4	101.6	99.6	100.3	102.2
99.5	100.9	99.4	99.9	100.7	100.0	101.5	101.6
100.8	101.2	99.6	103.7	103.2	98.8	97.5	103.5
101.6	101.6	101.6	101.6	101.6	101.6	101.6	101.6
101.4	100.9	100.0	102.1	99.1	101.4	100.6	100.1
100.3	99.0	100.1	98.9	99.6	98.4	99.3	99.2
102.5	100.2	100.0	99.0	100.8	96.7	99.8	99.3
98.6	96.3	98.1	97.4	98.3	98.0	98.0	96.8
98.7	98.7	101.0	99.3	100.6	101.0	101.6	100.8
99.1	98.9	100.5	99.6	98.3	99.5	98.2	99.2
98.6	100.0	102.1	101.2	100.2	100.6	102.1	100.8
95.3	102.1	99.7	98.3	99.1	96.1	100.6	97.5
99.1	99.8	102.4	101.6	100.3	101.1	102.3	101.3
101.6	101.8	101.7	101.7	101.6	100.3	101.7	101.7
101.4	101.5	101.4	101.4	101.4	100.1	101.4	101.4
105.7	105.8	105.7	105.9	105.7	105.9	105.7	105.5
102.9	95.1	100.9	100.7	100.4	98.5	99.1	102.4
100.2	98.5	98.8	97.6	97.7	95.8	96.9	98.6
96.6	97.0	98.3	101.7	101.9	99.8	98.5	98.8
95.1	100.1	98.3	97.1	100.6	102.2	97.7	97.6
93.9	102.6	100.8	95.5	100.1	101.7	78.8	80.8
97.0	105.2	105.1	100.0	99.6	108.2	101.4	102.7
93.9	97.6	95.3	95.5	102.0	101.7	99.3	95.7
97.2	100.2	99.7	101.5	98.6	97.2	99.8	101.3
98.8	97.9	97.9	97.8	98.2	98.0	97.9	98.1
101.2	99.5	99.3	100.1	99.7	100.3	99.8	99.4
93.7	92.8	93.5	92.7	92.7	92.8	92.8	93.5
103.1	103.1	103.1	103.1	103.1	103.1	103.1	103.1
114.1	114.2	120.4	114.4	108.8	111.2	109.5	109.5
118.3	111.5	113.5	111.0	112.4	112.9	111.9	115.0
113.6	114.5	121.2	114.9	108.3	111.0	109.2	109.1
101.3	101.5	100.5	101.3	99.7	101.1	99.6	101.0
101.3	100.7	100.7	102.4	100.5	101.4	99.3	101.4
101.7	102.5	100.2	99.9	98.4	100.3	100.3	100.1

4-10 工业生产者出厂价格分类指数(1993-2021年)

(上年=100)

年 份 Year	工业生产者出厂价格指数 Producer Price Indices for Industrial Products	轻工业 Light Industry	以农产品为原料 Agricultural products as raw materials	以非农产品为原料 Non-agricultural Products as Raw Materials	重工业 Heavy Industry
1993	125.3	109.1	109.3	108.3	143.6
1994	120.9	125.3	129.0	113.2	116.3
1995	117.2	124.0	126.4	115.7	110.1
1996	101.5	99.9	100.3	99.0	103.5
1997	99.3	99.1	99.4	98.7	99.4
1998	96.4	96.4	96.7	96.1	96.1
1999	95.9	94.4	94.1	96.4	97.3
2000	98.9	95.7	95.4	97.6	102.1
2001	98.6	96.9	96.9	97.1	100.2
2002	99.8	97.5	97.1	98.7	101.6
2003	103.5	101.7	102.7	100.7	104.9
2004	108.2	104.6	106.5	102.7	110.9
2005	103.3	99.0	99.6	98.5	106.3
2006	103.1	99.8	99.7	99.8	105.1
2007	103.6	103.4	103.8	103.0	103.8
2008	108.4	105.4	107.1	103.8	110.1
2009	92.8	97.0	97.9	96.2	90.5
2010	109.0	104.8	106.4	103.2	111.4
2011	108.3	107.7	109.9	103.6	108.5
2012	98.3	101.4	101.3	101.5	97.1
2013	98.2	101.5	102.2	100.1	96.9
2014	97.4	100.4	100.8	99.8	96.3
2015	93.9	99.6	99.5	100.0	91.8
2016	98.5	99.1	99.4	98.6	98.2
2017	108.0	101.8	102.2	101.3	110.7
2018	103.0	100.9	101.0	100.8	103.9
2019	100.3	100.0	100.7	99.0	100.5
2020	99.1	99.9	101.5	97.6	98.8
2021	107.7	102.8	103.0	102.5	110.1

Producer Price Indices for Industrial Products by Category (1993-2021)

(preceding year=100)

采掘 Mining & Quarrying Industry	原料 Raw Materials Industry	加工 Processing Industry	生产资料 Means of Production	生活资料 Consumer Goods
135.1	161.7	121.5	140.0	109.0
117.3	112.6	120.1	116.9	125.7
116.0	104.4	115.0	113.2	121.9
113.8	103.1	101.9	102.7	100.5
99.3	100.2	98.5	98.9	100.1
92.1	96.0	97.0	95.7	97.1
94.2	97.9	97.2	96.9	94.5
101.0	106.1	97.7	102.1	93.7
105.2	99.0	100.2	99.8	96.3
115.4	99.2	100.0	100.1	99.3
102.4	107.2	103.8	105.3	98.9
116.7	115.6	106.5	110.9	101.4
112.2	111.3	101.3	105.0	98.7
98.0	115.2	99.9	104.6	98.4
104.2	102.9	104.3	103.7	103.3
119.0	104.9	111.7	109.3	105.4
95.4	90.3	89.5	91.4	97.8
111.0	116.6	108.1	110.9	103.0
104.8	110.9	107.7	109.2	105.6
96.9	99.3	96.1	97.0	101.7
92.9	96.9	97.4	96.9	101.5
90.1	95.9	97.2	96.2	100.7
81.1	91.2	93.3	91.7	100.2
98.8	96.3	98.8	98.1	99.4
126.4	114.4	108.0	110.8	101.1
99.6	106.5	103.5	103.9	100.7
108.8	99.6	100.0	100.1	100.9
99.6	97.0	99.3	98.6	100.5
127.3	114.4	107.3	110.1	101.4

4-11　分月工业生产者出厂价格指数(2021年)

(上年同月＝100)

类　　别	Item	全　年 Total	1 月 January	2 月 February	3 月 March
工业生产者出厂价格指数	**Producer Price Indices for Industrial Products**	**107.7**	**101.2**	**102.4**	**104.9**
轻工业	Light Industry	102.8	100.5	100.8	101.4
以农产品为原料	Using Farm Produces as Raw Materials	103.0	102.2	102.6	103.1
以非农产品为原料	Using Non-farm Produces as Raw Materials	102.5	98.4	98.7	99.5
重工业	Heavy Industry	110.1	101.5	103.1	106.5
采掘	Mining and Quarrying	127.3	105.3	110.7	113.8
原料	Raw Material	114.4	101.3	103.8	109.7
加工	Processing	107.3	101.4	102.4	104.8
生产资料	Means of Production	110.1	101.5	102.9	106.2
采掘	Mining and Quarrying	127.3	105.3	110.7	113.8
原料	Raw Material	114.1	101.6	103.9	109.7
加工	Processing	107.7	101.2	102.1	104.6
生活资料	Life Material	101.4	100.4	100.9	101.2
食品	Food	101.6	102.7	103.2	103.3
衣着	Clothing	102.0	101.5	101.1	101.5
一般日用品	Articles for Daily Use	102.5	100.9	101.4	102.2
耐用消费品	Durable Consumers' Goods	100.0	96.9	97.4	97.6

Producer Price Indices for Industrial Products by Month (2021)

(the same month last year=100)

4 月 April	5 月 May	6 月 June	7 月 July	8 月 August	9 月 September	10 月 October	11 月 November	12 月 December
106.7	**108.5**	**109.1**	**108.8**	**108.8**	**109.5**	**111.5**	**111.6**	**109.9**
102.1	103.1	103.5	103.0	103.2	103.3	103.6	104.4	104.3
102.8	103.5	103.4	102.7	102.8	103.1	103.1	103.2	102.9
101.1	102.5	103.7	103.3	103.7	103.6	104.3	105.9	106.2
109.0	111.1	111.8	111.5	111.5	112.4	115.2	115.0	112.5
115.3	119.9	129.6	132.8	134.1	139.5	143.2	147.5	135.4
113.3	116.0	116.1	116.8	116.6	118.4	122.8	121.6	117.3
107.0	108.7	109.1	108.2	108.1	108.4	110.5	110.4	109.1
108.9	111.1	111.9	111.8	111.8	112.6	115.1	115.2	112.8
115.3	119.9	129.6	132.8	134.1	139.5	143.2	147.5	135.4
113.3	116.0	115.8	116.5	116.3	118.0	122.2	120.9	116.2
107.0	108.9	109.5	108.9	108.9	109.1	111.0	111.3	110.2
101.1	101.7	101.9	100.9	101.0	101.3	101.8	102.2	102.0
102.0	102.4	101.7	100.6	100.6	100.9	100.7	101.0	100.7
101.7	102.3	102.6	102.7	102.7	102.5	102.4	102.0	101.4
102.2	102.8	102.9	102.4	102.2	102.9	103.1	103.5	103.4
98.8	99.9	101.1	99.8	100.1	100.4	102.1	102.7	102.9

4-12 分行业工业生产者出厂价格指数(2021年)

(上年同月=100)

类　别	Item	全年 Total
总指数	**General Index**	**107.7**
煤炭开采和洗选业	Coal Mining and Selecting Industry	130.6
烟煤和无烟煤开采洗选	The Bituminous Coal and Anthracite Coals Mining and Dressing	130.6
黑色金属矿采选业	Black Metal Mineral Mining and Selecting Industry	143.7
铁矿采选	The Iron Mineral Mining and Selecting	143.7
有色金属矿采选业	Colored Metal Mineral Mining and Selecting	124.6
常用有色金属矿采选	The Regular Colored Metal Mineral Mining and Selecting	129.8
贵金属矿采选	The Precious Metal Mineral Mining and Selecting	103.5
非金属矿采选业	Non-Metal Mineral Mining and Selecting	104.7
土砂石开采	Gravel Mining and Selecting	102.3
化学矿开采	Chemical Mineral Mining and Selecting	140.1
采盐	Salt Mining	112.6
石棉及其他非金属矿采选	Asbestos and Other Non-Metal Mineral Mining and Selecting	101.0
农副食品加工业	Farm and Side-Line Food Processed Industry	103.6
谷物磨制	Corn Whetted	105.1
饲料加工	Forage Processed	109.6
植物油加工	Planting-Oil Processed	115.5
屠宰及肉类加工	Slaughtered Meta and Meat Processes	93.5
水产品加工	Fishery Product Processed	93.9
蔬菜、菌类、水果和坚果加工	Vegetable, Fruit and Nut Processed	101.5
其他农副食品加工	Other Farm and Side-line Food Processed	100.4
食品制造业	Food Manufacture Industry	101.8
焙烤食品制造	Baked Food Manufacturing	101.9
糖果、巧克力及蜜饯制造	Candy, Chocolate and Preserves Manufacturing	96.3
方便食品制造	Convenient Food Manufacturing	102.7
乳制品制造	Dairy Products Manufacturing	102.0
罐头食品制造	Canning	98.7
调味品、发酵制品制造	Condiment, Ferment Product Manufacturing	102.2
其他食品制造	Other Food Manufacturing	103.3
酒、饮料及精制茶制造业	Beverage Manufacture Industry	99.6
酒的制造	Wine Manufacturing	99.3
饮料制造	Beverage Manufacturing	100.3
精制茶加工	Refined-tea Process	99.6
烟草制品业	Tobacco Product Industry	100.0
卷烟制造	Cigarette Manufacturing	100.0
纺织业	Textile Industry	105.6
棉纺织及印染精加工	Cotton Textile and Printing and Dyeing Refined Processing	108.3
毛纺织及染整精加工	Wool Textile and Printing and Dyeing Refined Processing	108.2
麻纺织及染整精加工	Hemp Textile and Printing and Dyeing Refined Processing	100.5

Producer Price Indices for Industrial Products by Sector (2021)

(the same month last year=100)

1 月 January	2 月 February	3 月 March	4 月 April	5 月 May	6 月 June	7 月 July	8 月 August	9 月 September	10 月 October	11 月 November	12 月 December
101.2	**102.4**	**104.9**	**106.7**	**108.5**	**109.1**	**108.8**	**108.8**	**109.5**	**111.5**	**111.6**	**109.9**
100.6	105.6	106.9	105.7	111.5	124.3	129.4	134.4	149.8	164.7	175.9	161.4
100.6	105.6	106.9	105.7	111.5	124.3	129.4	134.4	149.8	164.7	175.9	161.4
127.4	141.5	152.9	163.0	168.4	177.6	177.9	169.1	147.5	119.7	107.0	91.9
127.4	141.5	152.9	163.0	168.4	177.6	177.9	169.1	147.5	119.7	107.0	91.9
117.1	119.7	124.2	130.3	132.8	134.9	129.7	122.3	119.8	122.7	122.3	120.4
118.3	121.5	127.4	136.0	140.6	142.6	136.4	128.6	124.9	128.6	128.7	125.9
112.3	112.3	111.2	107.9	103.5	105.3	103.5	97.8	98.9	98.6	95.9	97.7
99.7	100.3	101.6	103.7	104.3	105.5	105.7	105.3	106.9	108.8	109.3	104.6
98.9	99.2	100.0	102.1	102.2	103.3	103.6	102.6	103.5	105.6	106.5	100.6
114.5	119.3	130.7	136.5	143.2	144.9	138.6	144.0	158.6	158.1	152.7	138.2
96.0	94.4	98.0	100.5	103.4	103.5	114.5	118.4	118.3	123.4	127.8	159.2
99.6	100.0	99.9	99.4	99.4	101.8	101.6	102.3	102.4	102.3	102.0	102.1
107.2	107.8	107.6	105.9	105.1	104.3	102.0	100.9	101.3	100.6	101.2	100.2
112.4	112.1	111.7	109.5	106.9	106.0	102.1	100.8	100.7	100.0	101.1	100.1
108.8	111.0	110.4	110.2	111.8	112.7	110.9	109.4	108.6	108.0	106.9	106.6
111.1	113.5	116.3	115.9	113.5	116.9	117.5	113.5	121.8	121.4	114.1	110.8
97.5	97.4	96.9	94.2	96.9	93.0	91.5	91.4	89.9	88.9	92.7	90.9
84.2	84.3	86.9	91.7	88.2	88.8	94.3	99.3	97.3	101.6	106.4	108.7
104.7	105.8	106.1	103.7	102.2	101.3	100.1	99.4	101.2	98.7	97.5	98.1
102.9	104.5	102.0	101.0	100.2	99.7	99.6	98.7	97.8	97.9	99.7	100.8
100.9	100.7	100.8	99.8	103.1	100.8	100.4	102.5	103.1	103.4	103.1	103.3
100.6	100.8	100.6	100.7	101.2	100.4	100.4	100.5	101.1	105.6	105.5	105.4
97.1	96.7	95.2	94.6	94.3	94.1	95.2	96.7	97.7	97.8	97.8	98.2
102.8	102.4	102.9	103.8	103.4	103.4	102.9	102.0	101.7	101.8	103.3	101.8
98.9	97.3	96.0	91.4	109.4	101.8	100.6	106.9	108.2	105.9	104.7	104.6
98.3	99.2	98.7	97.4	97.3	96.2	97.3	97.7	99.7	99.5	101.1	101.9
102.6	103.7	102.6	101.0	101.8	101.8	101.2	101.6	102.3	103.2	101.3	102.9
102.1	102.3	104.8	104.5	104.2	100.8	100.0	104.5	105.1	104.4	102.6	104.0
99.0	99.0	99.6	98.8	100.0	100.0	100.7	100.8	99.9	99.5	98.8	99.0
98.4	98.4	99.0	98.9	101.0	101.3	101.3	100.9	99.6	97.9	97.4	97.5
98.9	98.6	98.9	98.2	97.9	98.0	100.0	101.9	101.6	103.4	102.9	103.2
101.7	102.1	103.1	99.8	100.2	98.9	99.9	98.7	98.1	98.3	96.8	97.5
100.0	100.0	100.0	100.0	100.0	100.0	100.0	100.0	100.0	100.0	100.0	100.0
100.0	100.0	100.0	100.0	100.0	100.0	100.0	100.0	100.0	100.0	100.0	100.0
98.8	99.3	100.8	101.9	104.0	105.1	105.7	108.4	109.6	111.1	111.6	111.4
98.1	98.9	101.0	103.3	105.7	107.4	109.9	113.2	114.5	116.2	116.7	115.8
102.9	104.8	105.0	108.3	109.3	108.2	108.5	109.2	109.4	109.6	111.5	111.7
87.8	87.2	88.1	92.7	96.6	97.2	101.2	107.8	112.2	113.8	114.6	114.8

4-12 续表 1

(上年同月＝100)

类 别	Item	全 年 Total
丝绢纺织及印染精加工	Silk-textile and Refined Process	105.3
化纤织造及印染精加工	Chemical Fiber and Refined Process	102.9
针织或钩针编织物及其制品制造	Knitted Fabric and Its Products Manufacturing	105.8
家用纺织制成品制造	Textile Products Manufacturing	104.6
产业用纺织制成品制造	Knitwear, Knitted Products	100.1
纺织服装、服饰业	Textile Clothing Industry	102.5
机织服装制造	Woven Clothing Manufacturing	100.3
针织或钩针编织服装制造	Knitted Fabric Clothing Manufacturing	104.0
服饰制造	Textile Clothing Manufacturing	107.5
皮革、毛皮、羽毛及其制品和制鞋业	Leather, Furriery, Feather and It Products Industry	105.5
皮革鞣制加工	Leather Processing	101.4
皮革制品制造	Leather Product Processing	96.2
羽毛(绒)加工及制品制造	Feather Processing and Its Products Manufacturing	111.7
制鞋业	Shoe Industry	101.1
木材加工和木、竹、藤、棕、草制品业	Wood, Bamboo, Rattan, Palm and Grass Product	102.4
木材加工	Wood-Material Processing	101.7
人造板制造	Artificial Plank Manufacturing	102.3
木制品制造	Timber Product Manufacturing	103.5
竹、藤、棕、草制品制造	Bamboo, Rattan, Palm and Grass Product Manufacturing	100.1
家具制造业	Furniture Manufacture Industry	101.9
木质家具制造	Timber Furniture Manufacture	102.0
金属家具制造	Metal Furniture Manufacturing	103.3
其他家具制造	Other Furniture Manufacturing	101.3
造纸和纸制品业	Paper Making and Paper Products Industry	104.9
造纸	Paper Making	109.5
纸制品制造	Paper Products Manufacturing	101.1
印刷和记录媒介复制业	Painting Industry and Duplication of Medium Recorder	101.3
印刷	Painting	101.3
文教、工美、体育和娱乐用品制造业	Culture, Education and Athletics Manufacture Industry	104.3
文教办公用品制造	Culture Articles Manufacturing	101.0
工艺美术及礼仪用品制造	Arts and Crafts Manufacturing	107.0
体育用品制造	Athletic Articles Manufacturing	101.0
玩具制造	Toy Manufacturing	101.3
石油、煤炭及其他燃料加工业	Petroleum Process, Coking and Nuclear Fuel Processing Industry	131.6
精炼石油产品制造	Refined Coking Petroleum Manufacturing	127.0
煤炭加工	Coking	143.7
生物质燃料加工	Biomass Fuel Processing	124.7
化学原料和化学制品制造业	Chemical Material and Chemical Product Manufacturing	116.9
基础化学原料制造	Basic Chemical Material Manufacturing	126.8
肥料制造	Fertilizer Manufacture	124.5

continued

(the same month last year=100)

1 月 January	2 月 February	3 月 March	4 月 April	5 月 May	6 月 June	7 月 July	8 月 August	9 月 September	10 月 October	11 月 November	12 月 December
88.6	89.1	90.3	92.6	99.8	108.2	110.8	113.6	116.8	118.1	118.8	124.2
93.7	93.1	93.9	97.7	100.6	101.9	104.9	107.2	108.3	110.3	113.1	112.0
102.8	102.8	105.4	105.5	104.9	106.3	106.2	106.0	107.6	108.9	106.8	106.8
98.6	100.2	101.6	103.0	104.5	105.1	106.2	105.8	106.3	107.7	108.0	108.3
107.6	107.6	107.8	102.1	102.1	100.2	93.2	96.3	96.3	97.0	96.7	97.1
102.0	101.6	101.9	102.2	102.9	103.1	103.1	103.2	103.1	103.0	102.3	101.5
100.0	99.6	99.1	99.6	100.2	100.9	100.7	101.1	100.8	100.9	100.5	100.5
102.4	102.1	103.6	105.3	105.7	105.1	104.7	104.4	105.1	105.0	102.8	101.7
108.2	107.6	109.0	106.7	108.1	107.4	108.8	108.5	107.7	107.0	107.5	104.1
96.3	98.6	100.1	102.6	105.3	108.1	108.5	108.8	109.1	109.2	110.0	110.3
100.0	100.5	100.2	99.5	101.2	101.6	101.7	101.4	103.0	102.8	102.8	102.0
93.4	93.9	93.9	94.6	95.2	96.6	97.1	97.4	96.8	97.7	98.9	100.1
93.0	97.4	101.0	106.0	111.9	116.7	117.5	119.0	119.8	120.1	120.7	120.9
102.4	102.3	101.5	101.9	100.9	101.8	101.8	100.3	99.9	99.4	100.5	100.8
101.3	101.8	101.7	101.2	102.0	102.2	102.0	102.5	102.2	103.6	103.7	104.1
100.6	100.6	100.6	99.6	99.5	102.5	100.7	101.7	99.2	105.9	104.4	105.5
100.4	101.2	101.7	101.5	101.5	102.2	101.9	102.2	102.4	103.9	104.6	104.4
104.4	104.5	103.1	101.7	104.6	102.7	103.2	104.2	103.7	103.0	102.7	103.9
98.7	98.9	98.9	99.4	101.0	100.8	100.3	100.3	100.7	100.8	100.9	101.1
99.4	100.4	101.2	101.8	102.5	102.9	102.3	101.5	102.6	103.3	102.6	102.7
99.3	100.6	101.1	101.7	102.4	102.9	102.2	101.3	102.9	103.7	102.7	102.8
102.3	104.3	104.1	103.4	104.3	104.1	103.4	103.2	102.1	103.1	102.7	102.3
98.6	97.9	100.6	101.5	102.2	102.3	102.4	101.8	101.7	101.8	102.0	102.5
101.2	101.6	104.5	106.3	105.8	105.5	105.7	103.9	104.5	105.8	106.8	107.2
99.8	102.5	106.3	111.3	111.1	112.0	112.3	110.1	111.0	112.4	113.3	113.0
102.4	100.8	103.0	102.3	101.5	100.3	100.4	98.9	99.2	100.5	101.5	102.3
100.9	101.1	101.1	101.7	101.5	101.9	101.3	101.3	100.9	101.0	101.2	101.2
100.9	101.1	101.1	101.7	101.5	101.9	101.3	101.3	100.9	101.0	101.2	101.2
104.1	103.2	103.8	103.7	105.8	104.9	104.2	103.8	104.1	104.7	104.6	104.1
99.9	97.9	97.4	96.4	100.5	102.2	100.4	99.8	103.2	102.6	105.3	107.6
106.3	105.2	106.4	106.4	109.6	109.0	108.6	106.9	106.2	107.2	106.7	105.3
99.7	99.5	99.3	99.4	99.7	99.6	98.0	101.0	103.1	103.7	104.3	105.0
103.8	103.4	103.7	103.5	103.5	100.1	99.7	100.3	100.2	100.2	99.3	98.9
96.3	108.0	124.6	131.3	131.9	135.8	138.8	136.0	140.6	154.8	157.9	132.3
92.6	104.2	123.9	131.1	134.0	136.0	137.5	134.3	132.7	140.3	143.7	125.9
103.6	116.0	125.3	130.8	126.0	135.5	143.4	142.0	162.8	194.2	197.2	151.4
121.3	125.0	133.4	138.2	138.8	135.8	127.2	121.0	119.1	118.3	119.9	108.4
101.0	102.0	107.5	113.7	115.7	117.3	119.7	122.3	123.8	128.7	127.8	124.3
100.6	103.5	111.3	119.5	127.6	128.7	132.9	137.0	139.7	147.5	142.5	134.5
103.5	105.4	110.4	113.0	112.0	120.0	126.3	134.1	137.9	146.3	144.1	140.2

4-12 续表 2

(上年同月＝100)

类　　别	Item	全　年 Total
农药制造	Pesticide Manufacture	111.0
涂料、油墨、颜料及类似产品制造	Coating, Printing Ink, Pigment and Similar Products Manufacture	106.0
合成材料制造	Compounded Material Manufacture	114.6
专用化学产品制造	Specialized Chemical Product Manufacture	113.9
炸药、火工及焰火产品制造	Explosive and Fireworks Product Manufacture	99.3
日用化学产品制造	Daily Chemical Product Manufacture	103.7
医药制造业	Medical Manufacture Industry	99.2
化学药品原料药制造	Original Medicine of Chemical Medicine Manufacture	93.4
化学药品制剂制造	Chemical Medicine Agent Manufacture	98.1
中药饮片加工	TCM Decoction Pieces Processing	100.4
中成药生产	Medium Patent Manufacture	107.5
生物药品制品制造	Biology, Bio-chemical Product Manufacture	96.0
卫生材料及医药用品制造	Medical Products Manufacture	94.9
药用辅料及包装材料制造	Pharmaceutical Recipients and Packaging Materials Manufacture	98.7
化学纤维制造业	Chemical Fiber Manufacture Industry	102.3
纤维素纤维原料及纤维制造	Cellulose Fiber Material and Fiber Manufacture	103.4
合成纤维制造	Synthetic Fiber Manufacture	102.7
生物基材料制造	Bio-based Materials Manufacture	100.5
橡胶和塑料制品业	Rubber and Plastic Products Industry	104.1
橡胶制品业	Rubber Product Industry	100.0
塑料制品业	Plastic Product Industry	105.6
非金属矿物制品业	Non-metal Mineral Product Industry	104.5
水泥、石灰和石膏制造	Cement, Lime and Gypsum Manufacture	107.9
石膏、水泥制品及类似制品制造	Cement and Gypsum Product Manufacture	100.6
砖瓦、石材等建筑材料制造	Brick, Stone Material and Other Buildings	95.9
玻璃制造	Glass Manufacture	122.4
玻璃制品制造	Glass Product Manufacture	109.0
玻璃纤维和玻璃纤维增强塑料制品制造	Fiberglass and Reinforced Plastic Products Manufacture	126.4
陶瓷制品制造	Ceramics Product Manufacture	102.7
耐火材料制品制造	Refractor Product Manufacture	101.3
石墨及其他非金属矿物制品制造	Graphite and Other Non-metal Minerals Product Manufacture	109.1
黑色金属冶炼和压延加工业	Black Metal Coking and Pressing Process Industry	128.1
炼铁	Iron Making	136.0
炼钢	Steel Making	122.9
钢压延加工	Pressed Steel Processing	128.5
有色金属冶炼和压延加工业	Colored Metal Coking and Pressing Process Industry	131.2
常用有色金属冶炼	General Non-ferrous Metal Coking	134.7
贵金属冶炼	Precious Metal Smelting	99.3
有色金属合金制造	Non-ferrous Metal Alloy Manufacture	134.5
有色金属压延加工	Colored Metal Pressing Process Industry	130.0

continued

(the same month last year=100)

1 月 January	2 月 February	3 月 March	4 月 April	5 月 May	6 月 June	7 月 July	8 月 August	9 月 September	10 月 October	11 月 November	12 月 December
91.9	95.9	98.2	99.1	99.3	106.9	111.9	113.1	114.0	124.3	134.1	150.1
98.5	98.4	99.0	103.3	105.1	107.2	108.1	108.4	109.6	110.1	111.6	113.0
106.3	105.8	115.4	124.2	118.6	115.1	117.9	118.0	116.5	116.5	112.5	109.2
95.4	95.8	101.2	110.2	116.4	117.7	116.0	117.9	119.9	127.9	129.7	122.1
96.6	93.8	99.0	94.7	95.2	94.8	95.7	99.3	98.0	99.9	107.0	118.8
105.5	103.5	99.7	100.8	101.9	104.2	102.0	102.4	104.8	103.8	108.9	106.7
96.7	98.2	98.4	97.5	98.0	98.1	97.6	99.1	100.7	101.2	102.5	102.5
92.8	92.7	92.3	90.6	89.0	90.1	92.3	92.0	96.7	96.4	99.2	97.8
102.2	99.3	100.1	97.1	97.0	97.6	96.6	96.9	98.3	97.9	96.7	97.9
93.4	95.3	97.2	96.2	98.6	99.7	99.4	100.8	103.5	104.3	107.9	109.1
101.9	107.9	107.0	107.6	107.5	108.8	107.6	109.7	107.6	110.3	107.0	106.9
94.3	96.8	94.3	94.5	93.9	93.7	92.8	96.9	98.8	97.4	102.3	96.9
99.9	100.8	99.8	100.1	100.4	92.8	89.0	91.2	90.6	91.3	90.4	92.7
97.2	96.7	96.8	98.8	98.3	98.4	98.0	98.6	97.9	98.9	101.3	103.2
90.9	91.9	96.8	98.1	100.0	100.8	104.1	107.8	107.6	112.0	111.6	109.5
89.6	90.5	94.6	99.4	99.4	104.6	111.6	113.5	111.1	113.1	110.4	109.5
91.0	92.7	100.5	98.8	102.9	99.9	100.4	105.2	105.9	112.9	114.6	110.8
91.7	91.7	92.2	95.6	95.5	99.1	104.7	108.0	107.7	109.5	107.1	107.1
100.2	101.0	102.8	104.1	105.1	104.7	105.1	103.6	104.2	105.2	106.4	106.6
98.3	97.8	98.7	98.8	98.9	99.6	99.7	99.0	99.4	101.3	103.6	104.8
100.9	102.1	104.3	106.0	107.3	106.5	107.1	105.3	105.9	106.6	107.5	107.2
98.2	97.6	100.0	103.5	104.6	103.7	103.0	103.0	106.0	110.5	112.5	111.5
91.8	89.2	95.8	104.3	106.1	103.6	103.3	104.4	113.8	125.6	131.3	127.8
100.5	100.2	99.9	101.3	100.6	99.8	99.1	98.7	99.5	101.7	102.9	102.3
96.5	96.6	97.3	97.2	97.1	96.5	92.3	92.5	93.7	96.2	96.0	99.3
123.3	120.6	121.6	130.8	140.5	133.7	131.5	124.3	121.3	118.5	108.5	103.6
103.6	104.8	106.0	107.3	109.7	110.4	111.7	110.9	111.1	111.4	111.3	109.9
98.0	104.1	113.0	119.1	125.2	131.6	141.1	142.2	140.2	137.9	135.1	133.7
98.1	98.0	100.9	102.9	103.2	100.2	101.1	103.1	101.6	103.4	111.1	109.4
93.6	94.4	95.5	95.9	97.3	98.2	100.6	104.6	106.4	108.8	110.6	111.1
99.7	101.4	103.0	105.0	109.4	113.7	111.8	110.4	109.9	112.0	115.4	117.5
109.3	113.9	120.1	128.3	136.5	137.2	135.8	134.7	132.7	136.4	130.7	123.2
107.7	111.1	113.6	131.0	144.9	149.2	154.6	149.7	143.9	144.2	141.1	140.5
107.7	110.1	115.4	122.3	128.6	126.0	127.6	131.1	129.2	130.5	125.9	120.7
109.6	114.6	121.1	129.1	137.2	138.4	136.2	134.6	132.7	136.9	131.0	122.8
111.3	115.3	130.1	135.2	142.5	139.7	133.7	130.6	134.1	140.5	135.3	128.0
110.5	116.0	136.6	137.0	145.9	147.3	142.3	137.5	138.6	142.2	135.7	128.8
112.2	106.0	104.8	100.2	101.3	99.8	98.6	93.3	94.8	93.1	96.1	94.1
110.1	110.9	119.9	123.7	136.5	131.0	133.3	128.7	147.7	166.0	154.7	149.1
112.1	116.9	131.6	140.6	145.3	140.8	131.1	129.7	129.3	133.4	130.7	122.3

4-12 续表 3

(上年同月＝100)

类　别	Item	全年 Total
金属制品业	Metal Product Industry	108.8
结构性金属制品制造	Structural Metal Product	107.2
金属工具制造	Metal Tools Manufacture	103.2
集装箱及金属包装容器制造	Container and Metal Packing Container Manufacture	109.3
金属丝绳及其制品制造	Metal Silk Rope and Its Product Manufacture	124.4
建筑、安全用金属制品制造	Building, Metal Production Safety Producing Manufacture	101.0
金属表面处理及热处理加工	Metal Finishing and Heat Treatment	110.9
锻造及其他金属制品制造	Forging and Other Metal Product Manufacture	107.6
通用设备制造业	General Equipment Manufacture	101.4
锅炉及原动设备制造	Boiler and Original Motor	99.5
金属加工机械制造	Metal Process and Machinery Manufacture	99.5
物料搬运设备制造	Hoisting Transportation Equipment Manufacture	102.7
泵、阀门、压缩机及类似机械制造	Pump, Valve, Compressor and Similar Mechanical Manufacture	97.7
轴承、齿轮和传动部件制造	Bearing, Gear Wheel and Drive Parts Manufacture	101.9
烘炉、风机、包装等设备制造	Wind-fanning Machine, Scaling and Packing Equipment	103.0
通用零部件制造	General Machine Components Manufacture	106.5
其他通用设备制造	Other General Equipment Manufacture	100.5
专用设备制造业	Special Equipment Manufacture	103.0
采矿、冶金、建筑专用设备制造	Ore Mountain, Metallurgy and Building Equipment Manufacture	105.8
化工、木材、非金属加工专用设备制造	Chemical Engineering, Timber, Non-Metal Processed Equipment Manufacture	103.8
食品、饮料、烟草及饲料生产专用设备制造	Food, Beverage, Tobacco and Fodder Production Equipment Manufacture	100.0
印刷、制药、日化及日用品生产专用设备制造	Printing, Pharmacy and Commodities Manufacture	108.2
电子和电工机械专用设备制造	Electronics and Electrical Machinery Manufacture	99.8
农、林、牧、渔专用机械制造	Agriculture, Forestry Animal Husbandry and Fishery Machinery Manufacture	102.0
医疗仪器设备及器械制造	Medical Instruments Manufacture	94.7
环保、邮政、社会公共服务及其他专用设备制造	Environment Protection, Public Social Secure and Other Specific Equipment Manufacture	103.0
汽车制造业	Vehicle Manufacture Industry	98.2
汽车整车制造	Completely Built Vehicle Manufacture	94.9
汽车用发动机制造	Automotive Engines Manufacture	101.1
改装汽车制造	Refit Vehicle Manufacture	101.0
汽车车身、挂车制造	Vehicle Body and Trailer Manufacture	98.9
汽车零部件及配件制造	Auto Parts Manufacture	100.2
铁路、船舶、航空航天和其他运输设备制造业	Rail, Ships, Aeronautical and Other Transportation Equipments Manufacture	98.3
铁路运输设备制造	Rail Transportation Equipment Manufacture	94.7
船舶及相关装置制造	Ships and Related Equipment Manufacture	100.3
助动车制造	Bicycle Manufacture	100.4

continued

(the same month last year=100)

1 月 January	2 月 February	3 月 March	4 月 April	5 月 May	6 月 June	7 月 July	8 月 August	9 月 September	10 月 October	11 月 November	12 月 December
102.1	102.8	105.2	106.9	108.7	110.3	110.7	111.0	110.4	112.0	112.7	112.6
100.3	101.1	103.3	105.3	106.0	107.5	109.3	109.1	107.8	110.4	111.9	114.0
103.2	102.8	102.4	104.4	105.1	105.0	104.4	103.4	103.1	102.2	101.6	100.9
101.1	101.2	105.6	106.9	107.4	110.0	111.8	112.7	113.0	114.8	114.8	112.6
110.5	111.5	116.4	125.5	132.5	137.3	130.3	129.3	126.6	127.0	127.0	119.8
99.0	98.4	99.3	97.7	99.2	101.2	102.0	102.4	103.1	105.0	103.1	101.9
106.0	107.5	108.1	109.4	111.2	111.2	111.1	111.2	110.8	115.1	115.2	113.3
101.6	102.3	104.9	104.9	107.2	108.1	108.6	109.9	110.3	110.5	111.0	111.4
99.2	99.7	100.3	101.3	101.5	102.6	102.2	101.6	101.7	102.5	101.7	102.6
102.1	101.6	101.6	99.4	99.1	98.9	98.8	98.4	98.5	98.9	97.6	98.7
100.5	100.6	99.8	99.8	98.8	99.8	99.8	98.4	97.6	98.8	99.1	101.1
101.4	102.6	103.0	105.7	103.7	107.2	103.1	101.6	101.6	100.5	99.5	102.3
94.3	94.6	95.5	96.5	97.5	99.0	98.5	97.7	97.5	100.3	100.4	101.2
101.8	102.2	102.2	102.1	102.0	100.8	102.7	101.4	102.3	103.0	101.2	100.8
95.5	97.6	100.3	103.6	104.6	105.1	105.2	105.6	106.8	106.2	102.8	103.0
103.5	103.7	103.9	104.5	106.2	107.8	107.9	107.7	107.6	108.5	108.3	108.4
101.2	100.7	101.0	100.6	100.4	99.9	99.6	100.6	101.0	100.9	99.9	100.4
99.8	100.4	100.8	101.5	102.5	103.7	103.5	104.4	104.4	104.5	104.8	105.3
100.5	102.3	102.6	103.5	105.2	107.7	108.0	108.3	107.1	107.7	108.0	108.3
101.5	102.6	103.1	100.6	102.8	104.6	105.3	104.2	104.0	103.5	105.5	107.3
101.6	100.8	100.3	100.7	100.5	101.2	98.4	97.5	98.6	100.0	100.4	99.8
99.5	99.5	100.1	104.1	107.9	110.7	110.4	120.1	111.4	110.4	110.2	114.5
93.6	95.1	99.3	102.5	99.3	99.4	96.3	102.3	103.5	104.7	101.9	101.3
99.2	99.2	103.1	103.9	104.6	103.3	102.7	100.8	101.8	102.3	101.7	102.1
93.2	90.0	90.6	93.8	95.8	96.1	95.1	96.9	94.6	94.0	97.7	98.9
102.1	102.1	100.7	100.7	101.7	102.5	103.4	103.5	105.1	104.7	104.8	104.9
98.2	98.5	98.2	97.6	98.4	99.1	97.6	97.5	97.1	98.4	98.9	99.6
95.6	96.2	95.0	93.5	95.1	97.1	92.8	92.5	90.9	95.8	97.2	97.5
100.3	100.5	100.8	100.8	100.4	101.5	101.4	101.3	101.9	101.6	101.5	101.5
99.6	99.2	100.9	101.9	103.8	101.7	100.8	99.9	101.2	101.4	100.6	100.7
96.3	97.3	98.1	98.8	98.8	98.7	98.6	99.6	100.1	100.3	100.1	100.2
100.1	100.1	100.0	99.8	100.1	100.2	100.5	100.6	101.0	99.8	99.8	100.8
99.4	96.3	96.9	97.3	98.1	98.2	97.6	98.2	98.4	99.4	99.7	100.0
100.0	92.2	93.3	93.3	95.8	95.4	93.1	94.0	93.5	94.6	95.0	95.9
100.1	100.1	99.9	99.8	99.9	100.4	100.0	99.8	100.6	100.8	101.1	101.1
97.2	96.1	97.3	98.9	98.5	99.0	100.6	101.9	102.4	104.4	104.4	104.3

4-12 续表 4

(上年同月＝100)

类　　别	Item	全 年 Total
电气机械和器材制造业	Electricity Machine and Its Equipment Manufacture	105.0
电机制造	Electric Engineering Manufacture	115.1
输配电及控制设备制造	Electricity Mixed and Control Equipments Manufacture	107.9
电线、电缆、光缆及电工器材制造	Wire, Cable, Fiber Optic Cable and the Electric Device Manufacture	116.3
电池制造	Battery Manufacture	97.8
家用电力器具制造	Electrical Appliance Manufacture	99.0
非电力家用器具制造	Household Appliance Manufacture	108.5
照明器具制造	Luminaires Manufacture	99.9
其他电气机械及器材制造	Other Electric Machines and Device Manufacture	98.8
计算机、通信和其他电子设备制造业	Tele-communication Equipment, Computer and Other Electronic Equipment Manufacture	103.5
计算机制造	Computer Manufacture	103.1
通信设备制造	Tele-communication Equipment Manufacture	93.0
雷达及配套设备制造	Radar and Its Equipment Manufacture	102.0
非专业视听设备制造	Non-professional Audio-visual Equipment Manufacture	114.3
智能消费设备制造	Intelligent Consumption Equipment Manufacture	98.3
电子器件制造	Electronic Appliances	100.2
电子元件及电子专用材料制造	Electronic Components	110.6
其他电子设备制造	Other Electronic Equipment	98.9
仪器仪表制造业	Instruments and Apparatuses Manufacture	102.2
通用仪器仪表制造	General Instruments and Apparatuses Manufacture	102.3
专用仪器仪表制造	Special Instruments and Apparatuses Manufacture	102.1
其他制造业	Other Manufacture	100.3
日用杂品制造	Daily Groceries Manufacture	101.6
其他未列明制造业	Other not Specified Manufacture	97.4
废弃资源综合利用业	Waste Resource Comprehensive Utilization	112.8
金属废料和碎屑加工处理	Metal Scrap Processing	121.4
非金属废料和碎屑加工处理	Non-metal Scrap Processing	103.3
电力、热力生产和供应业	Electronic, Thermodynamic Product and Supply Industry	99.3
电力生产	Electric Power Production	100.1
电力供应	Electric Power Supply	98.6
热力生产和供应	Fuel Production and Supply Industry	100.8
燃气生产和供应业	Fuel Production and Supply Industry	99.3
燃气生产和供应业	Fuel Production and Supply Industry	99.3
水的生产和供应业	Water Production and Supply Industry	99.7
自来水生产和供应	Tapping-water Production and Supply	100.2
污水处理及其再生利用	Sewage Treatment and Recycled Use	98.8

continued

(the same month last year=100)

1 月 January	2 月 February	3 月 March	4 月 April	5 月 May	6 月 June	7 月 July	8 月 August	9 月 September	10 月 October	11 月 November	12 月 December
99.6	100.6	102.6	105.2	106.5	107.3	106.3	105.9	105.2	105.8	107.6	107.1
104.2	105.2	109.4	113.6	117.7	118.7	119.1	118.4	119.2	119.8	119.2	116.2
98.7	99.1	100.9	105.2	108.6	112.0	112.0	111.7	108.6	109.6	114.6	114.8
110.8	115.5	122.1	124.7	126.6	121.4	116.2	114.2	113.0	113.2	113.4	108.2
96.9	96.2	95.9	97.3	96.7	99.5	98.0	98.6	96.8	98.3	99.0	100.3
95.4	95.9	96.8	98.8	98.8	99.5	99.3	99.3	99.9	100.5	101.6	103.1
102.9	102.4	104.6	106.2	106.4	109.5	111.4	111.8	114.1	110.9	112.2	110.4
97.0	96.9	96.9	98.7	99.5	99.8	100.4	99.7	104.4	102.0	102.6	101.5
95.7	94.7	95.5	96.0	94.8	97.9	99.0	98.5	101.7	102.8	103.2	105.9
99.5	99.6	100.2	101.2	102.8	104.5	105.2	105.5	105.5	106.0	105.8	105.7
99.0	98.4	98.4	99.6	99.4	103.1	107.5	107.3	107.3	106.3	105.8	105.5
93.9	90.8	91.7	92.0	91.6	90.6	93.2	93.2	91.2	96.4	96.4	95.7
104.6	104.6	104.9	105.0	105.2	102.0	101.5	100.7	100.7	98.9	98.5	98.5
105.2	105.4	105.3	108.8	118.3	121.7	118.6	117.7	117.3	119.2	118.8	114.7
97.3	97.2	97.8	95.1	93.6	95.9	97.9	97.1	99.3	104.4	102.2	102.0
98.6	99.6	100.1	100.6	101.6	102.2	99.1	98.5	99.5	100.4	100.4	101.7
101.5	102.8	105.6	107.6	111.9	111.4	112.6	116.5	113.4	114.4	114.2	114.9
96.0	95.7	95.7	95.4	95.4	95.6	96.9	101.2	103.3	103.4	104.6	103.8
101.5	101.8	101.7	102.2	103.1	103.5	102.0	101.6	100.9	102.6	103.3	102.1
100.5	101.1	100.9	101.5	103.0	103.7	101.5	101.9	101.3	103.8	105.1	103.0
102.8	102.8	102.8	103.2	103.3	103.3	102.7	101.3	100.2	101.0	100.9	100.9
99.8	100.6	99.6	101.2	99.5	99.7	100.7	101.2	99.3	99.9	100.1	101.3
98.6	99.2	100.9	102.2	101.5	101.9	103.0	102.9	101.3	102.2	102.3	103.0
102.6	103.7	96.7	99.1	95.2	95.1	95.9	97.5	95.0	95.0	95.1	97.6
102.2	105.7	108.2	116.1	118.7	117.0	115.0	116.3	115.4	115.3	115.1	110.0
105.7	112.7	117.1	128.4	132.9	129.4	125.8	124.1	123.8	123.6	122.4	112.9
98.2	98.0	98.4	103.2	104.1	103.4	103.0	107.0	105.5	105.6	106.7	106.6
98.9	99.3	99.4	99.4	99.3	99.0	99.0	98.9	98.8	99.2	99.8	100.7
99.1	100.1	100.3	100.3	100.1	99.5	99.5	99.3	99.1	99.9	101.1	103.1
98.6	98.6	98.6	98.6	98.6	98.6	98.6	98.6	98.6	98.6	98.6	98.6
100.2	100.1	100.0	100.3	100.1	100.0	100.1	100.1	100.2	100.4	104.6	103.4
96.5	96.0	96.6	96.7	97.8	98.6	99.3	100.4	101.1	101.7	102.7	105.5
96.5	96.0	96.6	96.7	97.8	98.6	99.3	100.4	101.1	101.7	102.7	105.5
99.9	100.1	99.9	100.2	100.1	100.0	99.7	98.9	99.4	99.3	100.4	98.9
100.0	100.5	100.6	100.7	100.6	100.5	100.0	100.0	100.0	100.0	100.0	100.0
99.7	99.3	98.6	99.1	99.3	99.0	99.2	97.0	98.2	98.1	101.1	97.0

4-13 工业生产者购进价格指数

(上年=100)

年 份 Year	总指数 General Index	燃料、动力类 Fuel and Power	黑色金属材料类 Ferrous Metals	钢 材 Rolled Steel	有色金属材料和电线类 Nonferrous Metals and Wires
1993	128.7	129.6	169.4	167.3	127.3
1994	122.3	119.9	101.9	99.6	109.6
1995	117.9	107.4	94.4	94.1	129.3
1996	110.0	114.2	99.7	100.3	93.8
1997	101.7	106.5	95.4	94.6	100.7
1998	96.0	100.5	95.4	94.4	86.0
1999	94.5	96.9	94.8	94.5	89.0
2000	102.6	103.2	102.9	102.3	110.5
2001	100.2	101.6	98.7	97.3	95.8
2002	98.2	101.7	99.1	98.8	96.3
2003	106.7	105.9	108.9	111.7	104.8
2004	115.0	113.9	122.2	118.7	128.4
2005	107.2	115.0	108.4	106.7	116.4
2006	103.9	105.7	99.2	99.5	135.1
2007	105.1	102.4	105.8	105.7	106.2
2008	112.4	116.7	119.4	118.8	97.5
2009	95.3	98.5	86.9	88.2	84.3
2010	111.8	110.9	113.5	105.3	124.9
2011	103.4	108.0	102.0	103.0	101.4
2012	98.2	100.1	94.0	94.7	95.4
2013	96.9	91.6	96.9	95.4	93.8
2014	97.2	93.3	95.9	96.1	95.6
2015	93.5	89.4	88.2	90.3	90.6
2016	98.4	95.7	97.1	97.4	101.6
2017	109.2	114.5	114.1	114.1	122.2
2018	105.3	110.1	106.8	107.8	103.1
2019	99.9	97.3	102.6	98.7	93.2
2020	98.5	91.2	100.7	99.1	96.7
2021	111.5	117.8	119.8	116.5	121.2

Purchasing Price Indices for Industrial Producers

(preceding year=100)

化工原料类 Raw Chemical Materials	木材及纸浆类 Timber and Paper Pulp	建筑材料及非金属矿类 Building Material and Non-metal Ore	其他工业原材料及半成品类 Other Materials and Semi-finished Category	农副产品类 Agricultural Products	纺织原料类 Textile Materials
120.3	122.2	145.6	112.7	103.1	112.5
121.1	132.4	106.3	113.5	139.5	150.1
127.7	121.1	115.2	107.1	146.0	117.5
95.6	107.0	99.9	104.3	128.1	93.4
97.7	104.9	99.7	95.3	100.7	96.1
91.3	95.3	99.9	88.8	92.9	93.7
94.8	93.4	98.7	92.5	91.9	93.8
109.0	100.2	95.2	100.8	94.3	104.0
98.5	99.1	95.8	99.5	100.1	100.3
97.1	97.8	99.5	97.5	94.2	95.8
105.2	100.5	100.6	103.3	111.0	110.7
112.7	103.9	107.1	112.6	116.5	107.5
107.2	103.2	106.2	104.5	98.1	95.4
102.1	102.1	100.7	102.6	102.8	102.6
104.4	104.3	103.3	106.4	110.6	100.1
107.8	110.5	110.3	110.7	114.9	102.2
90.5	99.3	100.2	94.2	96.1	97.0
111.3	103.9	106.9	105.9	110.1	108.5
100.8	112.2	98.5	100.5	108.0	99.5
97.1	104.4	98.3	98.1	103.1	96.2
97.9	99.6	95.7	98.7	103.4	100.3
98.3	100.4	99.8	98.4	100.8	99.1
94.0	99.7	98.7	97.4	96.7	96.9
96.8	99.5	96.1	99.7	98.5	100.8
109.1	104.8	105.6	104.5	101.4	104.6
106.9	104.1	107.1	104.1	100.0	103.3
97.2	99.3	103.9	102.1	102.0	98.6
93.1	99.7	105.5	100.2	105.3	95.8
114.6	102.9	110.0	105.6	103.8	104.4

4-14 分月工业生产者购进价格指数(2021年)

(上年同月＝100)

类 别	Item	累 计 Total	1 月 January	2 月 February
总指数	**General Index**	**111.5**	**102.6**	**104.0**
燃料、动力类	Fuels and Power	117.8	98.7	99.8
黑色金属材料类	Material of Black Metal	119.8	109.8	113.7
#钢材	Rolled Steel	116.5	105.0	106.6
其他	Other	127.9	121.9	132.8
有色金属材料及电线类	Material of Non-ferrous Metal Material and Electric Wire	121.2	108.1	111.3
化工原料类	Chemical Material	114.6	102.7	103.6
木材及纸浆类	Wood and Paper Pulp	102.9	99.3	99.6
建筑材料及非金属类	Building Material and Non-metal Ore	110.0	100.9	102.2
其他工业原材料及半成品类	Other Industrial Raw Material and Semi-finished Category	105.6	100.8	101.4
农副产品类	Agricultural and Side-line Produces	103.8	102.5	103.2
纺织原料类	Raw Textile Material	104.4	98.3	99.0

Purchasing Price Indices for Industrial Producer by Month (2021)

(the same month last year=100)

3 月 March	4 月 April	5 月 May	6 月 June	7 月 July	8 月 August	9 月 September	10 月 October	11 月 November	12 月 December
106.8	**109.9**	**112.8**	**113.9**	**113.8**	**113.6**	**114.0**	**116.4**	**116.8**	**113.9**
101.9	105.4	110.8	116.9	118.5	123.2	125.3	138.0	142.4	136.4
116.7	121.6	126.5	127.5	128.6	125.2	122.4	120.5	115.7	110.0
110.2	114.3	117.9	119.3	120.0	120.4	121.7	123.4	122.0	117.1
134.0	140.7	148.8	148.4	150.4	136.8	124.0	113.5	100.8	93.4
120.1	126.6	131.8	128.9	123.2	121.2	121.3	123.8	122.7	117.1
107.9	113.0	116.2	117.4	117.5	117.8	118.2	121.3	121.9	118.1
100.4	101.2	102.9	103.4	103.9	104.2	104.3	105.2	105.1	105.2
103.7	106.9	107.9	110.9	113.4	112.8	113.0	115.1	117.3	115.7
102.5	103.8	105.8	106.9	107.4	107.0	107.8	108.0	108.2	107.2
104.4	105.2	105.2	103.8	103.9	103.4	103.2	103.0	104.1	103.4
101.4	102.4	103.5	104.4	104.8	105.6	107.1	108.3	108.9	109.0

4-15　分月工业生产者购进价格环比指数(2021年)

(上月＝100)

类　别	Item	1 月 January	2 月 February	3 月 March
总指数	**General Index**	**101.7**	**101.0**	**101.7**
燃料、动力类	Fuels and Power	102.8	101.5	101.1
黑色金属材料类	Material of Black Metal	104.1	101.6	102.0
#钢材	Rolled Steel	102.2	101.3	102.2
其他	Other	108.4	102.2	101.5
有色金属材料及电线类	Material of Non-ferrous Metal Material and Electric Wire	101.7	101.9	104.3
化工原料类	Chemical Material	102.8	100.8	103.1
木材及纸浆类	Wood and Paper Pulp	100.3	100.4	100.6
建筑材料及非金属类	Building Material and Non-metal Ore	100.6	100.7	100.8
其他工业原材料及半成品类	Other Industrial Raw Material and Semi-finished Category	100.7	100.3	100.5
农副产品类	Agricultural and Side-line Produces	101.5	100.9	100.2
纺织原料类	Raw Textile Material	99.5	100.5	102.2

Purchasing Price Indices for Industrial Producer on a Month-over-month Basis (2021)

(last month=100)

4 月 April	5 月 May	6 月 June	7 月 July	8 月 August	9 月 September	10 月 October	11 月 November	12 月 December
101.5	**101.9**	**101.1**	**100.6**	**100.5**	**100.6**	**102.3**	**101.1**	**99.2**
100.6	102.2	103.1	102.5	104.1	102.5	109.4	104.8	97.2
103.0	103.9	102.3	101.2	99.2	98.9	98.9	96.9	97.9
102.6	102.8	101.8	100.6	101.5	101.9	101.8	99.5	97.9
103.8	106.2	103.3	102.4	94.8	92.6	91.9	90.0	97.9
102.9	104.1	100.5	98.9	100.1	100.8	101.8	99.9	99.2
102.5	101.8	100.9	99.0	100.4	101.1	103.6	101.9	99.0
100.5	100.8	100.3	100.4	100.3	100.3	101.2	99.9	100.1
101.4	101.3	102.6	101.5	100.3	100.3	102.8	102.8	99.8
101.0	101.6	101.1	100.9	99.8	100.5	100.6	100.2	99.9
100.1	98.8	98.7	101.0	100.2	99.5	99.8	102.0	100.7
100.8	100.5	99.9	100.4	100.5	101.4	101.7	100.7	100.7

4-16　合肥市住宅销售价格指数(2021年)

指　　标	Item		1 月 January	2 月 February
定基价格指数 The Year 2010 = 100	**新建商品住宅价格指数**	**Commercialized Buildings**	**103.5**	**104.1**
	一、$90m^2$及以下	$90m^2$ and below	102.3	103.3
	二、$90\text{-}144m^2$	$90\text{-}144m^2$	103.6	104.1
	三、$144m^2$以上	Above $144m^2$	103.6	104.5
	二手住宅价格指数	**Second-hand Housing**	103.2	104
	一、$90m^2$及以下	$90m^2$ and below	102.9	103.6
	二、$90\text{-}144m^2$	$90\text{-}144m^2$	103.3	104
	三、$144m^2$以上	Above $144m^2$	103.7	105
同比价格指数 The Same Month Last Year = 100	**新建商品住宅价格指数**	**Commercialized Buildings**	**104.3**	**105.0**
	一、$90m^2$及以下	$90m^2$ and below	103.0	104.0
	二、$90\text{-}144m^2$	$90\text{-}144m^2$	104.4	104.9
	三、$144m^2$以上	Above $144m^2$	104.9	105.7
	二手住宅价格指数	**Second-hand Housing**	**105.0**	**105.8**
	一、$90m^2$及以下	$90m^2$ and below	104.5	105.3
	二、$90\text{-}144m^2$	$90\text{-}144m^2$	105.2	105.9
	三、$144m^2$以上	Above $144m^2$	105.6	106.9
环比价格指数 Last Month = 100	**新建商品住宅价格指数**	**Commercialized Buildings**	**100.9**	**100.6**
	一、$90m^2$及以下	$90m^2$ and below	101.2	101.0
	二、$90\text{-}144m^2$	$90\text{-}144m^2$	100.9	100.5
	三、$144m^2$以上	Above $144m^2$	100.6	100.8
	二手住宅价格指数	**Second-hand Housing**	**100.6**	**100.8**
	一、$90m^2$及以下	$90m^2$ and below	100.5	100.7
	二、$90\text{-}144m^2$	$90\text{-}144m^2$	100.6	100.7
	三、$144m^2$以上	Above $144m^2$	100.8	101.2

Sales Price Indices of Residential Buildings in Hefei (2021)

3 月 March	4 月 April	5 月 May	6 月 June	7 月 July	8 月 August	9 月 September	10 月 October	11 月 November	12 月 December
104.8	**105.3**	**105.5**	**105.7**	**105.8**	**106**	**106.4**	**106.2**	**105.9**	**106.1**
103.7	104.7	105.1	105.1	105.4	105.4	106	105.7	105.2	105.6
104.9	105.3	105.5	105.5	105.5	105.7	106	106	105.9	105.9
105.2	105.6	105.6	106.5	106.9	107.1	107.7	107.3	106.4	107.3
104.7	105.3	105.6	105.9	106	106	105.8	105.6	105.5	105.1
104.4	105	105.5	105.9	106	106	106	105.9	105.9	105.6
105	105.5	105.8	106.1	106.1	106	105.6	105.3	105.4	104.9
105.1	105.3	104.8	105.6	105.9	106	105.8	105.4	104.6	104.3
105.6	**106.8**	**107.1**	**106.4**	**106.1**	**106.0**	**105.7**	**104.9**	**104.0**	**103.5**
104.5	105.2	105.4	105.4	105.5	104.9	105.5	105.0	104.6	104.5
105.5	106.8	107.2	106.3	106.0	105.9	105.4	104.7	103.8	103.1
106.4	107.4	107.5	107.1	106.7	107.1	106.8	105.7	104.3	104.2
106.3	**106.3**	**106.1**	**106.3**	**106.1**	**105.6**	**105.0**	**104.3**	**103.5**	**102.5**
106.0	106.2	106.0	106.6	105.9	105.4	105.1	104.6	104.0	103.2
106.4	106.3	106.2	106.2	106.4	105.7	104.9	104.2	103.6	102.2
106.8	106.7	106.2	106.2	106.0	106.0	104.6	103.6	101.6	101.4
100.7	**100.5**	**100.2**	**100.2**	**100.1**	**100.2**	**100.4**	**99.9**	**99.7**	**100.2**
100.4	101.0	100.4	100.0	100.3	100.0	100.6	99.7	99.6	100.4
100.7	100.4	100.2	100.0	100.0	100.2	100.3	99.9	99.9	100.0
100.7	100.3	100.0	100.9	100.4	100.2	100.5	99.7	99.2	100.8
100.8	**100.5**	**100.3**	**100.3**	**100.1**	**100.0**	**99.8**	**99.8**	**99.9**	**99.7**
100.7	100.6	100.5	100.4	100.1	100.0	100.0	99.9	100.0	99.7
100.9	100.5	100.3	100.2	100.0	99.9	99.6	99.8	100.0	99.6
100.1	100.2	99.6	100.8	100.2	100.1	99.7	99.7	99.2	99.8

4-17 蚌埠市住宅销售价格指数(2021年)

指 标		Item	1 月 January	2 月 February
定基价格指数 The Year 2010 = 100	**新建商品住宅价格指数**	**Commercialized Buildings**	**103.0**	**103.3**
	一、90m^2及以下	90m^2 and below	102.5	102.8
	二、90-144m^2	90-144m^2	103.2	103.4
	三、144m^2以上	Above 144m^2	102.5	103.2
	二手住宅价格指数	**Second-hand Housing**	**102.4**	**102.7**
	一、90m^2及以下	90m^2 and below	102.4	102.5
	二、90-144m^2	90-144m^2	102.4	102.8
	三、144m^2以上	Above 144m^2	103.0	103.1
同比价格指数 The Same Month Last Year = 100	**新建商品住宅价格指数**	**Commercialized Buildings**	**105.6**	**105.8**
	一、90m^2及以下	90m^2 and below	104.4	104.7
	二、90-144m^2	90-144m^2	105.8	105.9
	三、144m^2以上	Above 144m^2	105.6	106.3
	二手住宅价格指数	**Second-hand Housing**	**103.9**	**104.2**
	一、90m^2及以下	90m^2 and below	104.0	104.2
	二、90-144m^2	90-144m^2	103.7	104.2
	三、144m^2以上	Above 144m^2	105.5	105.6
环比价格指数 Last Month = 100	**新建商品住宅价格指数**	**Commercialized Buildings**	**100.7**	**100.3**
	一、90m^2及以下	90m^2 and below	100.6	100.3
	二、90-144m^2	90-144m^2	100.8	100.1
	三、144m^2以上	Above 144m^2	100.4	100.7
	二手住宅价格指数	**Second-hand Housing**	**100.4**	**100.3**
	一、90m^2及以下	90m^2 and below	100.3	100.1
	二、90-144m^2	90-144m^2	100.5	100.5
	三、144m^2以上	Above 144m^2	100.8	100.1

Sales Price Indices of Residential Buildings in Bengbu (2021)

3 月 March	4 月 April	5 月 May	6 月 June	7 月 July	8 月 August	9 月 September	10 月 October	11 月 November	12 月 December
103.5	**103.4**	**103.1**	**103.5**	**104.0**	**104.4**	**104.3**	**104.1**	**103.8**	**103.6**
103.1	102.8	102.1	102.1	102.4	102.8	102.5	102.0	101.8	101.8
103.6	103.5	103.3	104.0	104.6	105.0	104.9	104.6	104.3	104.0
103.5	103.3	102.5	102.8	102.8	103.3	103.1	103.1	103.0	102.9
103.4	**103.7**	**104.0**	**104.7**	**105.1**	**105.3**	**105.1**	**104.7**	**104.3**	**103.8**
103.4	103.8	104.0	104.8	105.1	105.3	104.8	104.6	104.4	103.6
103.4	103.7	104.1	104.7	105.1	105.3	105.2	104.8	104.2	104.0
103.2	103.4	103.7	104.9	105.1	105.7	105.6	105.4	104.5	103.8
105.5	**104.8**	**104.0**	**103.5**	**103.6**	**103.4**	**102.8**	**102.2**	**101.7**	**101.3**
105.1	104.4	103.1	101.8	101.7	102.0	101.4	100.6	100.1	99.9
105.6	104.9	104.2	104.0	104.4	103.9	103.3	102.7	102.2	101.6
105.4	104.7	103.5	102.7	101.9	102.0	101.8	101.0	100.7	100.8
105.0	**104.8**	**104.6**	**104.9**	**105.0**	**104.6**	**104.2**	**103.7**	**102.7**	**101.9**
105.0	105.0	104.5	105.0	105.3	104.5	104.0	103.3	102.5	101.5
105.0	104.7	104.7	104.9	104.9	104.6	104.3	103.9	102.8	102.1
105.8	104.3	104.2	104.5	104.3	104.6	104.6	104.1	102.6	101.5
100.3	**99.8**	**99.7**	**100.5**	**100.5**	**100.4**	**99.9**	**99.8**	**99.7**	**99.8**
100.3	99.7	99.4	100.0	100.3	100.4	99.7	99.5	99.8	100.0
100.3	99.9	99.9	100.6	100.6	100.3	99.9	99.8	99.7	99.7
100.2	99.8	99.3	100.2	100.0	100.5	99.8	100.0	99.9	99.9
100.6	**100.3**	**100.3**	**100.7**	**100.3**	**100.2**	**99.8**	**99.6**	**99.5**	**99.6**
100.9	100.4	100.1	100.8	100.3	100.1	99.6	99.7	99.8	99.3
100.5	100.3	100.4	100.6	100.3	100.2	99.9	99.6	99.4	99.8
100.1	100.1	100.3	101.1	100.2	100.6	99.9	99.9	99.1	99.4

4-18 安庆市住宅销售价格指数(2021年)

指　　标		Item	1 月 January	2 月 February
定基价格指数 The Year 2010 = 100	**新建商品住宅价格指数**	**Commercialized Buildings**	**100.3**	**99.8**
	一、$90m^2$及以下	$90m^2$ and below	99.6	99.1
	二、$90\text{-}144m^2$	$90\text{-}144m^2$	100.4	100.0
	三、$144m^2$以上	Above $144m^2$	100.3	99.7
	二手住宅价格指数	**Second-hand Housing**	**98.8**	**98.5**
	一、$90m^2$及以下	$90m^2$ and below	99.0	98.6
	二、$90\text{-}144m^2$	$90\text{-}144m^2$	98.8	98.5
	三、$144m^2$以上	Above $144m^2$	98.2	97.6
同比价格指数 The Same Month Last Year = 100	**新建商品住宅价格指数**	**Commercialized Buildings**	**98.6**	**98.5**
	一、$90m^2$及以下	$90m^2$ and below	98.4	97.9
	二、$90\text{-}144m^2$	$90\text{-}144m^2$	98.7	98.5
	三、$144m^2$以上	Above $144m^2$	98.6	98.6
	二手住宅价格指数	**Second-hand Housing**	**98.4**	**98.4**
	一、$90m^2$及以下	$90m^2$ and below	99.0	99.0
	二、$90\text{-}144m^2$	$90\text{-}144m^2$	98.0	98.1
	三、$144m^2$以上	Above $144m^2$	98.2	97.5
环比价格指数 Last Month = 100	**新建商品住宅价格指数**	**Commercialized Buildings**	**100.2**	**99.6**
	一、$90m^2$及以下	$90m^2$ and below	100.3	99.5
	二、$90\text{-}144m^2$	$90\text{-}144m^2$	100.2	99.6
	三、$144m^2$以上	Above $144m^2$	100.2	99.3
	二手住宅价格指数	**Second-hand Housing**	**99.9**	**99.6**
	一、$90m^2$及以下	$90m^2$ and below	100.0	99.6
	二、$90\text{-}144m^2$	$90\text{-}144m^2$	99.9	99.7
	三、$144m^2$以上	Above $144m^2$	99.5	99.4

Sales Price Indices of Residential Buildings in Anqing (2021)

3 月 March	4 月 April	5 月 May	6 月 June	7 月 July	8 月 August	9 月 September	10 月 October	11 月 November	12 月 December
99.5	**99.2**	**99.0**	**98.7**	**98.6**	**98.6**	**99.1**	**99.0**	**98.8**	**98.8**
99.0	99.0	99.0	98.0	97.8	98.3	98.9	99.0	98.8	98.7
99.7	99.4	99.0	98.9	98.8	98.8	99.3	99.2	99.0	99.0
99.1	98.7	98.6	98.1	98.1	98.3	98.3	98.2	98.1	98.0
98.3	**98.2**	**97.8**	**97.6**	**97.2**	**97.0**	**96.6**	**96.1**	**95.6**	**95.2**
98.5	98.3	98.0	97.9	97.2	96.8	96.3	96.0	95.5	95.1
98.3	98.2	97.8	97.6	97.5	97.3	97.0	96.4	95.9	95.4
97.8	97.5	97.3	96.7	95.9	95.9	95.7	95.2	94.3	93.8
98.8	**98.8**	**98.7**	**99.1**	**99.2**	**100.0**	**100.2**	**99.6**	**99.1**	**98.7**
98.3	98.7	98.4	97.5	98.3	99.4	99.7	99.6	99.7	99.4
98.9	98.9	98.9	99.4	99.6	100.2	100.4	99.8	99.2	98.8
98.5	98.6	98.5	98.5	98.0	99.6	99.8	98.9	98.1	97.8
98.0	**97.4**	**97.3**	**97.2**	**97.3**	**97.2**	**96.8**	**96.5**	**96.3**	**96.2**
98.4	97.7	97.5	97.2	96.9	96.6	96.3	96.2	96.3	96.0
97.8	97.2	97.3	97.3	97.8	97.9	97.4	96.8	96.5	96.5
97.4	96.8	96.8	96.4	95.4	95.6	95.7	95.8	95.2	95.0
99.7	**99.7**	**99.8**	**99.7**	**99.9**	**100.0**	**100.5**	**99.9**	**99.8**	**100.0**
99.9	99.9	100.0	99.0	99.8	100.5	100.7	100.0	99.8	100.0
99.7	99.7	99.7	99.9	99.9	99.9	100.5	99.9	99.8	100.0
99.5	99.6	99.9	99.4	100.0	100.2	100.0	99.9	99.9	99.9
99.9	**99.8**	**99.7**	**99.8**	**99.6**	**99.7**	**99.6**	**99.5**	**99.4**	**99.5**
99.9	99.8	99.7	99.9	99.3	99.6	99.5	99.7	99.5	99.6
99.8	99.9	99.6	99.8	99.9	99.8	99.7	99.4	99.5	99.5
100.2	99.7	99.8	99.4	99.1	100.0	99.8	99.5	99.1	99.4

4-19 农产品生产者价格指数
Producers Price Indices for Farm Products

(上年＝100) (preceding year=100)

指　　标	Item	2018	2019	2020	2021
总指数	**General Index**	**99.0**	**109.3**	**115.6**	**101.3**
农业产品	**Crop Products**	**99.4**	**99.5**	**104.2**	**107.6**
谷物	Cereals	96.9	98.9	104.2	106.4
稻谷	Rice	95.6	95.1	103.4	103.6
小麦	Wheat	97.5	102.8	101.8	107.2
玉米	Corn	103.3	103.0	112.6	121.8
薯类	Tubers	105.3	99.4	103.7	97.1
油料	Oil-bearing Crops	102.6	102.1	111.4	103.0
豆类	Beans	92.2	104.1	120.4	115.9
棉花(籽棉)	Cotton	101.8	97.0	96.4	115.3
蔬菜	Vegetables	105.2	100.5	101.0	109.5
茶叶	Tea	100.4	100.3	100.5	104.0
绿茶	Green Tea	100.3	100.3	100.5	104.2
林业产品	**Forestry Products**	**101.0**	**102.7**	**102.9**	**102.2**
苗木类	Seedlings	101.3	105.1	99.4	102.7
木材采伐产品	Felling and Transport of Wood	101.9	102.3	104.1	102.2
原木	Log	101.9	102.3	104.1	102.2
竹材采伐产品	Felling and Transport of Bamboo	97.3	99.4	98.8	100.5
饲养动物及其产品	**Animal Husbandry Products**	**96.2**	**136.2**	**129.3**	**83.7**
活牲畜	Live Domestic Animals	88.3	150.8	145.3	71.6
猪	Hogs	83.3	158.5	153.3	64.0
活牛	Cattle and Buffaloes	105.9	109.5	110.3	105.9
活羊	Sheep and Goats	118.0	122.3	102.5	108.2
活家禽	Live Poultry	107.2	110.6	94.9	102.1
活鸡	Chicken	106.3	110.4	94.8	101.6
活鸭	Duck	115.3	113.6	93.1	106.0
畜禽产品	Livestock and Poultry Products	118.0	102.0	83.1	115.5
禽蛋	Poultry Eggs	120.4	103.4	83.1	113.9
渔业产品	**Fishery Products**	**103.2**	**100.2**	**103.4**	**109.2**
淡水养殖产品	Freshwater Aquatic Products	103.2	100.2	103.4	109.2
养殖淡水鱼	Freshwater Fish	103.3	103.2	103.7	108.6
淡水养殖虾	Freshwater Shrimps	101.6	99.6	98.0	112.0
淡水养殖蟹	Freshwater Crab	103.9	74.2	92.3	113.3
其他淡水养殖产品	Other Freshwater Aquatic Products	103.5	102.1	102.9	103.2

4-20 分季农产品生产者价格指数(2021年)
Producers Price Indices for Farm Products by Quarter (2021)

(上年＝100) (preceding year=100)

指　标	Item	全　年 Annual Year	1季度 1st Quarter	2季度 2nd Quarter	3季度 3rd Quarter	4季度 4th Quarter
总指数	**General Index**	**101.3**	**105.2**	**101.7**	**98.8**	**102.5**
农业产品	**Crop Products**	**107.6**	**119.2**	**105.7**	**106.7**	**107.2**
谷物	Cereals	106.4	110.8	108.0	107.4	98.6
稻谷	Rice	103.6	105.9	108.3	105.9	95.4
小麦	Wheat	107.2	112.8	105.9	108.6	102.9
玉米	Corn	121.8	132.1	130.5	116.9	109.0
大麦	Barley					
薯类	Tubers	97.1	105.9	46.8	95.1	107.2
油料	Oil-bearing Crops	103.0	109.9	106.0	99.8	103.9
花生	Peanuts	105.9	111.4	102.4	105.5	104.4
油菜籽	Rapeseeds	102.6		106.5	99.0	
芝麻	Sesames	95.0	103.6	80.3	102.3	105.7
油茶籽	Camellia Seed	89.8				89.8
豆类	Beans	115.9	120.2	118.2	111.7	113.7
大豆	Soybean	115.9	120.2	118.2	111.7	113.7
黄大豆	Soybean	115.9	120.2	118.2	111.7	113.7
棉花	Cotton	115.3	108.0	109.0	107.8	135.3
籽棉	Un-ginned Cotton	115.3	108.0	109.0	107.8	135.3
未加工烟草	Unmanufactured Tobacco	105.1			105.2	105.1
蔬菜及食用菌	Vegetables and Edible Fungus	109.3	133.3	93.9	102.4	114.0
蔬菜	Vegetables	109.5	134.8	94.2	99.6	114.3
食用菌	Edible Fungus	104.4	83.5	86.5	174.7	99.7
水果及坚果	Fruits and Nuts	108.3	100.0	108.2	114.4	95.4
水果(园林水果)	Fruits	108.5		108.2	114.8	91.3
食用坚果	Edible Nuts	107.7	100.0	114.3	113.0	110.2
茶及饮料原料	Tea and Beverage Materials	104.0	105.8	104.8	102.8	101.6
茶叶	Tea	104.0	105.8	104.8	102.8	101.6
红茶	Black Tea	100.2	98.6	103.0	100.1	100.2
绿茶	Green Tea	104.2	106.2	104.8	103.0	101.7
中草药材	Chinese Herbal Medicinal Materials	130.1	168.6	116.8	133.2	112.2

4-20 续表 continued

(上年＝100) (preceding year=100)

指 标	Item	全 年 Annual Year	1季度 1st Quarter	2季度 2nd Quarter	3季度 3rd Quarter	4季度 4th Quarter
林业产品	**Forestry Products**	**102.2**	**102.1**	**103.4**	**106.9**	**103.1**
育种及苗木	Seedlings	102.7	103.3	105.5	99.1	101.2
木材采伐产品	Felling and Transport of Wood	102.2	101.5	101.6	109.1	103.2
原木	Log	102.2	101.5	101.6	109.1	103.2
竹材采伐产品	Felling and Transport of Bamboo	100.5	98.6	101.5	101.6	100.3
饲养动物及其产品	**Animal Husbandry Products**	**83.7**	**95.9**	**87.6**	**67.5**	**82.3**
活牲畜	Live Domestic Animals	71.6	93.6	73.0	50.5	62.1
猪	Hogs	64.0	90.3	66.3	43.9	52.6
其他活猪	Other Live Pigs	64.0	90.3	66.3	43.9	52.6
牛	Cattle	105.9	110.6	108.5	104.3	100.4
黄牛	Cattle and Buffaloes	105.9	110.6	108.5	104.3	100.4
羊	Sheep and Goats	108.2	107.3	110.0	106.3	109.2
山羊	Goats	108.2	107.3	110.0	106.3	109.2
活家禽	Live Poultry	102.1	104.1	100.6	95.3	106.8
活鸡	Chicken	101.6	103.6	100.6	95.1	106.3
活鸭	Duck	106.0	108.2	93.8		111.2
畜禽产品	Livestock and Poultry Products	115.5	99.3	123.8	117.9	117.0
禽蛋	Poultry Eggs	113.9	99.3	120.8	115.8	116.9
鸡蛋	Hen Eggs	113.8	97.9	121.9	122.6	115.7
鸭蛋	Duck Eggs	115.4	127.1	112.2	100.0	127.8
渔业产品	**Fishery Products**	**109.2**	**105.9**	**116.8**	**105.4**	**107.7**
淡水养殖产品	Freshwater Aquatic Products	109.2	105.9	116.8	105.4	107.7
养殖淡水鱼	Freshwater Fish	108.6	105.6	118.3	103.5	107.7
淡水养殖虾	Freshwater Shrimps	112.0	104.1	118.2	114.6	113.4
淡水养殖蟹	Freshwater Crab	113.3	128.4		111.7	102.4
其他淡水养殖产品	Other Freshwater Aquatic Products	103.2	102.3	105.1	100.8	107.7

4-21 分月农村集贸市场农副产品价格(2021年)

Prices of Agricultural Products by Month in Rural Market (2021)

单位：元/公斤 (yuan/kg)

指　标	Item	省平均价 Average Price	1 月 January	2 月 February	3 月 March	4 月 April	5 月 May	6 月 June
一、粮食	**Grain**							
籼稻	Nonglutinous Rice	2.64	2.68	2.68	2.67	2.67	2.66	2.64
粳稻	Round-grained Rice	2.85	2.85	2.85	2.86	2.86	2.89	2.88
小麦	Wheat	2.38	2.40	2.36	2.36	2.35	2.34	2.32
玉米	Corn//Maize	2.71	2.58	2.63	2.67	2.72	2.76	2.81
大豆	Soybean	6.06	6.01	5.99	6.06	6.06	6.10	6.07
籼米	Long-grained Nonglutinous Rice	4.53	4.59	4.60	4.59	4.59	4.54	4.51
粳米	Polished Round-grained Rice	5.05	5.09	5.07	5.08	5.08	5.03	5.03
二、经济作物类	**Economic Crops**							
棉花(籽棉)	Cotton	7.93	7.50	7.50	7.58	7.60	7.60	7.60
花生仁	Peanut	12.55	12.64	12.72	12.68	12.70	12.70	12.48
油菜籽	Rapeseeds	5.33	5.40	5.35	5.30	5.30	5.30	5.28
三、畜产品	**Livestock Products**							
活猪	Live Hogs	20.90	35.93	30.50	28.09	24.34	19.82	15.02
仔猪	Piglet	60.99	86.55	83.16	82.25	78.80	73.83	57.67
猪肉	Pork	32.55	52.10	46.40	43.20	36.10	29.80	25.50
活牛	Live Cattle	37.73	38.60	38.40	38.40	37.80	37.60	37.00
牛肉	Beef	84.11	85.13	85.13	84.75	83.50	83.83	83.20
活羊	Live Sheep	37.23	38.80	37.40	37.00	37.40	37.20	37.20
羊肉	Mutton	76.50	81.00	77.71	78.53	75.44	75.00	74.60
活鸡	Live Chickens	19.42	19.50	20.72	19.85	19.94	19.30	19.11
鸡蛋	Hen Eggs	10.60	11.65	10.10	9.34	9.95	10.03	9.91
四、水产品	**Aquatic Products**							
草鱼	Grass Carp	19.24	16.20	16.15	16.55	19.60	19.90	20.25
鲤鱼	Carp	11.89	10.97	11.00	11.25	13.45	12.80	12.50
鲢鱼	Silver Carp	11.68	10.51	10.26	10.51	11.98	12.10	12.25
带鱼	Hairtail	27.06	27.42	27.25	27.00	27.17	26.75	26.67
五、蔬菜	**Vegetables**							
大白菜	Chinese Cabbage	3.09	2.83	2.78	2.76	2.76	2.53	2.90
黄瓜	Cucumber	6.93	7.60	7.40	6.80	5.06	4.80	4.80
西红柿	Tomato	6.34	7.48	6.30	5.50	5.44	4.99	4.35
菜椒	Sweetbell	7.21	15.00	9.00	6.10	5.68	5.40	4.26
四季豆	Kidney Beans	12.41	13.00	14.90	12.17	11.00	9.50	9.50
六、水果	**Fruits**							
红富士苹果	Redfuji Apples	8.22	8.57	8.54	8.30	8.25	8.21	7.97
香蕉	Bananas	6.07	5.61	6.58	6.40	6.25	6.18	5.81
橙子	Oranges	10.21	10.12	9.48	9.16	8.90	8.94	8.48

4-21 续表 continued

单位：元/公斤 (yuan/kg)

指 标	Item	7 月 July	8 月 August	9 月 September	10 月 October	11 月 November	12 月 December
一、粮食	**Grain**						
籼稻	Nonglutinous Rice	2.62	2.61	2.61	2.59	2.60	2.59
粳稻	Round-grained Rice	2.85	2.85	2.84	2.83	2.83	2.82
小麦	Wheat	2.35	2.36	2.39	2.40	2.42	2.47
玉米	Corn//Maize	2.77	2.78	2.69	2.67	2.70	2.73
大豆	Soybean	5.99	6.04	6.00	6.07	6.16	6.16
籼米	Long-grained Nonglutinous Rice	4.49	4.50	4.49	4.47	4.48	4.48
粳米	Polished Round-grained Rice	5.02	5.06	5.03	5.03	5.02	5.03
二、经济作物类	**Economic Crops**						
棉花(籽棉)	Cotton	7.60	7.70	8.10	8.30	9.12	8.96
花生仁	Peanut	12.44	12.50	12.45	12.36	12.42	12.50
油菜籽	Rapeseeds	5.30	5.30	5.35	5.35	5.35	5.35
三、畜产品	**Livestock Products**						
活猪	Live Hogs	16.20	15.31	13.44	15.36	18.68	18.08
仔猪	Piglet	54.03	50.20	43.16	40.96	41.56	39.67
猪肉	Pork	26.30	25.75	22.80	25.80	28.00	28.84
活牛	Live Cattle	36.60	37.60	37.80	37.72	37.80	37.40
牛肉	Beef	83.13	84.00	83.38	83.23	84.50	85.50
活羊	Live Sheep	36.20	36.80	36.40	37.20	37.80	37.40
羊肉	Mutton	74.60	76.00	74.80	73.67	77.83	78.86
活鸡	Live Chickens	18.98	19.40	19.32	18.84	18.80	19.32
鸡蛋	Hen Eggs	10.32	11.12	11.15	11.34	11.16	11.10
四、水产品	**Aquatic Products**						
草鱼	Grass Carp	20.35	21.67	20.67	20.31	20.33	18.90
鲤鱼	Carp	12.06	12.25	11.61	11.55	11.55	11.69
鲢鱼	Silver Carp	12.25	12.75	12.45	12.05	11.40	11.70
带鱼	Hairtail	26.92	27.17	27.00	27.17	27.00	27.17
五、蔬菜	**Vegetables**						
大白菜	Chinese Cabbage	3.00	4.25	3.51	4.06	3.21	2.52
黄瓜	Cucumber	5.61	5.50	6.45	10.90	10.26	8.00
西红柿	Tomato	4.96	6.10	6.54	8.18	7.86	8.35
菜椒	Sweetbell	4.96	5.95	6.14	7.66	8.30	8.10
四季豆	Kidney Beans	11.00	11.33	11.83	16.17	15.50	13.00
六、水果	**Fruits**						
红富士苹果	Redfuji Apples	8.07	8.11	7.90	8.22	8.04	8.41
香蕉	Bananas	6.35	6.14	5.51	5.51	6.03	6.48
橙子	Oranges	9.70	11.38	11.50	12.10	11.52	11.20

4-22 全国及分省(区、市)居民消费价格指数
Consumer Price Indices by Province and Region

(上年=100) (preceding year=100)

地 区	Region	2018	2019	2020	2021
全国平均	**National Average**	**102.1**	**102.9**	**102.5**	**100.9**
北 京	Beijing	102.5	102.3	101.7	101.1
天 津	Tianjin	102.0	102.7	102.0	101.3
河 北	Hebei	102.4	103.0	102.1	101.0
山 西	Shanxi	101.8	102.7	102.9	101.0
内 蒙 古	Inner Mongolia	101.8	102.4	101.9	100.9
辽 宁	Liaoning	102.5	102.4	102.4	101.1
吉 林	Jilin	102.1	103.0	102.3	100.6
黑 龙 江	Heilongjiang	102.0	102.8	102.3	100.6
上 海	Shanghai	101.6	102.5	101.7	101.2
江 苏	Jiangsu	102.3	103.1	102.5	101.6
浙 江	Zhejiang	102.3	102.9	102.3	101.5
安 徽	**Anhui**	**102.0**	**102.7**	**102.7**	**100.9**
福 建	Fujian	101.5	102.6	102.2	100.7
江 西	Jiangxi	102.1	102.9	102.6	100.9
山 东	Shandong	102.5	103.2	102.8	101.2
河 南	Henan	102.3	103.0	102.8	100.9
湖 北	Hubei	101.9	103.1	102.7	100.3
湖 南	Hunan	102.0	102.9	102.3	100.5
广 东	Guangdong	102.2	103.4	102.6	100.8
广 西	Guangxi	102.3	103.7	102.8	100.9
海 南	Hainan	102.5	103.4	102.3	100.3
重 庆	Chongqing	102.0	102.7	102.3	100.3
四 川	Sichuan	101.7	103.2	103.2	100.3
贵 州	Guizhou	101.8	102.4	102.6	100.1
云 南	Yunnan	101.6	102.5	103.6	100.2
西 藏	Tibet	101.7	102.3	102.2	100.9
陕 西	Shaanxi	102.1	102.9	102.5	101.5
甘 肃	Gansu	102.0	102.3	102.0	100.9
青 海	Qinghai	102.5	102.5	102.6	101.3
宁 夏	Ningxia	102.3	102.1	101.5	101.4
新 疆	Xinjiang	102.0	101.9	101.5	101.2

4-23 全国及分省(区、市)商品零售价格指数
Retail Price Indices by Province and Region

(上年=100) (preceding year=100)

地　　区	Region	2018	2019	2020	2021
全国平均	**National Average**	**101.9**	**102.0**	**101.4**	**101.6**
北　京	Beijing	101.1	100.5	101.0	101.7
天　津	Tianjin	101.6	101.7	101.0	101.5
河　北	Hebei	102.2	101.8	101.4	101.9
山　西	Shanxi	101.7	101.8	100.9	102.7
内蒙古	Inner Mongolia	101.6	101.5	100.5	103.8
辽　宁	Liaoning	101.4	101.7	101.1	101.9
吉　林	Jilin	102.4	102.1	100.7	101.8
黑龙江	Heilongjiang	101.1	102.1	101.5	101.6
上　海	Shanghai	101.6	100.4	100.9	101.3
江　苏	Jiangsu	102.6	102.6	101.8	102.3
浙　江	Zhejiang	102.1	102.5	101.2	102.2
安　徽	**Anhui**	**101.9**	**101.9**	**101.6**	**101.6**
福　建	Fujian	101.5	101.9	101.3	101.1
江　西	Jiangxi	101.0	101.9	101.6	101.2
山　东	Shandong	102.2	102.2	102.0	101.4
河　南	Henan	102.9	102.4	100.9	101.5
湖　北	Hubei	101.2	102.6	102.2	101.2
湖　南	Hunan	102.3	102.3	101.3	101.6
广　东	Guangdong	102.1	101.4	100.8	101.4
广　西	Guangxi	101.6	103.2	101.4	101.1
海　南	Hainan	102.5	102.5	101.6	101.3
重　庆	Chongqing	101.2	101.6	102.2	101.4
四　川	Sichuan	101.4	102.7	102.7	101.4
贵　州	Guizhou	101.8	101.7	101.6	101.2
云　南	Yunnan	101.5	101.5	102.4	101.4
西　藏	Tibet	101.5	102.0	102.0	101.5
陕　西	Shaanxi	102.1	102.4	101.9	101.6
甘　肃	Gansu	101.7	101.9	101.3	102.0
青　海	Qinghai	102.1	102.0	102.4	101.5
宁　夏	Ningxia	102.9	101.1	100.6	102.0
新　疆	Xinjiang	100.9	101.3	100.6	102.0

4-24 36个大中城市居民消费价格指数
Consumer Price Indices in 36 Large-scale and Medium-scale Cities

(上年=100) (preceding year=100)

地　区	Region	2018	2019	2020	2021
全国平均	**National Average**	**102.2**	**102.8**	**102.1**	**101.1**
北　京	Beijing	102.5	102.3	101.7	101.1
天　津	Tianjin	102.0	102.7	102.0	101.3
石家庄	Shijiazhuang	102.3	102.7	102.3	100.9
太　原	Taiyuan	101.8	102.7	102.6	101.0
呼和浩特	Hohhot	102.1	102.6	102.0	100.9
沈　阳	Shenyang	103.0	102.4	102.3	101.3
大　连	Dalian	103.0	102.4	102.1	101.4
长　春	Changchun	102.0	102.9	101.9	100.5
哈尔滨	Harbin	102.5	102.6	101.4	100.6
上　海	Shanghai	101.6	102.5	101.7	101.2
南　京	Nanjing	102.4	103.1	102.4	101.5
杭　州	Hangzhou	102.3	103.1	102.1	101.3
宁　波	Ningbo	102.2	103.0	101.9	102.1
合　肥	**Hefei**	**102.0**	**102.9**	**102.3**	**101.7**
福　州	Fuzhou	101.5	102.5	102.4	100.6
厦　门	Xiamen	101.8	103.0	102.5	101.2
南　昌	Nanchang	102.3	102.8	102.5	101.0
济　南	Jinan	102.6	103.3	102.4	101.5
青　岛	Qingdao	102.1	103.3	102.4	101.5
郑　州	Zhengzhou	102.4	103.1	102.3	101.1
武　汉	Wuhan	101.9	103.2	102.4	100.6
长　沙	Changsha	102.0	102.9	101.8	101.1
广　州	Guangzhou	102.4	103.0	102.6	101.1
深　圳	Shenzhen	102.8	103.4	102.3	100.9
南　宁	Nanning	102.5	103.4	102.3	101.4
海　口	Haikou	102.4	103.3	101.6	100.5
重　庆	Chongqing	102.0	102.7	102.3	100.3
成　都	Chengdu	101.4	102.8	102.5	100.5
贵　阳	Guiyang	101.7	102.7	102.4	100.5
昆　明	Kunming	101.7	102.3	103.1	100.2
拉　萨	Lhasa	101.1	102.2	102.0	100.5
西　安	Xi'an	101.9	102.7	102.1	101.7
兰　州	Lanzhou	101.7	102.2	102.0	101.3
西　宁	Xining	102.7	102.5	102.7	101.3
银　川	Yinchuan	102.2	102.2	101.8	101.4
乌鲁木齐	Urumqi	102.2	102.0	100.9	101.3

4-25 36个大中城市商品零售价格指数
Retail Price Indices in 36 Large-scale and Medium-scale Cities

(上年=100) (preceding year=100)

地 区	Region	2018	2019	2020	2021
全国平均	**National Average**	**101.7**	**101.6**	**101.2**	**101.6**
北 京	Beijing	101.1	100.5	101.0	101.7
天 津	Tianjin	101.6	101.7	101.0	101.5
石家庄	Shijiazhuang	101.9	101.6	101.3	101.7
太 原	Taiyuan	101.7	101.5	100.5	102.8
呼和浩特	Hohhot	101.6	101.3	99.9	105.3
沈 阳	Shenyang	101.7	101.4	100.8	102.5
大 连	Dalian	101.5	102.1	101.4	102.0
长 春	Changchun	102.9	102.2	100.0	101.8
哈尔滨	Harbin	100.7	102.2	101.5	101.8
上 海	Shanghai	101.6	100.4	100.9	101.3
南 京	Nanjing	102.8	102.1	101.4	102.1
杭 州	Hangzhou	102.0	103.1	100.9	101.6
宁 波	Ningbo	102.1	102.3	100.2	103.3
合 肥	**Hefei**	**101.7**	**101.6**	**101.3**	**101.9**
福 州	Fuzhou	101.5	101.8	100.8	100.9
厦 门	Xiamen	101.8	102.5	102.1	101.5
南 昌	Nanchang	100.8	101.3	101.5	101.6
济 南	Jinan	102.6	102.5	101.9	101.3
青 岛	Qingdao	101.8	102.4	101.5	101.4
郑 州	Zhengzhou	103.6	103.0	100.8	101.3
武 汉	Wuhan	101.4	102.5	102.2	101.3
长 沙	Changsha	102.5	102.2	100.8	102.0
广 州	Guangzhou	102.2	100.6	100.6	101.3
深 圳	Shenzhen	102.0	101.3	100.5	101.8
南 宁	Nanning	101.1	103.1	100.9	101.1
海 口	Haikou	102.4	102.4	101.3	101.4
重 庆	Chongqing	101.2	101.6	102.2	101.4
成 都	Chengdu	100.7	101.9	102.2	101.1
贵 阳	Guiyang	102.3	102.3	101.2	101.7
昆 明	Kunming	101.1	101.5	102.3	101.5
拉 萨	Lhasa	101.1	102.3	102.1	101.4
西 安	Xi'an	102.2	102.1	101.5	101.4
兰 州	Lanzhou	101.7	102.0	101.4	102.0
西 宁	Xining	102.0	101.9	102.4	101.3
银 川	Yinchuan	102.7	101.1	100.5	102.0
乌鲁木齐	Urumqi	100.5	101.2	100.7	102.2

4-26 全国及分省(区、市)工业生产者出厂价格指数

Producer Price Indices for Industrial Products by Province and Region

(上年同月=100) (the same month last year=100)

地区	Region	2018	2019	2020	2021
全国	**National**	**103.5**	**99.7**	**98.2**	**108.1**
北京	Beijing	100.0	99.6	99.1	101.1
天津	Tianjin	105.4	99.3	97.1	110.9
河北	Hebei	106.2	100.2	98.5	116.4
山西	Shanxi	106.7	99.7	96.7	130.2
内蒙古	Inner Mongolia	103.2	102.1	99.7	128.5
辽宁	Liaoning	104.8	99.5	97.0	113.6
吉林	Jilin	102.8	98.9	98.6	105.1
黑龙江	Heilongjiang	109.0	98.2	93.4	112.3
上海	Shanghai	101.7	98.8	98.3	102.1
江苏	Jiangsu	102.8	98.9	97.8	106.3
浙江	Zhejiang	103.4	98.9	96.9	106.3
安徽	**Anhui**	**103.0**	**100.3**	**99.1**	**107.7**
福建	Fujian	102.8	100.6	98.4	104.9
江西	Jiangxi	104.2	98.9	98.3	110.5
山东	Shandong	103.7	99.7	98.1	110.3
河南	Henan	103.6	100.2	99.2	107.8
湖北	Hubei	104.2	100.2	99.1	104.1
湖南	Hunan	103.2	99.6	99.0	105.9
广东	Guangdong	101.8	100.2	99.0	103.4
广西	Guangxi	103.2	99.3	99.4	108.9
海南	Hainan	108.2	97.4	93.8	113.5
重庆	Chongqing	102.1	99.8	99.1	103.2
四川	Sichuan	103.6	100.4	98.8	105.9
贵州	Guizhou	101.8	99.8	98.3	106.5
云南	Yunnan	102.4	100.0	98.6	110.0
西藏	Tibet	100.1	98.9	99.4	101.5
陕西	Shaanxi	105.4	100.8	95.1	116.9
甘肃	Gansu	109.5	98.3	93.9	116.4
青海	Qinghai	104.8	98.5	96.6	114.5
宁夏	Ningxia	107.3	99.4	96.9	119.9
新疆	Xinjiang	111.2	98.5	91.6	119.4

4-27 全国及分省(区、市)工业生产者购进价格指数

Purchasing Price Indices for Industrial Products by Province and Region

(上年同月=100) (the same month last year=100)

地 区	Region	2018	2019	2020	2021
全 国	**National**	**104.1**	**99.3**	**97.7**	**111.0**
北 京	Beijing	100.8	99.6	99.5	103.7
天 津	Tianjin	106.2	98.8	96.9	114.7
河 北	Hebei	104.0	102.1	98.4	119.8
山 西	Shanxi	105.5	101.1	97.2	116.3
内蒙古	Inner Mongolia	102.4	101.1	99.5	128.0
辽 宁	Liaoning	104.5	100.8	98.2	115.0
吉 林	Jilin	103.5	99.2	98.7	106.2
黑龙江	Heilongjiang	109.0	100.3	95.1	110.5
上 海	Shanghai	105.2	98.7	96.9	107.3
江 苏	Jiangsu	104.6	97.2	96.5	113.8
浙 江	Zhejiang	105.1	97.1	95.9	114.5
安 徽	**Anhui**	**105.3**	**99.9**	**98.5**	**111.5**
福 建	Fujian	102.8	99.0	98.6	109.2
江 西	Jiangxi	103.2	98.2	97.0	112.3
山 东	Shandong	103.6	99.2	97.5	109.5
河 南	Henan	104.0	101.2	99.4	109.5
湖 北	Hubei	104.8	99.3	98.4	108.5
湖 南	Hunan	103.5	100.2	98.9	108.1
广 东	Guangdong	102.5	99.2	97.4	108.0
广 西	Guangxi	103.4	99.5	98.5	110.7
海 南	Hainan	110.8	103.1	92.0	116.5
重 庆	Chongqing	102.5	100.1	99.9	107.2
四 川	Sichuan	105.3	100.6	98.1	107.5
贵 州	Guizhou	103.4	99.4	98.6	112.0
云 南	Yunnan	104.4	99.0	97.3	108.9
西 藏	Tibet				
陕 西	Shaanxi	104.2	100.3	97.6	116.3
甘 肃	Gansu	109.8	99.0	94.1	118.1
青 海	Qinghai	104.5	98.2	96.1	111.5
宁 夏	Ningxia	106.5	97.5	94.7	120.8
新 疆	Xinjiang	109.2	100.0	93.4	115.0

主要指标解释

居民消费价格指数 反映一定时期内居民所消费商品及服务项目的价格水平变动趋势和变动程度。居民消费价格水平的变动率在一定程度上反映了通货膨胀（或紧缩）的程度。编制居民消费价格指数的目的，是了解全国各地价格变动的基本情况，分析研究价格变动对社会经济和居民生活的影响，满足各级政府制定政策和计划、进行宏观调控的需要，以及为国民经济核算提供参考依据。

城市居民消费价格指数 是反映一定时期内城市居民家庭所购买的生活消费品价格和服务项目价格变动趋势和程度的相对数。该指数可以观察和分析消费品的零售价格和服务项目价格变动对城镇职工货币工资的影响，作为研究职工生活和确定工资政策的依据。

农村居民消费价格指数 是反映一定时期内农村居民家庭所购买的生活消费品价格和服务项目价格变动趋势和程度的相对数。该指数可以观察农村消费品的零售价格和服务项目价格变动对农村居民生活消费支出的影响，直接反映农民生活水平的实际变化情况，为分析和研究农村居民生活问题提供依据。

商品零售价格指数 是反映一定时期内城乡商品零售价格变动趋势和程度的相对数。商品零售价格的变动直接影响到城乡居民的生活支出和国家的财政收入，影响居民购买力和市场供需的平衡，影响到消费与积累的比例关系。因此，该指数可以从一个侧面对上述经济活动进行观察和分析。

农产品生产者价格指数 是反映一定时期内，农产品生产者出售农产品价格水平变动趋势及幅度的相对数。该指数可以客观反映全国农产品生产者价格水平和结构变动情况，满足农业与国民经济核算需要。其中某代表品生产者价格指数是通过对全部有出售该产品行为的调查单位的个体指数进行几何平均求得的，类价格指数是通过对其所属的类（或代表品）的价格指数进行加权平均求得的。季度累计价格指数的计算方法与分季指数的计算方法相同。

工业生产者价格指数 包括工业企业产品第一次出售时的出厂价格（简称工业生产者出厂价格）和企业作为中间投入的原材料、燃料、动力购进价格（简称工业生产者购进价格）。工业生产者价格调查的目的在于及时、准确、科学地反映各工业行业产品价格水平及其变动趋势和幅度，为国民经济核算、计算工业发展速度、宏观经济分析和调控、理顺价格体系等提供科学、准确的依据。

住宅销售价格指数 是反映住宅销售水平整体变化趋势和变化幅度的相对数，是住宅销售价格变动趋势定量分析的指标，是党中央、国务院掌握房地产市场情况和科学决策的重要依据，也是社会公众了解市场、进行交易的重要参考。

5

专项调查

Chapter 5 Special Survey

简要说明

农民工调查简介：农民工是指户籍仍在农村，在本地从事非农产业或外出从业 6 个月及以上的农村劳动力，包括举家外出的农村劳动力。农民工监测调查是根据国家统计局《农民工监测调查方案》，由安徽调查总队组织实施。

本版责任编辑：王　方

5-1 农民工监测情况
Situation of Migrant Workers

(全省抽样调查数) (A Sample Survey in Anhui Province)

指标名称	Item	单位	Unit	2020	2021
A1.住户成员基本情况	**Basic Conditions of Household Member**				
一、调查人口基本情况	Basic Conditions				
(一)期内住户成员数	Household Members During the Period	人	person	12814	12728
(二)期末住户成员数	Household Members End of the Period	人	person	12814	12728
(三)期内住户常住成员数	Permanent Household Members During the Period	人	person	10404	10465
(四)期内增加的住户成员数	Increased Household Members During the Period	人	person	246	234
(五)期内减少的住户成员数	Reduced Household Members During the Period	人	person	666	186
二、住户成员情况	Basic Conditions of Household Members				
(一)住户成员与户主关系	Relationship with the Householder				
1.户主	Householder	人	person	3290	3290
2.配偶	Spouse	人	person	2990	3002
3.子女	Child	人	person	3446	3495
4.父母	Parent	人	person	463	391
5.岳父母或公婆	Parent-in-law	人	person	17	13
6.祖父母	Grandparent	人	person	10	6
7.媳婿	Daughter-in-law or Son-in-law	人	person	892	853
8.孙子女	Grandchild	人	person	1670	1642
9.兄弟姐妹	Sibling	人	person	17	15
10.其他	Others	人	person	19	21
(二)性别	Gender				
1.男性	Male	人	person	6701	6646
2.女性	Female	人	person	6113	6082
(三)年龄	Age				
1.5岁及以下	Aged 5 and below	人	person	770	721
2.6-15岁	Aged 6-15	人	person	1732	1791
3.16-19岁	Aged 16-19	人	person	569	564
4.20-24岁	Aged 20-24	人	person	609	590
5.25-29岁	Aged 25-29	人	person	887	826
6.30-34岁	Aged 30-34	人	person	1053	1093
7.35-40岁	Aged 35-40	人	person	835	852
8.41-50岁	Aged 41-50	人	person	1875	1874
9.51-60岁	Aged 51-60	人	person	2368	2514
10.61-65岁	Aged 61-65	人	person	612	456
11.66岁及以上	Aged 66 and over	人	person	1504	1447
(四)民族	Nationality				
1.汉族	Han Nationality	人	person	12685	12609
2.壮族	Zhuang Nationality	人	person	8	8
3.回族	Hui Nationality	人	person	107	94
4.苗族	Miao Nationality	人	person	2	6
5.维吾尔族	Uygur Nationality	人	person	1	0
6.蒙古族	Mongolian Nationality	人	person	3	4

5-1 续表 1 continued

(全省抽样调查数) (A Sample Survey in Anhui Province)

指标名称	Item	单位	Unit	2020	2021
7.藏族	Tibetan Nationality	人	person	2	1
8.其他民族	Other Nationality	人	person	6	5
(五)户口登记地	Registered Permanent Residence				
1.本村(居委会)	Village	人	person	12043	12003
2.村外乡(镇、街道)内	Other Village of this Town	人	person	344	322
3.乡外县(区)内	Other Town of this County	人	person	240	233
4.县外市内	Other County of this City	人	person	62	70
5.市外省内	Other City of this Province	人	person	52	48
6.省外	Other Provinces	人	person	70	50
7.其他(如户口待定)	Others	人	person	3	2
(六)户口性质	Household Registration				
1.农业	Rural	人	person	12328	12211
2.非农业	Non-rural	人	person	462	456
3.其他	Other	人	person	19	5
(七)健康状况	Health Condition				
1.健康	Healthy	人	person	11787	11878
2.基本健康	Basically Healthy	人	person	597	550
3.不健康，但生活能自理	Unhealthy but Could Look After Oneself	人	person	389	257
4.生活不能自理	Unable to Look After Oneself	人	person	41	43
(八)参加医疗保险情况	Conditions of Medical Insurance				
1.新型农村合作医疗	New Rural Cooperative Medical	人	person	5105	4751
2.城镇职工基本医疗保险	Basic Medical Insurance for Urban Employees	人	person	411	552
3.(城镇)居民基本医疗保险	Basic Medical Insurance for (Urban) Residents	人	person	7248	7398
4.公费医疗	Free Medical Care	人	person	3	2
5.商业医疗保险	Commercial Medical Insurance	人	person	72	73
6.其他医疗保险	Other Medical Insurance	人	person	32	13
7.没有参加任何医疗保险	Not Participating Medical Insurance	人	person	17	6
(九)是否在校学生(6周岁及以上填写)	School Student or Not (Aged 6 and over)				
1.由本户供养的在校学生	Supported by This Household	人	person	2336	2411
2.不由本户供养的在校学生	Not Supported by This Household	人	person	20	10
3.非在校学生	Non School Student	人	person	9679	9584
(十)6周岁及以上住户成员受教育程度	Education of Household Members Aged 6 and over				
1.未上过学	Without School	人	person	891	728
2.小学	Primary School	人	person	3484	3428
3.初中	Junior Secondary School	人	person	5253	5297
4.高中	Senior Secondary School	人	person	1386	1391
5.大学专科	Junior College	人	person	603	697
6.大学本科	Undergraduate	人	person	374	413
7.研究生	Postgraduate	人	person	44	50
(十一)15周岁及以上住户成员婚姻状况	Marital Condition of Household Members Aged 15 and over				

(全省抽样调查数) (A Sample Survey in Anhui Province)

指标名称	Item	单位	Unit	2020	2021
1.未婚	Single	人	person	1661	1731
2.有配偶	Married	人	person	8263	8177
3.离婚	Divorced	人	person	137	149
4.丧偶	Widowed	人	person	394	340
(十二)过去三个月在本住宅居住的时间(月)	Time Living in This House in the Past 3 Months				
1.一个半月(<1.5)	One and a Half Months	人	person	2106	2104
2.一个半月及以上(>=1.5)	Longer than One and a Half Months	人	person	9705	9700
3.从未在本住宅居住(=0)	Never Living in This House	人	person	1003	924
N2.农村劳动力全年从业情况	**Employment**				
(一)本年度主要从业地区	Working Area	人	person		
1.乡内	Town	人	person	4832	4997
2.乡外县内	Other Town of this County	人	person	688	687
3.县外省内	Other County of this Province	人	person	670	680
4.省外国内	Other Provinces	人	person	1768	1638
5.国外及港澳台地区	Abroad, Hong Kong, Macao or Taiwan	人	person	4	6
(二)本年度从事主要行业	Industries Engaged				
1.第一产业	Primary Industry	人	person	2251	2144
(1)农、林、牧、渔业	Agriculture, Forestry, Animal Husbandry and Fishery	人	person	2251	2144
2.第二产业	Secondary Industry	人	person	2690	2790
(2)采矿业	Mining	人	person	54	62
(3)制造业	Manufacturing	人	person	1268	1341
(4)电力、热力、燃气及水的生产和供应业	Production and Supply of Electricity, Heating, Gas and Water	人	person	72	60
(5)建筑业	Construction	人	person	1296	1327
3.第三产业	Tertiary Industry	人	person	3021	3074
(6)批发和零售业	Wholesale and Retail Trades	人	person	705	727
(7)交通运输、仓储和邮政业	Transport, Storage and Post	人	person	375	380
(8)住宿和餐饮业	Hotels and Catering Services	人	person	415	393
(9)信息传输、软件和信息技术服务业	Information Transmission, Software and Information Technology Services	人	person	103	95
(10)金融业	Financial Intermediation	人	person	51	39
(11)房地产业	Real Estate	人	person	47	37
(12)租赁和商务服务业	Leasing and Business Services	人	person	47	43
(13)科学研究和技术服务	Scientific Research, Technical Services and Geological Prospecting	人	person	9	10
(14)水利、环境和公共设施管理业	Management of Water Conservancy, Environment and Public Facilities	人	person	54	58
(15)居民服务、修理和其他服务业	Services to Households, Repair and Other Services	人	person	717	716
(16)教育	Education	人	person	127	154

5-1 续表 3 continued

(全省抽样调查数) (A Sample Survey in Anhui Province)

指标名称	Item	单位	Unit	2020	2021
(17)卫生、社会工作	Health, Social Securities and Social Welfare	人	person	112	112
(18)文化、体育和娱乐业	Culture, Sports and Entertainment	人	person	54	41
(19)公共管理、社会保障和社会组织	Public Management, Social Security and Social Organization	人	person	205	269
(20)国际组织	International Organizations	人	person	0	0
(三)本年度从事主要职业	Profession Engaged				
1.国家机关、党群组织、企业、事业单位负责人	Responsible Persons of State Organs, Party Mass Organizations, Enterprises and Institutions	人	person	49	48
2.专业技术人员	Professional and Technical Personnel	人	person	611	615
3.办事人员和有关人员	Clerk and Related Workers	人	person	699	745
4.商业、服务业人员	Business, Services	人	person	1759	2001
5.农、林、牧、渔、水利业生产人员	Agriculture, Forestry, Animal Husbandry, Fishery and Water Conservancy	人	person	2244	2139
6.生产、运输设备操作人员及有关人员	Operators of Production and Transport Equipment and Related Workers	人	person	1819	1874
7.军人	Solider	人	person	0	4
8.不便分类的其他从业人员	Others	人	person	781	582
(四)本年度本地务农	Engaged in Agriculture at Home				
1.从事过本地务农的人数	Number of People Engaged in Agriculture Locally	人	person	251	237
2.从事本地务农的时间(合计)	Total Time that Engaged in Agriculture Locally	月	month	917.4	911.5
(五)本年度本地非农自营	Nonfarm Self-employed Locally				
1.从事过本地非农自营的人数	Number of People Nonfarm Self-employed Locally	人	person	873	891
2.从事本地非农自营的时间(合计)	Total Time that Nonfarm Self-employed Locally	月	month	6936.6	7630.3
3.从事本地非农自营的收入(合计)	Total Income of Nonfarm Self-employed Locally	元	yuan	42042383	49223729
(六)本年度本地非农务工	Non-agricultural Working Locally				
1.从事过本地非农务工的人数	Number of People Non-agricultural Working Locally	人	person	1988	2216
2.从事本地非农务工的时间(合计)	Total Time that Non-agricultural Working Locally	月	month	13666.9	17051
3.从事本地非农务工的收入(合计)	Total Income of Non-agricultural Working Locally	元	yuan	50750881	70459987
(七)本年度外出务工	Working outside				
1.从事过外出务工的人数	Number of People Working outside	人	person	2959	2826
2.外出务工的时间(合计)	Total Time that Working outside	月	month	23664	24796.5
3.外出务工的收入(合计)	Total Income of Working outside	元	yuan	130830499	150051855
4.寄带回金额(合计)	Total Amount Sent back	元	yuan	80333593	89654961
5.生活消费总支出(合计)	Total Consumption Expenditure	元	yuan	36510997	40601450
#确定收入的人数	Number of People Whose Income are Definitized	人	person	2956	2824
(八)本年度外出自营	Self-employed outside				
1.从事过外出自营的人数	Number of People Self-employed outside	人	person	301	280
2.外出自营的时间(合计)	Total Time Self-employed outside	月	month	2600	2576.9

5-1 续表 4 continued

(全省抽样调查数) (A Sample Survey in Anhui Province)

指标名称	Item	单位	Unit	2020	2021
3.外出自营的收入(合计)	Total Income of Self-employed outside	元	yuan	22404432	25654676
4.寄带回金额(合计)	Total Amount Sent back	元	yuan	14091090	14657880
5.生活消费总支出(合计)	Total Consumption Expenditure	元	yuan	5885760	6275890
#确定收入的人数	Number of People Whose Income are Definitized	人	person	301	280
(九)外出从业情况	Working outside				
1.上年外出人数	Number of People Working outside Last Year	人	person	3019	2750
其中：本年未继续外出人数	of Which: Not Working outside This Year	人	person	134	97
2.本年新增外出人数	Initially Working outside This Year	人	person	375	453
3.连续两年外出人数	Working outside for Two Consecutive Years	人	person	2885	2653
4.外出时间不足1个月人数	Working outside for less than One Month	人	person	15	11
(十一)曾经外出情况	Once Working outside				
1.有外出从业经历的人数	Number of People once Working outside	人	person	5001	5075
2.距离初次外出时间(合计)	Total Time Since Initially Working outside	月	month	72452959	71823586
(十二)当前就业状况	Employment				
1.本地务农	Engaged in Agriculture Locally	人	person	1850	1759
2.本地非农自营	Nonfarm Self-employed Locally	人	person	759	763
3.本地非农务工	Non-agricultural Working Locally	人	person	1516	1774
4.外出从业	Working outside	人	person	3008	2852
5.其他从业	Other Employment	人	person	221	287
6.未从业	Non-employed	人	person	500	484
N3.外出从业人员情况	**Conditions of Working outside**				
(一)外出地区	Working Area	人	person		
1.本省	In the Province	人	person	1432	1414
(1)乡外县内	Other Town of this County	人	person	732	705
(2)县外省内	Other County of this Province	人	person	700	709
2.省外	Outside the Province	人	person	1826	1689
(1)东部地区	The East Area	人	person	1698	1578
北京	Beijing	人	person	29	33
天津	Tianjin	人	person	11	9
河北	Hebei	人	person	13	15
辽宁	Liaoning	人	person	4	2
上海	Shanghai	人	person	287	291
江苏	Jiangsu	人	person	562	508
浙江	Zhejiang	人	person	630	576
福建	Fujian	人	person	52	38
山东	Shandong	人	person	40	36
广东	Guangdong	人	person	69	63
海南	Hainan	人	person	5	9
(2)中部地区	The Central Area	人	person	65	65
山西	Shanxi	人	person	5	3
吉林	Jilin	人	person	8	2

5-1 续表 5 continued

(全省抽样调查数) (A Sample Survey in Anhui Province)

指标名称	Item	单位	Unit	2020	2021
黑龙江	Heilongjiang	人	person	2	0
安徽	Anhui	人	person	1432	1414
江西	Jiangxi	人	person	13	14
河南	Henan	人	person	24	22
湖北	Hubei	人	person	19	21
湖南	Hunan	人	person	4	5
(3)西部地区	The Western Area	人	person	45	36
内蒙古	Inner Mongolia	人	person	5	3
广西	Guangxi	人	person	2	3
重庆	Chongqing	人	person	2	2
四川	Sichuan	人	person	7	5
贵州	Guizhou	人	person	7	6
云南	Yunnan	人	person	4	7
西藏	Tibet	人	person	0	1
陕西	Shanxi	人	person	4	5
甘肃	Gansu	人	person	3	2
青海	Qinghai	人	person	1	1
宁夏	Ningxia	人	person	1	0
新疆	Xinjiang	人	person	9	1
(4)其他地区	Other Area	人	person	4	6
港澳台	Hong Kong, Macao or Taiwan	人	person	0	1
国外	Abroad	人	person	4	5
(二)外出地区类型	Type of Migrant Areas				
1.直辖市	Municipality	人	person	361	378
2.省会城市	City of Provincial Capital	人	person	641	652
3.地级市	Prefectural-Level City	人	person	1173	1098
4.县市城区	County-Level City	人	person	826	752
5.建制镇	Designated Town	人	person	233	192
6.村委会	Village	人	person	21	26
7.其他地区	Other Area	人	person	4	6
(三)外出方式	Kind of Working outside				
1.政府(单位)组织	Organized by Government or Unit	人	person	30	36
2.中介组织介绍	Introduced by Intermediary Organization	人	person	34	29
3.亲朋好友介绍	Introduced by Kith and Kin	人	person	1400	1319
4.自发	Spontaneously	人	person	1643	1618
5.其他	Others	人	person	152	103
(四)本年度从事主要行业	Industries Engaged				
1.第一产业	Primary Industry	人	person	33	39
(1)农、林、牧、渔业	Agriculture, Forestry, Animal Husbandry and Fishery	人	person	33	39
2.第二产业	Secondary Industry	人	person	1748	1653

5-1 续表 6 continued

(全省抽样调查数) (A Sample Survey in Anhui Province)

指标名称	Item	单位	Unit	2020	2021
(2)采矿业	Mining	人	person	20	26
(3)制造业	Manufacturing	人	person	797	743
(4)电力、热力、燃气及水的生产和供应业	Production and Supply of Electricity, Heating, Gas and Water	人	person	46	33
(5)建筑业	Construction	人	person	885	851
3.第三产业	Tertiary Industry	人	person	1478	1413
(6)批发和零售业	Wholesale and Retail Trades	人	person	228	224
(7)交通运输、仓储和邮政业	Transport, Storage and Post	人	person	248	242
(8)住宿和餐饮业	Hotels and Catering Services	人	person	242	240
(9)信息传输、软件和信息技术服务业	Information Transmission, Software and Information Technology Services	人	person	88	82
(10)金融业	Financial Intermediation	人	person	43	29
(11)房地产业	Real Estate	人	person	43	29
(12)租赁和商务服务业	Leasing and Business Services	人	person	37	23
(13)科学研究和技术服务	Scientific Research, Technical Services and Geological Prospecting	人	person	6	10
(14)水利、环境和公共设施管理业	Management of Water Conservancy, Environment and Public Facilities	人	person	24	28
(15)居民服务、修理和其他服务业	Services to Households, Repair and Other Services	人	person	372	362
(16)教育	Education	人	person	55	63
(17)卫生、社会工作	Health, Social Securities and Social Welfare	人	person	37	33
(18)文化、体育和娱乐业	Culture, Sports and Entertainment	人	person	36	23
(19)公共管理、社会保障和社会组织	Public Management, Social Security and Social Organization	人	person	19	25
(20)国际组织	International Organizations	人	person	0	0
(五)本年度从事主要职业	Profession Engaged				
1.国家机关、党群组织、企业、事业单位负责人	Responsible Persons of State Organs, Party Mass Organizations, Enterprises and Institutions	人	person	7	6
2.专业技术人员	Professional and Technical Personnel	人	person	393	368
3.办事人员和有关人员	Clerk and Related Workers	人	person	344	338
4.商业、服务业人员	Business, Services	人	person	903	976
5.农、林、牧、渔、水利业生产人员	Agriculture, Forestry, Animal Husbandry, Fishery and Water Conservancy	人	person	61	43
6.生产、运输设备操作人员及有关人员	Operators of Production and Transport Equipment and Related Workers	人	person	1220	1120
7.军人	Solider	人	person	0	1
8.不便分类的其他从业人员	Others	人	person	331	253
(六)外出从业住所类型	Type of Accommodation				
1.单位宿舍	Dormitory of the Unit	人	person	750	798
2.工地工棚	Site Hut	人	person	356	327

5-1 续表 7 continued

(全省抽样调查数) (A Sample Survey in Anhui Province)

指 标 名 称	Item	单位	Unit	2020	2021
3.生产经营场所	Production or Business Place	人	person	82	84
4.与人合租住房	Flat-share Housing	人	person	392	325
5.独立租赁住房	Rental Housing Oneself	人	person	795	668
6.务工地自购房	Purchasing House in the Migrant Areas	人	person	130	110
7.乡外从业但回家居住(老家)	Living at Home while Working outside the Town	人	person	649	654
8.其他	Others	人	person	105	139
(七)外出从业时间	Working Time outside				
1.从事当前工作的时间(合计)	Engaged in the Job	月	month	199278	184651
其中：1年以下	Less than 1 Year	人	person	685	621
1-2年	1-2 Years	人	person	473	514
2-5年	2-5 Years	人	person	994	964
5年及以上	5 Years and over	人	person	1107	1006
2.每月平均工作的天数(合计)	Average Days in One Month	天	day		
其中：15天以下	Less than 15 Days	人	person	42	37
15-22天	15-22 Days	人	person	554	476
22-26天	22-26 Days	人	person	1513	1499
26天以上	More than 26 Days	人	person	1150	1093
3.每天平均工作的小时数(合计)	Average Hours in a Day	小时	hour		
其中：6小时以下	Less than 6 Hours	人	person	11	12
6-8小时	6-8 Hours	人	person	76	70
8-10小时	8-10 Hours	人	person	2156	1948
其中：8小时	8 Hours	人	person	1783	1543
10-12小时	10-12 Hours	人	person	897	926
12小时及以上	12 Hours and over	人	person	119	149
(八)外出月收支情况	Income and Expenditure				
1.每月平均收入(合计)	Monthly Income	元	yuan	17090554	18347731
其中：800元以下	Less than 800 yuan	人	person	1	2
800-1000元	800-1000 yuan	人	person	2	1
1000-1500元	1000-1500 yuan	人	person	21	11
1500-2000元	1500-2000 yuan	人	person	38	24
2000-3000元	2000-3000 yuan	人	person	238	172
3000-5000元	3000-5000 yuan	人	person	1260	979
5000元及以上	5000 yuan and over	人	person	1699	1916
#明确收入水平的人数	People that Knowing Their Income	人	person	3259	3105
#不清楚收入水平的人数	People that not Knowing Their Income	人	person		
(九)社会保障与福利情况	Welfare and Social Security				
1.外出从业的劳动关系	Employment Relations				
①无固定期限劳动合同工	Labor Contracts without a Fixed Period	人	person	355	360
②一年及以上劳动合同工	Labor Contracts of One-year and over	人	person	589	575
③一年以下劳动合同工	Labor Contracts less than One-year	人	person	114	134
④没有劳动合同	No Labor Contracts	人	person	1733	1611

5-1 续表 8 continued

(全省抽样调查数) (A Sample Survey in Anhui Province)

指标名称	Item	单位	Unit	2020	2021
⑤自营	Self-employed	人	person	343	313
⑥其他	Others	人	person	125	112
2.单位或雇主提供伙食情况	Meals Supplied by Employer or Unit				
①每天提供三顿	Three Meals Everyday	人	person	374	305
②每天提供两顿	Two Meals Everyday	人	person	409	389
③每天提供一顿	One Meals Everyday	人	person	698	673
④不提供，但补贴部分伙食费	No Meals, but Having Food Allowance	人	person	136	142
⑤不提供，也没有补贴	Neither Meals nor Food Allowance	人	person	1176	1171
3.单位或雇主提供住宿情况	Accommodation Supplied by Employer or Unit				
①提供住宿	Accommodation Supplied	人	person	1222	1260
②不提供住宿，但住房有补贴	No Accommodation, but Having Allowance	人	person	149	112
③不提供住宿，也没有住房补贴	Neither Accommodation nor Allowance	人	person	1422	1308
4.单位或雇主拖欠工资情况	Arrears of Wages				
①被拖欠工资人数	Number of Employees Unpaid	人	person	2	1
②被拖欠工资的金额(合计)	Total Amount of Wages Unpaid	元	yuan	41000	6000
5.五险一金缴纳情况	Effecting Insurance and Funds for Workers or not				
①缴纳养老保险	Employer or Unit Effecting Endowment Insurance for Workers	人	person	519	541
②缴纳工伤保险	Employer or Unit Effecting Work-Related Injury Insurances for Workers or not	人	person	909	939
③缴纳医疗保险	Employer or Unit Effecting Medical Insurances for Workers or not	人	person	581	554
④缴纳失业保险	Employer or Unit Effecting Unemployment Insurances for Workers or not	人	person	451	488
⑤缴纳生育保险	Employer or Unit Effecting Maternity Insurances for Workers or not	人	person	374	413
⑥缴纳住房公积金	Employer or Unit Paying Housing Funds or not	人	person	269	293
N4.本地非农务工人员情况	**Conditions of Non-agricultural Working Locally**				
(一)本年度非农务工主要行业	Industries Engaged				
1.第一产业	Primary Industry	人	person	1	0
(1)农、林、牧、渔业	Agriculture, Forestry, Animal Husbandry and Fishery	人	person	1	0
2.第二产业	Secondary Industry	人	person	691	842
(2)采矿业	Mining	人	person	27	29
(3)制造业	Manufacturing	人	person	348	436
(4)电力、热力、燃气及水的生产和供应业	Production and Supply of Electricity, Heating, Gas and Water	人	person	20	20
(5)建筑业	Construction	人	person	296	357
3.第三产业	Tertiary Industry	人	person	598	698
(6)批发和零售业	Wholesale and Retail Trades	人	person	66	89
(7)交通运输、仓储和邮政业	Transport, Storage and Post	人	person	46	67

5-1 续表 9 continued

(全省抽样调查数) (A Sample Survey in Anhui Province)

指 标 名 称	Item	单位	Unit	2020	2021
(8)住宿和餐饮业	Hotels and Catering Services	人	person	62	64
(9)信息传输、软件和信息技术服务业	Information Transmission, Software and Information Technology Services	人	person	11	13
(10)金融业	Financial Intermediation	人	person	7	7
(11)房地产业	Real Estate	人	person	3	6
(12)租赁和商务服务业	Leasing and Business Services	人	person	5	8
(13)科学研究和技术服务	Scientific Research, Technical Services and Geological Prospecting	人	person	1	0
(14)水利、环境和公共设施管理业	Management of Water Conservancy, Environment and Public Facilities	人	person	19	21
(15)居民服务、修理和其他服务业	Services to Households, Repair and Other Services	人	person	185	213
(16)教育	Education	人	person	25	30
(17)卫生、社会工作	Health, Social Securities and Social Welfare	人	person	53	53
(18)文化、体育和娱乐业	Culture, Sports and Entertainment	人	person	5	7
(19)公共管理、社会保障和社会组织	Public Management, Social Security and Social Organization	人	person	110	120
(20)国际组织	International Organizations	人	person	0	0
(二)本年度从事主要职业	Profession Engaged				
1.国家机关、党群组织、企业、事业单位负责人	Responsible Persons of State Organs, Party Mass Organizations, Enterprises and Institutions	人	person	13	14
2.专业技术人员	Professional and Technical Personnel	人	person	124	139
3.办事人员和有关人员	Clerk and Related Workers	人	person	226	220
4.商业、服务业人员	Business, Services	人	person	338	460
5.农、林、牧、渔、水利业生产人员	Agriculture, Forestry, Animal Husbandry, Fishery and Water Conservancy	人	person	12	10
6.生产、运输设备操作人员及有关人员	Operators of Production and Transport Equipment and Related Workers	人	person	443	562
7.军人	Solider	人	person	0	0
8.不便分类的其他从业人员	Others	人	person	134	135
(三)非农务工从业时间	Working Time outside				
1.从事当前工作的时间	Engaged in the Job				
其中：1年以下	Less than 1 Year	人	person	146	162
1-2年	1-2 Years	人	person	180	241
2-5年	2-5 Years	人	person	453	481
5年及以上	5 Years and over	人	person	511	656
2.每月平均工作的天数	Average Days per Month				
其中：15天以下	Less than 15 Days	人	person	40	37
15-22天	15-22 Days	人	person	296	339
22-26天	22-26 Days	人	person	540	672
26天以上	More than 26 Days	人	person	414	492
3.每天平均工作的小时数	Average Hours in a Day				

5-1 续表 10 continued

(全省抽样调查数) (A Sample Survey in Anhui Province)

指标名称	Item	单位	Unit	2020	2021
其中：6小时以下	Less than 6 Hours	人	person	33	59
6-8小时	6-8 Hours	人	person	96	87
8-10小时	8-10 Hours	人	person	909	1036
其中：8小时	8 Hours	人	person	744	842
10-12小时	10-12 Hours	人	person	220	320
12小时及以上	More than 12 Hours	人	person	32	38
(四)非农务工月收支情况	Income and Expenditure				
1.每月平均收入	Monthly Income				
其中：500元以下	Less than 500 yuan	人	person	5	3
500-1000元	500-1000 yuan	人	person	41	52
1000-1500元	1000-1500 yuan	人	person	46	64
1500-2000元	1500-2000 yuan	人	person	108	104
2000-3000元	2000-3000 yuan	人	person	320	311
3000元及以上	3000 yuan and over	人	person	770	1006
#明确收入水平的人数	People that Knowing Their Income	人	person	1290	1540
#不清楚收入水平的人数	People that not Knowing Their Income	人	person		
(五)社会保障与福利情况	Welfare and Social Security	人	person		
1.本地就业的劳动关系	Employment Relations Working Locally				
①无固定期限劳动合同工	Labor Contracts without a Fixed Period	人	person	185	168
②一年及以上劳动合同工	Labor Contracts of One-year and over	人	person	193	281
③一年以下劳动合同工	Labor Contracts less than One-year	人	person	38	30
④没有劳动合同	Without Labor Contracts	人	person	771	931
⑤其他	Others	人	person	103	130
2.单位或雇主提供伙食情况	Meals Supplied by Employer or Unit				
①每天提供三顿	Three Meals Everyday	人	person	55	65
②每天提供两顿	Two Meals Everyday	人	person	92	101
③每天提供一顿	One Meals Everyday	人	person	321	418
④不提供，但补贴部分伙食费	No Meals, but Having Food Allowance	人	person	33	55
⑤不提供，也没有补贴	Neither Meals nor Food Allowance	人	person	789	901
3.单位或雇主提供住宿情况	Accommodation Supplied by Employer or Unit				
①提供住宿	Accommodation Supplied	人	person	85	79
②不提供住宿，但住房有补贴	No Accommodation, but Having Allowance	人	person	39	31
③不提供住宿，也没有住房补贴	Neither Accommodation nor Allowance	人	person	1166	1430
4.单位或雇主拖欠工资情况	Arrears of Wages				
①被拖欠工资人数	Number of Employees Unpaid	人	person		2
②被拖欠工资的金额(合计)	Amount of Wages Unpaid	人	person		35200
5.五险一金缴纳情况	Effecting Insurance and Funds for Workers or Not				
①缴纳养老保险	Employer or Unit Effecting Endowment Insurance for Workers	人	person	233	297
②缴纳工伤保险	Employer or Unit Effecting Work-Related Injury Insurances for Workers or not	人	person	284	389

(全省抽样调查数) (A Sample Survey in Anhui Province)

指 标 名 称	Item	单位	Unit	2020	2021
③缴纳医疗保险	Employer or Unit Effecting Medical Insurances for Workers or not	人	person	217	269
④缴纳失业保险	Employer or Unit Effecting Unemployment Insurances for Workers or not	人	person	175	226
⑤缴纳生育保险	Employer or Unit Effecting Maternity Insurances for Workers or not	人	person	138	196
⑥缴纳住房公积金	Employer or Unit Paying Housing Funds or not	人	person	99	112
N5.本地非农自营人员情况	**Conditions of Nonfarm Self-employed Locally**				
(一)本年度非农自营主要行业	Industries Engaged				
1.第一产业	Primary Industry	人	person	5	1
(1)农、林、牧、渔业	Agriculture, Forestry, Animal Husbandry and Fishery	人	person	5	1
2.第二产业	Secondary Industry	人	person	94	113
(2)采矿业	Mining	人	person		1
(3)制造业	Manufacturing	人	person	53	68
(4)电力、热力、燃气及水的生产和供应业	Production and Supply of Electricity, Heating, Gas and Water	人	person		
(5)建筑业	Construction	人	person	41	44
3.第三产业	Tertiary Industry	人	person	596	597
(6)批发和零售业	Wholesale and Retail Trades	人	person	351	368
(7)交通运输、仓储和邮政业	Transport, Storage and Post	人	person	61	62
(8)住宿和餐饮业	Hotels and Catering Services	人	person	95	70
(9)信息传输、软件和信息技术服务业	Information Transmission, Software and Information Technology Services	人	person	2	1
(10)金融业	Financial Intermediation	人	person	0	0
(11)房地产业	Real Estate	人	person	0	0
(12)租赁和商务服务业	Leasing and Business Services	人	person	2	6
(13)科学研究和技术服务	Scientific Research, Technical Services and Geological Prospecting	人	person	0	0
(14)水利、环境和公共设施管理业	Management of Water Conservancy, Environment and Public Facilities	人	person	2	0
(15)居民服务、修理和其他服务业	Services to Households, Repair and Other Services	人	person	70	82
(16)教育	Education	人	person		1
(17)卫生、社会工作	Health, Social Securities and Social Welfare	人	person	6	2
(18)文化、体育和娱乐业	Culture, Sports and Entertainment	人	person	7	5
(19)公共管理、社会保障和社会组织	Public Management, Social Security and Social Organization	人	person	0	0
(20)国际组织	International Organizations	人	person	0	0
(二)从事当前自营工作的时间(合计)	Total Time	月	month		
其中：1年以下	Less than 1 Year	人	person	33	45

5-1 续表 12 continued

(全省抽样调查数) (A Sample Survey in Anhui Province)

指标名称	Item	单位	Unit	2020	2021
1-2年	1-2 Years	人	person	47	46
2-5年	2-5 Years	人	person	153	159
5年及以上	5 Years and over	人	person	462	461
(三)非农自营活动性质	Nature				
1.注册企业	Registered Enterprise	人	person	15	20
2.个体经营	Individual Operation	人	person	416	424
3.小摊小贩	Vendor	人	person	51	63
(四)雇工人数	Number of Employees				
1.没有雇工	None	人	person	625	619
2.3人以下	Less than 3 Employees	人	person	53	67
3.4-9人	4-9 Employees	人	person	10	18
4.10-19人	10-19 Employees	人	person	4	3
5.20-49人	20-49 Employees	人	person	3	3
6.50人及以上	50 Employees and over	人	person		1
(五)初始资金来源	Initial Source of Funds				
1.全部自筹	Self-raised	人	person	505	516
2.与其他人合伙	Forming a Partnership with Others	人	person	11	15
3.金融机构贷款	Loans by Financial Institutions	人	person	7	12
4.其他	Others	人	person	12	9
(六)初始投资是否得到政府支持	Whether Having the Support of Government				
1.是	Yes	人	person	27	28
2.否	No	人	person	508	524
(七)希望政府给予的支持	The Government's Support Wanted				
1.贷款	Loan	人	person	77	55
2.税收优惠	Tax Incentives	人	person	16	21
3.生产技术指导	Technical Direction	人	person	19	28
4.销售服务	Marketing Service	人	person	98	102
5.不需要	Unwanted	人	person	325	346
(八)是否曾经外出务工	Whether Having Worked outside				
1.是	Yes	人	person	115	128
2.否	No	人	person	580	583
(九)原外出务工的主要行业	Industries Engaged While Working outside				
1.第一产业	Primary Industry	人	person		0
(1)农、林、牧、渔业	Agriculture, Forestry, Animal Husbandry and Fishery	人	person		0
2.第二产业	Secondary Industry	人	person	56	74
(2)采矿业	Mining	人	person	2	0
(3)制造业	Manufacturing	人	person	29	46
(4)电力、热力、燃气及水的生产和供应业	Production and Supply of Electricity, Heating, Gas and Water	人	person	2	0
(5)建筑业	Construction	人	person	23	28

5-1 续表 13 continued

(全省抽样调查数) (A Sample Survey in Anhui Province)

指 标 名 称	Item	单位	Unit	2020	2021
3.第三产业	Tertiary Industry	人	person	59	54
(6)批发和零售业	Wholesale and Retail Trades	人	person	28	12
(7)交通运输、仓储和邮政业	Transport, Storage and Post	人	person	7	10
(8)住宿和餐饮业	Hotels and Catering Services	人	person	10	9
(9)信息传输、软件和信息技术服务业	Information Transmission, Software and Information Technology Services	人	person	0	0
(10)金融业	Financial Intermediation	人	person	0	0
(11)房地产业	Real Estate	人	person	0	0
(12)租赁和商务服务业	Leasing and Business Services	人	person	0	1
(13)科学研究和技术服务	Scientific Research, Technical Services and Geological Prospecting	人	person	0	0
(14)水利、环境和公共设施管理业	Management of Water Conservancy, Environment and Public Facilities	人	person	0	0
(15)居民服务、修理和其他服务业	Services to Households, Repair and Other Services	人	person	12	20
(16)教育	Education	人	person	0	1
(17)卫生、社会工作	Health, Social Securities and Social Welfare	人	person	0	0
(18)文化、体育和娱乐业	Culture, Sports and Entertainment	人	person	0	1
(19)公共管理、社会保障和社会组织	Public Management, Social Security and Social Organization	人	person	2	0
(20)国际组织	International Organizations	人	person	0	0
N6.举家外出情况	**Conditions of Migrant Families**				
调查村数目	Number of Villages Surveyed	个	unit	329	329
(一)调查小区户籍住户、人口与劳动力情况	Household, Population and Labors in the Area Surveyed				
1.调查小区总户数	Number of Households	户	household	58376	63926
2.调查小区总人口	Number of Persons	人	person	221367	237525
3.调查小区总劳动力	Number of Labors	人	person	133287	144619
(二)调查小区举家在外情况	Migrant Families				
1.举家在外户数	Number of Migrant Families	户	household	8199	8214
2.举家在外人口	Number of Persons in Migrant Families	人	person	30799	30238
其中：劳动力	of Which: Labors	人	person	19773	19656
(三)调查小区新增举家外出情况	New Migrant Families				
1.举家外出户数	Number of Migrant Families	户	household	552	183
2.举家外出人口	Number of Persons in Migrant Families	人	person	2040	620
其中：劳动力	of Which: Labors	人	person	1240	417
(四)调查小区住户举家返回情况	Returning Families				
1.举家返回户数	Number of Returning Families	户	household	195	147
2.举家返回人口	Number of Persons in Returning Families	人	person	665	468
其中：劳动力	of Which: Labors	人	person	412	299

主要指标解释

农民工　是指户籍仍在农村，在本地从事非农产业或外出从业 6 个月及以上的农村劳动力；还包括举家外出的农村劳动力。

本地农民工：指在户籍所在乡镇地域以内从业的农民工。

外出农民工：指在户籍所在乡镇地域外从业的农民工。

举家外出：指农村劳动力及家人离开原居住地，到户籍所在乡镇以外的区域居住。